완전한 자유,
용서

국제제자훈련원은 건강한 교회를 꿈꾸는 목회의 동반자로서 제자 삼는 사역을 중심으로
성경적 목회 모델을 제시함으로 세계 교회를 섬기는 전문 사역 기관입니다.

완전한 자유, 용서

초판1쇄 인쇄일 2010년 4월 5일 · **초판1쇄 발행일** 2010년 4월 8일
지은이 자끄 뷔쇼드 · **옮긴이** 채희석
펴낸이 김명호 · **펴낸곳** 도서출판 국제제자훈련원
기획책임 박주성 · **편집책임** 김순덕
디자인 염혜란 · **마케팅책임** 김석주

등록번호 제22-1240호(1997년 12월 5일)
주소 (137-865) 서울시 서초구 서초1동 1443-26
e-mail dmipress@sarang.org · 홈페이지 discipleN.com
전화 (02)3489-4300 · 팩스 (02)3489-4309

ISBN 978-89-5731-468-5 03230   책값은 뒤표지에 있습니다.

완전한 자유,
용서

자끄 뷔숄드 지음
채희석 옮김

국제제자훈련원

LE PARDON ET L'OUBLI

Originally published in France under the title *Le Pardon et L'oubli*
Copyright ⓒ 2002 by Jacques Buchhold
Published by permission of Excelsis, 26450 Charols, France.

All rights reserved.

Korean Edition Copyright ⓒ 2010 by DMI Press, Seoul, Korea.

본 저작물의 한국어판 저작권은 Jacques Buchhold와 독점 계약한 도서출판 국제제자훈련원에 있습니다.
신 저작권법에 의하여 한국 내에서 보호받는 저작물이므로 무단전재와 무단복제를 금합니다.

서문

　당신은 최근 또는 오래 전에 누군가에게 입은 상처 때문에 고통 가운데 살아가고 있는지도 모르겠다. 그가 당신에게 저지른 가해는 상상할 수 없을 만큼 부당한 것이었다. 아마도 봉변을 당했거나, 모욕을 받았거나, 착취와 배신을 당했을 수도 있고, 당신의 친구와 아내가 당신을 저버렸거나, 타당한 이유 없이 해고를 당했거나, 집에 갑자기 도둑이 들어 엉망을 만들어 놓았을 수도 있다. 한 난폭 운전자로 인해 평안했던 당신의 삶이 한 순간 악몽으로 변했거나, 누군가가 당신의 명예를 심하게 훼손했을 수도 있다. 당신은 철저히 무시당하고 놀림감이 되었으며, 버림받거나 학대와 강요로 인해 심한 수치심을 느끼고 있을 수도 있다. 그 때문에 당신 마음은 상하고 병이 났으며, 그 상처가 끝도 없이 당신을 괴롭히고 있다.

이처럼 가해는 우리의 기억에 진드기처럼 검질기게 달라붙는다. 그래서 우리의 피와 정력을 빨아먹듯이, 우리를 피해 받은 상처에 집착하게 만들며 미움과 원한으로 감염시킨다. 가해는 그리스도인이라 할지라도 그를 용서의 위기에 빠지게 할 수 있다. 그러나 그리스도인은 기가 막히고 억울하다고 해서 가해자를 '죽이기'로 자포자기하면 안 된다.

사실 그리스도인은 전세계의 많은 그리스도인들과 더불어, 그리고 과거 수많은 믿음의 선배들처럼, "하늘에 계신 우리 아버지… 우리가 우리에게 죄 지은 자를 용서한 것처럼 우리 죄를 용서하옵시며"라고 기도하고 있지 않은가?

이 책은 바로 용서의 위기에 직면해 있는 자들을 돕기 위해 쓰여진 것으로 다음의 것들을 추구한다.

- 하나님 말씀에 비추어 용서에 대한 전제와 목적을 분명히 알려 준다.
- 용서의 원인이 되는 가해를 보다 정확히 이해하게 한다.
- 피해자가 겪는 분노와 미움을 분석한다.
- 왜 용서해야 하는지를 분별하게 한다.
- 용서의 정의를 내리고 용서를 베푸는 조건을 명확히 밝힌다.
- 가해자와 피해자 간에 어떻게 화해할 수 있는지 보여 준다.

- 부록에서, 용서의 사회적 실천에 대한 문제를 제기한다.
- 끝으로, 성경 공부 가이드를 통해 개인이나 그룹으로 용서에 대해 성찰하도록 돕는다.

용서를 올바르게 이해하는 방법 중 하나는, 가해자의 회개가 용서와 어떤 관계에 있는지를 먼저 파악하는 것이다. 가해자의 태도와는 무관하게 항상 용서해야 하는가? 아니면 오직 자신의 잘못을 인정한 경우에만 용서를 베풀어야 하는가?

오늘날 사람들은 전자를 후자보다 더 좋은 해결 방안으로 생각한다. 또 용서를 마음의 원한과 미움을 치료하는 수단으로 간주하기도 한다. 그들은 '자신을 스스로 용서하고'[1], '인생을 용서하며', 심지어 '하나님을 용서하는'[2] 것이 필요하다고 주장하기도 한다.

하지만 우리는 성경이 그런 개념의 용서를 권장한다고 생각하지 않는다. 성경은 미움과 원한에 대해서 다른 치료 방안을 제시한다. 우리의 위대한 스승이신 '용서의 하나님'(느 9: 17)을 본받아 용서하도록 우리를 격려하고 있다.

C O N T E N T S

- 서문 _5
- 한국어판 서문 _10

chapter 1 가해 _13

chapter 2 분노와 미움 _57

chapter 3 왜 용서하는가? _97

chapter 4 용서 _153

chapter 5 화해 _203

chapter 6 가해자 _229

- 부록 : 용서와 사회생활 _241
- 성경공부 가이드 _262
- 주 _285

한국어판 서문

    지금부터 4년 전인 2006년 옥한흠 목사의 저서 『평신도를 깨운다』 불어판이 프랑스에서 출간되었다. 이를 계기로 옥 목사님께서 파리를 방문하시고 신학교에도 오셨을 때, 우리는 기쁘게 그분을 만나 뵈었다. 교회의 질은 제자훈련의 성과에 달려 있다는 옥 목사님의 확신은 프랑스 교회뿐만 아니라 전 세계의 교회를 위한 근본적인 메시지임을 공감했었다.

    예수님은 마태복음 18장에서 제자들로 구성된 메시아 공동체의 삶에 관하여 말씀하실 때, "네 형제가 죄를 범하거든…"이란 말씀으로 서두를 시작하시면서, 용서의 중요성을 강조하셨다. 또 본문에서 전하는 "용서할 줄 모르는 종"에 대한 비유는 유일하면서도, 용서의 가르침을 위해 전적으로 기록된 것임을 알 수 있다. 더 나아가, '주기도문'에서 인간관계를 다루는 유일한 기도는 "우리가 우리에게 죄 지은 자를 사하여 준 것같이 우리 죄를 사하여 주시옵고"이다. 이는 용서가 얼마나 중요한지를 우리에게 충분히 가르쳐 주고 있다. 이처럼 용서를 실감하고 경험하지 않고서는 생명력 넘치는 교회나 건전한 사회가 존재하기는 어렵다.

　옥한흠 목사님은 논리적으로 그리고 뜨거운 열정으로, 교회는 제자들의 공동체가 되어야 함을 강조하셨다. 이 제자들의 공동체가 주 안에서 생명력을 가지고 지속적으로 성장하기 위해서는 무엇보다 용서를 배워야 한다고 생각한다.

　이 책에서 나는 용서에 대한 성경적 관점과 그 의미에 대해 구체적으로 살펴보았다. 가해를 이해하고, 가해가 피해자의 삶에 미치는 영향을 살펴보며, 이를 '해결'하기 위한 용서의 절차를 설명했다. 나는 이 책에서 다루고 있는 용서가 한국 교회에게 도움이 되길 바란다.

　마지막으로 이 책 번역을 위해 많은 시간을 드려 수고한 채희석 목사에게 심심한 감사를 표한다. 또 먼 곳에 있는 한 프랑스 신학자의 책을 출판하도록 배려해 주신 국제제자훈련원 김명호 목사님과 직원들에게도 빚진 마음으로 감사를 전한다.

_ 자끄 뷔숄드

chapter 1

가해

Julie, le journal d'un divorce(쥴리의 이혼 일기장)이라는 감동적인 책에서 저자 쥴리 두마는 이렇게 글을 쓰고 있다. "하루 사이에 인생의 모든 것이 뒤바뀌는 것은 드문 일이다. 하지만 소중한 사람을 잃어버릴 때, 예상치 못한 사고를 당할 때, 23년 동안 함께 살아왔던 배우자가 갑자기 당신 곁을 떠날 때, 그런 일은 가능해진다."

그날은 유난히 날씨가 화창했다. 햇살이 눈부셨고 기후도 포근했다. 하지만 쥴리가 발견한 그 짧은 글은 간결했지만 냉정한 것이었다.

"나는 당신을 더 이상 사랑하지 않아요. 나는 다른 사람을 사랑하고 있어요. 그래서 당신을 떠납니다. 이런 식으로 행하여 미안하오. 그러나 오늘 아침에 생긴 일 이후 나에겐 더 이상 선택의 여지가 없어졌소."

그 아침, 쥴리와 남편은 부부싸움을 했었고, 두 사람이 서로의 입장을 해명하기도 전에 쥴리는 동생을 만나려고 집을 비운 상태였다.[1]

수잔느의 여동생은 아주 일찍 결혼했다. 당시만 해도 젊은 처녀가 부모 곁을 떠날 수 있는 유일한 방법은 결혼이었다. 그러나 수잔느는 그렇지 못했다. 부모와 함께 살아야만 했다. 물론 그녀도 동생처럼 결혼해 집을 떠날 수 있었지만 부모님은 그녀가 계속 그들 곁에 남아 있기를 원하셨다. 그녀는 병환 중에 있던 아버지를 돌보는 일과 늙으신 어머니의 일을 대신했다. 세월은 흘러 수잔느의 아버지는 이 세상을 떠났지만, 또 다시 그녀는 어머니 병간호로 시간을 보내게 되었다. 결국 어머니도 돌아가셨다. 수잔느는 이제 정말 홀로 남게 되었다. 홀로 남겨진 그녀는 이미 혼기를 놓친 나이가 되었고, 결혼을 포기하기에는 아직 젊은 나이였다. 왜 그녀는 자기 스스로를 포기하고 가장 정당한 내면의 욕구마저 부인하며 살아야만 했는가? 그녀는 자신의 삶을 되돌아보면서 자신을 희생하면서까지 돌보아야 했던 부모가 문득 미워지기 시작했다.

경험으로 이해하는 가해

가해는 가끔 우리 삶에 정면으로 도전해 온다. 그리고 한순간 엄청난 상처를 입힌다. 가해는 매우 간교하여 책략적이거나 협박의 형태로 다가온다. 우리가 그 존재를 깨닫는 순간, 사태는 이미 악몽이 된다. 우리의 무딘 감각 신경에 비상 신호를 전하는 경종이 번개처럼 울리지만, 우리는 이미 감당하기 어려운 상처를 입은 사실을 알 뿐이다. 우리는 그 상처로 인한 불안과 마음속의 수많은 의문으로 하나님께 불만을 표시한다. 수잔느는 하나님께서 왜 그녀의 인생을 그처럼 황폐해지도록 방치하셨는가 반문한다. 쥴리 또한 오랜 세월이 지난 후에야 비로소 자신의 처지를 겨우 받아들이게 되었다.

> 나는 억지로라도 내 인생의 외적인 변화를 위해 노력해 보았다. 내가 겪는 시련이 한순간이길 바랐기 때문이다. 처음에 나는 남편과 지금처럼 계속 헤어져 살게 되리라고는 꿈에도 상상하지 못했다. 나는 남편이 곧 현실을 직시하고 결국 나에게 공개 사과를 하면서 내가 받은 정신적 피해를 보상해 주리라 기대했었다. … 하지만 모든 일이 기대와는 정반대로 흘러갔다. 그때서야 비로소 나는 하나님께 기도하기 시작했다. 내가 현실을 받아들일 수 있도록 도움을 구했다. 사실, 현실을 받아들이는 것

이 거짓된 희망을 품고 사는 것보다 더 쉬웠기 때문이다.[2]

가해로 입은 상처는 최소한 일정 기간 가해자와 피해자의 관계를 단절시킨다. 우리는 고통을 겪고, 더 이상 예전의 좋은 관계로 회복될 수 없게 된다. 우리와 가해자 사이에 무언가가 자리 잡게 되는데, 그것은 가해자에게 끊임없이 요구하는 일종의 '빚'이다.

예를 들면, 딸에게 무리한 요구를 강요했던 수잔느 부모의 이기심이나, 남편이 아내인 쥴리보다 더 좋아했던 또 다른 여인의 존재가 바로 그것이다. 이처럼 우리는 외롭게 고통을 느끼면서 불행했던 순간을 돌이켜 볼 때마다, 내면 깊은 곳에서 분노의 외침이 솟구쳐 오른다. "이것은 말도 안돼, 잘못된 거야! 이것은 죄야!"

우리의 경험상 가해 사건이 상처준 것을 알 때 비로소 그것이 죄라는 것을 알게 된다. 이를 보다 명백하게 이해하기 위해 가해에 대해 먼저 살펴보고 가해가 주는 영향을 분석해 보도록 하자.

가해는 죄이다

하나님과 이웃에 대한 대적
성경에서는 하나님께 대한 죄와 이웃에 대한 죄를 지칭할 때 의미심장하게 동일한 단어를 쓰고 있다. 구약에서 '하타'(*chatâ'âh*, 죄; 창 50:17; 삼상 20:1), '아본'(*âwôn*, 불의, 허물; 신 9:15; 삼상 20:1; 삼하 3:8), '페샤'(*pèšă'*, 위법, 범죄, 반란; 창 50:17; 잠 10:12; 19:11) 등의 단어가 쓰여지고, 신약에서는 '하마르티아'(*hamartia*), '하마르타넨'(*hamartanein*, 죄, 범죄하다; 마 18:15, 21; 눅 17:3-4), '파랍토마'(*parapôtma*, 과오, 실수, 마 6:14-15; 막 11:25), '아디키아'(*adikia*, 불의; 고후 12:13) 등의 단어들을 쓰고 있다.

하나님께 대한 죄와 이웃에 대한 죄를 지칭하는 단어에는 언어적 공통점이 있는데 그것 때문에 우리가 놀랄 필요는 없다. 인간 스스로가 인생의 수평적 차원과 수직적 차원 사이에 분열을 만든 것이며, 하나님의 말씀 때문에 그 결과가 생긴 것이 아니기 때문이다. 이것을 이해하기 위해서는 십계명을 살펴보면 도움이 된다. 십계명은 언약의 종주(Suzerain)이신 하나님께서 그의 봉신(vassaux)인 이스라엘 백성에게 요구하는 내용을 정리한 것이다. 십계명의 첫 4개 조항은 어떻게 하나님을 사랑해야 하는가를, 나머지 6개 조항은 어떻게 이웃을 사랑해야 하는가를 가르친다.[3]

나는 너를 애굽 땅, 종 되었던 집에서 인도하여 낸 네 하나님 여호와니라.
1. 너는 나 외에는 다른 신들을 네게 두지 말라.
2. 너를 위하여 새긴 우상을 만들지 말고 또 위로 하늘에 있는 것이나 아

래로 땅에 있는 것이나 땅 아래 물 속에 있는 것의 어떤 형상도 만들지 말며, 그것들에게 절하지 말며 그것들을 섬기지 말라. 나 네 하나님 여호와는 질투하는 하나님인즉 나를 미워하는 자의 죄를 갚되 아버지로부터 아들에게로 삼사 대까지 이르게 하거니와 나를 사랑하고 내 계명을 지키는 자에게는 천 대까지 은혜를 베푸느니라.

3. 너는 네 하나님 여호와의 이름을 망령되게 부르지 말라. 여호와는 그의 이름을 망령되게 부르는 자를 죄 없다 하지 아니하리라.

4. 안식일을 기억하여 거룩하게 지키라. 엿새 동안은 힘써 네 모든 일을 행할 것이나 일곱째 날은 네 하나님 여호와의 안식일인즉 너나 네 아들이나 네 딸이나 네 남종이나 네 여종이나 네 가축이나 네 문안에 머무는 객이라도 아무 일도 하지 말라. 이는 엿새 동안에 나 여호와가 하늘과 땅과 바다와 그 가운데 모든 것을 만들고 일곱째 날에 쉬었음이라. 그러므로 나 여호와가 안식일을 복되게 하여 그 날을 거룩하게 하였느니라.

5. 네 부모를 공경하라. 그리하면 네 하나님 여호와가 네게 준 땅에서 네 생명이 길리라.

6. 살인하지 말라.

7. 간음하지 말라.

8. 도둑질하지 말라.

9. 네 이웃에 대하여 거짓증거 하지 말라.

10. 네 이웃의 집을 탐내지 말라. 네 이웃의 아내나 그의 남종이나 그의 여종이나 그의 소나 그의 나귀나 무릇 네 이웃의 소유를 탐내지 말라 (출 20:2-17).

첫 4계명을 통해, 언약의 하나님 여호와께서는 1)하나님께 대한 순종의 배타성, 2)하나님께서 원하시는 예배의 형태, 3)하나님을 섬기는 정신, 4)이런 현실을 기억하는 방법을 강조하고 있다.

그 다음 6계명을 통해, 여호와께서는 5)창조 질서, 6)청렴한 인격, 7)견실한 부부관계, 8)타인 소유에 대한 존중, 9)올바른 인간관계 등을 지킬 것을 요구하면서, 마지막으로 모든 문제의 근본 원인이 10)탐심임을 지적한다.

율법

우리가 이 십계명 중 단 하나를 위반할지라도 하나님에게 죄를 범하는 것이다. 이 십계명은 '종교적' 죄(1-4)와 이웃에 대해 짓는 '도덕적' 죄(5-10)로 매우 간결하게 요약할 수 있다.

1. '종교적' 죄

다윗의 후계자로 이스라엘의 왕좌에 오른 솔로몬 왕이 사망했을 때, 나라는 중대한 위기에 처하고 급기야 남유다, 북이스라엘로 분열된다. 그의 아들 르호보암은 폭정을 일삼고 백성에게 보다 과중한 멍에를 지우며 강압적으로 권력을 휘두른다.

내 아버지는 너희의 멍에를 무겁게 하였으나 나는 너희의 멍에를 더욱 무겁게 할지라 내 아버지는 채찍으로 너희를 징계하였으나 나는 전갈 채찍으로 너희를 징치하리라(왕상 12:14).

북쪽의 열 지파는 이에 반발하여 결국 여로보암을 왕으로 세운다. 여로보암은 그의 백성들이 계속 예루살렘 성전에 올라가서 예배드리는 것이 북이스라엘을 다스리는 일에 위협이 된다고 느꼈다. 그래서 그 순례자 행렬의 발길을 돌리기 위해 금송아지를 모시는 산당 두 곳을 짓기로 결정한다.

이에 계획하고 두 금송아지를 만들고 무리에게 말하기를 너희가 다시는 예루살렘에 올라갈 것이 없도다. 이스라엘아 이는 너희를 애굽 땅에서 인도하여 올린 너희의 신들이라 하고, 하나는 벧엘에 두고 하나는 단에 두지라(왕상 12:28-30).

여로보암이 그의 나라를 지키기 위해 세운 이 철저한 정책은 백성들의 필요를 채워 주기보다는 백성들이 예루살렘 성전으로 가는 길을 막음으로써 그가 오히려 자기의 백성들에게 죄를 짓게 되었다. 백성들로 하여금 십계명 중 제2계명을 어기고 죄를 짓도록 조장했기 때문이다.

인간 역사는 이웃에 대한 이런 종류의 '종교적' 죄로 점철되어 있다. 얼마나 많은 그리스도인들이 하나님을 진정과 신령으로 경배하는 것 때문에 투옥과 죽음을 당했는가! 오늘날에도 얼마나 많은 그리스도인들이 그와 같은 고난을 당하는가? 이런 형태의 가해는 과거에도 죄였고 오늘날에도 여전히 죄다.

2. '도덕적' 죄

하지만 가장 흔하게 짓는 죄는 '도덕적'인 것으로 십계명의 둘째 판의 계명들을 범하는 것이다.

다윗 왕은 여느 때처럼 군대를 이끌고 싸우러 떠나지 않고, 예루살렘에 남아 있었다. 어느 날 저녁, 왕궁의 옥상에 올라가 시원한 바람을 쏘이며 거닐고 있었는데, 한 여인의 목욕하는 모습이 눈에 들어 왔는데 그 모습이 "심히 아름다워" 보였다(삼하 11:2). 다윗은 사람을 보내어 그 여인이 누구인지 알아보게 하고 데려와 더불어 동침한다. 얼마 뒤에 그는 그 여인이 임신한 것을 알게 된다. 그 여인의 이름은 밧세바로 다윗 군대에 속한 용병 우리아의 아내였다. 왕은 우리아를 '전선'에서 호출하여 그의 집으로 귀환시킨다. 이는 우리아로 하여금 아내가 임신한 아이가 자신의 아이임을 '인정하게' 만들기 위한 책략이었다. 하지만 일이 뜻대로 성취되지 않았고, 다윗은 우리아를 다시 전선으로 보낸다. 그리고 군대장관 요압에게 편지를 써서 그가 싸움에서 죽게 하라고 명령한다. "너희가 우리아를 맹렬한 싸움에 앞세워 두고 너희는 뒤로 물러가서 그로 맞아 죽게 하라"(삼하 11:15).

선지자 나단의 책망을 받은 후, 다윗은 자신의 죄를 고백한다. "내가 여호와께 죄를 범하였노라"(삼하 12:13). 시편 51편 1, 4절에서 그는 눈물을 흘리며 "하나님이여! … 주께만, 오직 주께만, 내가 죄를 지었습니다."라고 기도한다. 이 말은 그가 지은 죄가 사람 앞에서 대수롭지 않다는 것이 아니다(참조, 16절). 다윗은 먼저 근본적으로 하나님 앞에서 죄인임을 인정한 것이다. 사실, 사람은 자신이 저지른 가해 사건이 죄라는 것을 인식할 때 비로소 가해의 심각성을 깨닫게 된다. 여기서 죄란 하나님께서 사랑과 공의로 모든 관계에 대해 정하신 법도를 위반하는 것을 말한다(참조, 요일 3:4). 그러므로 다른 사람에게 저지른 가해는 먼저 하나님께 대한 죄이다.[4]

이브가 금단의 나무 열매를 남편에게 주었을 때, 그녀는 곧 아담에게 상처를 준 것이다. 그 이유는 그녀가 하나님의 명령을 어겼기 때문이다. 금단의 열매를 먹음으로써 아담은 온 인류에게 치명적인 상처를 주었고 하나님을 대적했다. 이스라엘 백성이 가난한 자의 권리를 짓밟고 도덕적으로 타락하여 사회적 불의를 자행할 때, 그들은 먼저 여호와의 "거룩한 이름을 더럽혔다"(암 2:6-7). 또한 아나니아와 삽비라가 사도들을 속이고 교회를 속일 때, 그들은 먼저 성령을 속였다(행 5:3).

가해 사건은 결코 가볍게 다룰 수 있는 문제가 아니다. 이는 단순히 가해자와 피해자 두 당사자에게만 국한되지 않는다. 하나님의 임재로 인하여 가해 사건은 어떤 의미에서는 두 당사자의 범위를 '초월한다.' 하나님은 가해 사건에 대해 도덕적, 종교적 책임을 객관적으로 물으신다. 어떤 사람이 위대하다면 그는 역사 책에 기록될 것이다. 하지만 우리의 인간적 조건과는 상관없이, 각 개인이 저지른 가해는 요한에게 계시된 마지막 심판 때 '생명' 책에 기록될 것이다(계 20:12). 그리스도께서 그것을 완전하게 지워버리지 않는 이상 영원히 남아 있을 것이다. 가해는 '불의', '허물', '죄'이며, 이는 채무, 곧 '빚'으로 남게 된다.

빚

신약에서는 '빚'을 이웃에게 저지른 가해를 표현하는 상징적 단어로 사용하고 있다. 이 단어의 아람어 표현은 원래 하나님께 지은 죄를 가리키던 것이었다(마 6:12; 18:23-25; 눅 11:4).[5] "하나님과의 '계약' 관계에서 볼 때, 이 상징은 죄 안에 객관적인 잘못이 있음을 보여 준다. 이것은 구속과 용서의 의미를 풀어나가는 전제 조건이 된다.[6]"

가해 사건은 '소송'을 하게 만든다. 이는 반드시 '해결'해야 할 죄의 문제이기 때문이다. 심지어 비신자들도 '범죄자는 사회에 빚진 자'라는 유사 표현을 쓰곤 한다. 이것은 전혀 놀라운 일이 아니다. "율법의 행위가 그들의 마음에 새겨져 있기" 때문이다(롬 2:15). 그들도 가해를 대수롭지 않게 여기거나 묵과하지 않고 피해를 주는 악으로 판단한다. 악은 괴로움과 고통이 따르고 진리, 신실함, 아름다움, 의로움, 정직, 용기 등 그들이 중요하게 여기는 가치를 위협한다. 또한 가해는 그들의 자존심을 상하게 하며 견디기 힘든 모욕감을 준다. 그래서 가해를 죄로 여기며 '객관적으로' 정죄하는 것이다.

1. 하나님께 진 '빚'

구속 역사는 우리가 율법을 어기면 하나님께서 우리의 죄과를 빚으로 여기신다는 점과[7] 우리가 주기도문을 따라 매번 기도할 때마다 "하늘에 계신 우리 아버지… 우리 죄를 사하여 주시옵고, 우리 빚도 탕감하여 주시옵고(문자적 해석)…"(마 6:9, 12)라고 말하는 점의 중요성을 보여 준다.

사도 바울은 심오하고 어려운 한 성경 구절을 통해 그 중요성을 힘써 강조하고 있다.

"이 예수를 하나님이 그의 피로써 믿음으로 말미암는 화목제물로 세우셨으니 이는 하나님께서 길이 참으시는 중에 전에 지은 죄를 간과하심으로 자기의 의로우심을 나타내려 하심이니 곧 이 때에 자기의 의로우심을 나타내사 자기도 의로우시며 또한 예수 믿는 자를 의롭게 하려 하심이라"(롬 3:25-26; 참조, 히 9:15).[8]

이 성경 구절에 의하면, 하나님은 예수 그리스도의 초림 이전에 살았던 그리스도인들을 용서하실 때 오직 훗날에 이루어진 주님의 희생 공로를 통해서 하셨다. 예를 들면, 아브라함이 하나님께 졌던 '빚'은 예수 탄생 약 2천년 전 일이다. 하지만 예수께서 아브라함을 위해 돌아가셨을 때 비로소 그의 빚도 탕감받을 수 있었다. 왜 그런가? 하나님은 의로우시기 때문이다. 하나님은 아브라함에 대한 공평한 용서를 위해 그의 빚이 다른 자에 의해 '갚아져야' 했다. 주께서 이루신 구속은 과거의 그리스도인들에게만 소급되어 적용된 것이 아니다.

주님은 미래에 자신을 믿는 자들을 위해서도 죽으셨다. 그는 모든 시대의 믿는 자들을 위해 "(법률적으로) 죄를 대신 지시고"(고후 5:21), 그들을 대신하여 "저주를 받으신"(갈 3:13) 것이다.[9] 이를 통해 주님은 자신을 믿는 자들에게 "그의 은혜의 풍성함을 따라 그의 피로 말미암아 속량 곧 죄사함"(엡 1:7)을 보장하신다.

2. 타인에게 진 '빚'

우리가 입힌 가해와 이로 말미암아 생긴 '빚'이 하나님 보시기에 얼마나 심각한지는 아무리 강조해도 지나치지 않다. 예수께서 가르치신 주기도문에는 오직 한 조항만이 인간관계와 관련이 있다. 주님은 인간관계에서 발생하는 가해를 '계약' 위반에 따른 '빚'으로 간주하신다. 우리는 이 빚을 '경시하거나', '잊거나', '감추거나', '눈감아 주면' 안 된다. 이 문제는 심각한 것이기 때문이다. 그러므로 주님은 우리에게 "억울한 사정이 있다면 그것을 잊지 말고, 잘못된 것을 기억하도록"[10] 권하신다. 오직 용서만이 그런 문제를 '해결'할 수 있기 때문이다.

"하늘에 계신 우리 아버지… 우리가 우리에게 죄 지은 자를 사하여 준 것같이 －우리가 우리에게 빚진 자들을 탕감해 준 것같이－ 우리 죄를 사하여 주시옵고…"(마 6:9, 12).

가해를 대처하는 잘못된 방법 중의 하나는 '싸구려'[11] 화해이다. 이런 화해는 가해자로 인해 훼손된 인간관계를 다루지 않은 채 그와의 관계만을 정상화하려는 것이다. 시간이 흘러 가해 사건으로 받은 상처는 회복될 수 있겠지만 가해로 초래된 '빚'은 그대로 남아 있다.

우리는 자녀를 키우면서 가끔 다음과 같은 실수를 범한다. 자녀에게 자주 화를 내거나 귀히 여기는 마음이 없이 지나치게 엄한 체벌을 준다. 그 결과 자녀들은 힘들어진다. 그럼에도 불구하고 우리는 자녀에게 결코 용서를 구하지 않는다. 우리는 마치 그들에게 아무런 상처를 주지 않은 것처럼 자녀들이 평상시처럼 행동하길 기대한다. 어떤 부모는 선물로 상처를 덮어 버리려고 하거나, 또는 애정의 키스를 통해 그들이 입은 상처를 '잊어 버리게' 한다. 이런 태도는 자녀들이 약자인 만큼 더욱 더 용납될 수 없다. 자녀는 자신의 감정을 처리하거나 내적 성찰에 아직 '미숙'하기 때문에, 자칫 부모들이 그들에게 '빚'을 지고 있다는 사실조차 잘 모를 수 있다. 그들은 억울한 일을 당했다고 막연하게 생각하면서 고통스러운 감정을 스스로 억제하려고 한다. 그러나 이것은 가해 사건으로 부모와의 관계가 훼손된 것을 의미한다.

가해는 관계를 훼손한다

인간적 현상
본래 선하게 지어진 창조 세계를 타락시킨 악은 다양한 형태로 우리를 공격한다. 하지만 가해는 항상 사람이 그 주체다. 성경에는 어떤 제도나 자연이나 사람 외의 다른 생명체에 대해 용서하라는 언급이 일체 없다. 용서는 오직 '빚진 자'에게(마 6:12; 눅 11:4), '사람들'에게(마 6:14-15), '형제들'에게(마 18:21; 눅 17:3-4) 하는 것이다. 사람이 아닌 다른 존재에게 용서가 베풀어진 사례는 하나님 말씀에서 찾아볼 수 없다. 성경을 자세히 살펴보면, 주님 자신도 오직 사람들만을 용서하신 것을 알 수 있다. 왜 그런가? 용서는 하나님의 법을 어길 수 있으며 또 책임질 수 있는 피조물에게만 베풀어질 수 있기 때문이다. 어떻게 '빚을 질 수' 없는 자에게 '빚을 갚을 수' 있겠는가? (눅 6:37) 또 어떻게 정죄할 수 없는 현실을 향해 '빚'(마 6:12)을 탕감해 줄 수 있겠는가?

전도서의 후렴을 살펴보자. "헛되고 헛되니 모든 것이 헛되도다"(전 1:2). 바울은, 인간이 타락한 후 하나님의 공의로운 심판이 나타나 "피조물이 허무한 데 굴복하게"(롬 8:20) 된 사실을 상기시킨다. 우리의 모든 삶에는 그런 흔적이 남아 있다. 혹자는 "어릴 때 애지중지 사랑을 받지 못했다." 그는 태어날 때부터 건강이 허약하였고, 자신이 기대하는 것보다 잘 생기지도 않았고, 똑똑하지도 않다. 또 다른 사람은 온 인생을 병마에 시달리며 산다. 자연적 재앙으로 피해를 입은 지역에는 그 재앙이 스쳐간 자리마다 비참함과 고통이 남게 된다. 죽음이 우리 삶에 찾아오면, 그 전까지 소중하게 맺어 온 우정과 사랑은 죽음의 사자로 인해 불가피하게 깨지고 만다.

그렇다고 우리는 자연을 용서하지 않는다. 자연을 저주하거나, 불평을 토로하거나, 나쁜 영향을 준 것에 항의할 수는 있다. 그러나 결국 자연의 법칙에 순응할 뿐이다. 과학의 힘을 이용하여 잠시나마 자연이 끼치는 '잔인함' 앞에 스스로를 방어할 수도 있다. 더 나아가 신앙의 힘으로 그처럼 저주스러운 상황에서 눈을 돌려 보다 높은 곳을 바라보며 하나님을 믿고 그의 감추어진 뜻을 신뢰하기도 한다.[12]

문화나 제도 그 자체가 헛된 것일 수도 있다. 그것이 인간을 노예로 만들거나, 불평등, 폭력, 억압을 합리화시킬 수 있기 때문이다. 또 여자나 어린이를 단순한 소유물로 전락시키거나, 사람들을 미신이나 잘못된 길로 빠지게 할 수도 있다. 또 집단 학살이나 그보다 더한 잔악성을 방조하기도 하며, 사람을 착취할 노동의 수단으로 여기다가 더 이상 필요가 없어지면 마치 쓰레기처럼 버리기도 한다. 그렇다고 문화나 제도를 향해 용서를 베풀지는 않는다(참조, 부록). 우리는 그런 제도를 비판하거나, 반항하거나, 반문화를 창조할 수는 있다. 그리고 죄의 횡포를 통제하시는 하나님을 의지하여 제도개혁을 시도할 수도 있다. 인간의 타락 이후, 우리가 사는 이 세상은 더 이상 완전하지 않다. 이 세상의 헛된 것이 인격 형성에 악영향을 주기도 하며 심지어 파괴하기도 한다. 그렇다고 이 모든 고통이 사람이 저지른 가해 사건에서 오는 것만은 아니다. 모든 문제가 이웃과의 불화나, 그 속에서 일어나는 엇갈린 복잡한 관계에서만 생기는 것은 아니기 때문에 그렇다.

다른 사람에 대한 죄

가해 사건(절도, 중범죄, 모욕, 배반, 거짓말, 멸시, 성폭행 등)은 최소한 두 사람 이상을 그 사건에 연류시킨다. 이처럼 가해 사건에는 항상 인간관계가 복잡하게 얽혀 있다. 강도, 절도나 폭행을 저지른 후 도주하는 경우처럼 가해가 순간적으로 갑작스럽게 오는 경우가 있는 반면, 우정의 배신, 재산 상속으로 인한 불화, 교회 내의 분열처럼 오랜 기간 지속된 관계 속에서 나타나는 사건도 있다. 신약에서는 "너를 대적하여"(마 5:23; 18:21; 막 11:25; 눅 17:4; 골 3:13)[13] 라는 표현이 반복적으로, 그리고 다양한 형태로 사용되면서, 가해가 인간관계에 미치는 영향을 지적하고 있다.

가해 사건은 어떤 말이나 행동에만 국한되지 않는다. 가해는 근본적으로 관계에 관한 것으로 항상 사람을 겨냥하며, 이웃 사랑에 대한 대립의 무엇을 만든다. 즉 서로 사랑하도록 창조된 두 사람이 대적하고, 하나님께서 그들의 필요를 채워 주기 위해 세우신 관계를 파괴한다. 가해는 피해자나 가해자 모두를 외롭게 만드는데, 이 외로움은 창조주 하나님께서 이브를 아담에게 데려 오면서(창 2:22) 해결해 주시려고 했던 것이다. 그렇기 때문에 피해자는 대부분의 시간을 그 사건보다도 가해자에 대해 생각하면서 더 많이 힘들어하고 우울하게 보내게 된다. 피해자는 가해자와 대화하지 않는 한 화평을 되찾기는 어렵다.

　태어난 후 생모에게 버림받고 입양된 많은 어린이들에게서 이런 종류의 문제를 찾아볼 수 있다. 그들은 자신을 항상 괴롭히는 얼굴 없는 '가해자'를 내면에 품고 살고 있다. 루이스 스미즈(Lewis Smedes)는 용서에 관한 그의 저서에서 입양한 딸 카티에 관해 말하고 있다. 그녀는 자신을 입양시킨 생모의 모습을 조금이나마 발견한 후에야 비로소 내면의 화평을 되찾았다. 그녀는 생모를 만나려고 하지는 않았지만 그가 누구인지, 입양 당시 무슨 일이 있었는지를 알고 싶어 했다. 그녀의 생모는 이탈리아 사람이었고, 아주 젊은 나이에 카티를 낳게 되었지만, 매우 가난했었다. 카티의 여자 친구 중에 자신의 생모와 비슷한 상황에 처한 한 친구가 있었다. 그래서인지 카티는 생모가 단순히 이기심 때문에 자신을 버렸다고 단정하기보다는 사랑하는 마음 때문에 자신을 입양시킨 것으로 이해하였다. 그 후 카티는 얼굴 모르는 생모를 사랑하고자 했고 또 자기 스스로를 있는 모습 그대로 받아들였다. 그녀가 그동안 품어왔던 생모에 대한 미움 대신 하나님의 용서를 받아들인 것이다.[14]

　가해에 대해 인간관계 차원을 이해하면 사람이 하나님께 범한 죄가 무엇인지를 깨닫는데 도움이 된다. 하나님을 대적하여 지은 죄는 단순한 허물이 아니다. 이는 하나님을 향한 반항이며, 하나님을 떠나 있는 것이다.[15] 죄는 피조물과 창조주와의 필연적인 관계를 '파괴하는 의지'라고 말할 수 있다. 그 단절은 공허한 것이지만 현실이기도 하다. 죄인은, 사르트르(Sartre)가 하던 방식대로 "나는 나의 존재를 스스로 선택했다."고 소리치며 생명을 주신 분의 존재를 부인하기로 결심한 자이다.

타인에게 한 가해와 용서

가해는 인간관계를 파괴할 뿐 아니라 인격에도 상처를 준다. 이 사실을 잘 이해하면 용서에 대해 보다 깊은 성찰을 할 수 있다. 다음은 용서의 세 가지 핵심이다.

1. 용서는 피해자가 할 일이다.

우리는 오직 개인적으로 직접 당한 가해 사건만 용서할 수 있다. 그리고 오직 피해자만이 용서할 권한과 책임이 있다.[16] 잔악했던 제2차세계대전과 캄보디아 대학살을 회상할 때마다 우리는 강한 거부감과 반발심을 느낀다. 우리는 그 사건으로 인해 고통당한 자들에게 동정심을 갖게 된다. 집단 포로수용소에 관한 기록 영화나, 한 기자가 쓴 캄보디아의 크메르 공산당의 광기에 희생된 사람들의 기록을 근거로 제작된 《킬링필드》라는 영화를 감동없이 보는 관객은 아마 없을 것이다. 하지만 우리는 광기어린 사형집행인들에 의해 무고하게 희생당한 수많은 사람들을 대신하여 죄를 지은 그들을 용서할 수는 없다. 우리는 길거리에서 폭행당하고 쓰러진 자에게 도움을 줄 수 있고, 국가는 범인을 체포 구속해야 할 책임이 있다. 그러나 그 죄인을 용서할 수 있는 사람은 우리도 아니고 국가도 아니다. 가해 사건에 연루된 당사자들이 서로 해결해야 할 문제이다. '사람들 간의 용서'라는 주제로 개최된 한 토론회에서 다뤄졌던 내용을 발췌 인용한다.

- 기독교 신앙을 가진 부모로서, 만약 여러분의 자녀가 배우자로부터 가해를 반복적으로 당한다면, 여러분은 어떤 감정이나 자세를 갖게 되리라 생각합니까?

▶ 저는 부모의 입장에서 볼 때, 무엇보다도 용서는 그들 간의 문제이지 부모가 간섭할 문제가 아니라고 직언하고 싶습니다. 가해 사건은 자녀에게 직접 행해진 것이지 부모에게 한 것이 아니기 때문이지요. 물론 부모로서 큰 고통을 느낄 수밖에 없습니다. 하지만 부모의 고통은 자녀가 겪는 고통과는 비교할 수가 없겠지요. 사실 이런 가해 사건의 경우, 부모가 개입하는 것이 맞는지 저는 확실히 알지는 못합니다. 어쨌든 부모가 반드시 개입해 해결할 책임이나 의무는 없다고 생각합니다. 다만 자녀들이 겪는 고통을 함께 느끼는 것은 필요합니다. 부모로서 자녀에게 임한 불

행에 대해, 자녀들이 어떻게 처신할 것인가 주의깊게 살펴야 하겠지요. 분명한 것은 자녀에게 결정할 자유가 있다는 것입니다. 돌아온 탕자 비유 말씀에 나타난 탕자 아버지의 태도를 보십시오….[17]

가해와 용서는 매우 개인적 차원에서 다루어야 할 문제라는 것을 우리는 알 수 있다. 이와 마찬가지로 교회에서 가해자에 대한 책임을 규명할 때에도 동일한 원칙이 적용되어야 한다. 교회의 역할은 가해 사건으로 고통받는 자를 보살피고 보호하며, 복음 정신을 무시하고 파괴한 가해 그리스도인을 책망하는데 있다. 하지만 교회가 죄를 회개한 자를 용서하는 것과 피해자가 직접 용서하는 것은 확연히 구별된다. 그것은 서로 다른 영적 질서의 문제이기 때문에 그렇다. 교회가 하는 용서는 악을 떠나 주님을 사랑하고 섬기고자 하는 모든 자에게 주시는 하나님의 용서와 같다.

진실로 너희에게 이르노니 무엇이든지 너희가 땅에서 매면 하늘에서도 매일 것이요 무엇이든지 땅에서 풀면 하늘에서도 풀리라(마 18:18). 너희가 누구의 죄든지 사하면 사하여 질 것이요 누구의 죄든지 그대로 두면 그대로 있으리라 하시니라(요 20:23).

이 책의 4장에서 우리는 이와 관련한 성경 구절을 보다 자세하게 살펴볼 것이다.[18] 무엇보다 중요한 것은 교회가 선포하는 용서가 피해자가 베푸는 용서를 대신할 수 없다는 사실이다. 그리고 교회가 가해를 '풀기'(délier) 전에 가해자와 피해자 당사자 간에 해결이 선행되는 것이 가장 바람직하다. 하지만 피해자는 자신의 용서가 하나님의 용서를 대신하는 것으로 상상해서는 안 된다.

2. '우리가 당한 가해'만을 용서할 수 있다

모든 가해는 하나님께 대한 죄이지만, 우리와 관련해서는 오직 우리가 실제로 당한 가해 사건만이 적용된다. 하나님께 지은 죄를 용서하는 것은 우리의 권한이 아니다.[19] 이는 하나님의 속성과 인간의 속성이 다르기 때문이다. 우리가 누구관대 하나님을 대신하여 죄를 용서할 수 있는가? 만약에 누군가가 그렇게 할 수 있다고 스스로 여긴다면, 그는 "여호와의 이름을 망령되게 부르는" 자가 될 것이다. 바로 마술적 언어 또는 성례를 통해 하나님의 이름을 왜곡하는 자들이 그렇다. 이런 사실은 가해의 본질과도 관련이 있다. 하나님께 범죄한 자를 우리가 용서하는 것은 우리와 직접 연관이 없는 관계에 간섭하는 것이다.

3. 가해는 인간관계를 복잡하게 만든다

가해를 지배하는 일종의 법칙이 있다. 즉 가해 사건으로 인해 깨진 관계가 깊고 지속될수록, 그 관계는 '복잡한 인간관계' 현상을 만들어 나간다.

다시 말하면, 반응을 보이면 즉각 대꾸가 오고, 비난하고 공격적 표현으로 얽혀 복잡한 함수관계가 형성된다. 예를 들면, 이혼한 부부의 경우 배우자 한사람의 책임만 있고 다른 배우자는 책임이 전혀 없는 경우는 실제로 존재하지 않는다. 이들 간의 서로에 대한 책임이 복잡하게 얽혀 있다.

사도 바울은 골로새 성도들에게 편지를 전할 때 이런 법칙을 전제로 삼고 글을 썼을 것이다. 한 성도가 다른 성도에게 죄를 지은 경우, 바울이 서로 용서하라고 격려하는 이유가 여기에 있다. "누가 누구에게 불만이 있거든 서로 용납하여 '피차' 용서하라"(골 3:13). 성도들 간에 서로 용납하여 피차 용서하고 격려하는 것은 잘못을 함께 공유하라는 것이 아니다.

바울은 사람의 마음을 꿰뚫어 보면서, 지역교회처럼 성도들 사이의 관계가 긴밀하게 유지되는 공동체에서는 가해 사건이 많은 영향을 줄 수밖에 없음을 안 까닭이다. 피해자 자신이 무감각한 돌이 아닌 이상, 또 그 자신이 죄인이기 때문에, 감정적인 반응을 하면서 또 다른 죄를 연속해서 짓게 된다. 이처럼 가해는 어떤 종류라 할지라도, 우리에게 항상 일촉즉발의 상황 속에서 상처를 입힐 수 있으며, 가끔 '스캔들'을 만드는 불씨가 되곤 한다.

가해는 상처이다

가해는 근심의 원인이다

가해는 "근심을 만들며" 상처를 입히고 아픔을 계속 느끼게 하는 원인이 된다(고후 2:5).[20] 예수께서도 예루살렘이 그를 배척할 때 이런 아픔을 느끼셨다(마 23:37-39; 눅 13:34-35). 자신을 배반한 제자 베드로를 바라보는 예수의 눈길은 물론 사랑의 눈길이지만, 동시에 버림 받은 한 사람으로서의 근심어린 눈길이었을 것이다(눅 22:61).[21]

플라톤의 관념 또는 아리스토텔레스의 사유에서 보여 주는 부동의 신(l'Être immobile)의 존재나 이신론자들(déistes)이 믿는 부존하는 신(Dieu absent)의 개념과는 달리, 성경이 계시하는 하나님은 살아계신 하나님이시다. 삼위일체 하나님께서는 각각의 위체가 온전한 일체를 이루시면서 동시에 가장 큰 다양성이 그 안에 존재한다. 이는 유일하신 하나님은 아버지, 아들, 성령이시기 대문이다.[22] 그 안에서, 하나님은 사랑의 관계 속에 맺어진 강렬한 생명을 아신다. 성육신하신 아들은 "창세 전부터 그를 사랑하시는"(요 17:24) 아버지께 기도할 때 이 사실을 반복하여 말씀하신다. 하나님의 '경험'에는 감정도 포함된다. 하나님은 회개한 죄인을 보고 기뻐하시기도(눅 15:10) 하지만 죄 앞에서 '그의 마음'은 '아프시다'(창 6:6). 그의 백성의 죄가 하나님을 근심하시게 한다.

> 그들이 광야에서 그에게 반항하여 사막에서 그를 슬프시게 함이 몇 번인가(시 78:40).
> 그들이 반역하여 주의 성령을 근심하게 하셨으므로(사 63:10).

사도 바울은 성도들이 하나님의 계명을 무조건 맹종하는 것을 어찌하든지 막고자 했다. 바울에 의하면, 죄를 짓는 것은 우리를 양자 삼으사 인치시며 하늘나라의 상속까지 보장하기 위해 오신 성령을 슬프시게 하는 일이다. 그러므로 죄 짓지 말라고 권면한다. "하나님의 성령을 근심하게 하지 말라 그 안에서 너희가 구원의 날까지 인치심을 받았느니라"(엡 4:30).

죄는 하나님을 슬프시게 하고, 우리에게 아픔을 주는 것이 당연하다. 이 아픔은 정신적인 것이지만 우리의 몸이 위험에 처할 때 육체적으로 느끼는 고통과도 같은 아픔이다. 이 아픔은 우리가 타인과의 관계에서 무언가 잘못되고 있다는 사실을 경고하는 것이다. 이는 영적으로 좋은 건강을 가진 자가 느끼는 반사 작용이다.

아픔은 가해를 당했다는 신호이다

우리는 가해 사건 앞에서 생기는 즉각적인 반작용을 통제할 수 없다. 가해 사건이 일어나면 우리 내부에 어떤 일련의 과정이 발생한다. 먼저 상처를 알리는 아픔을 느끼게 된다. 이 아픔은 우리를 피해자 입장으로 만들며 용서 문제가 심각하게 대두된다.

구약의 기록에 의하면, 한나는 기원 전 약 2천년 전에 살았던 여인이다. 그녀는 에브라임산지 사람인 엘가나의 두 아내 중 한 사람이었다. 다른 아내 브닌다는 자식이 있었지만 한나에게는 자식이 없었다. 그럼에도 불구하고 남편은 그녀를 대지중지 사랑했다. 그 탓에 그의 적수 브닌나는 그녀를 시기하였다. 매년 실로에 있는 여호와의 집으로 가는 순례 때에 브닌나는 한나가 임신하지 못하는 것을 업신여겨, 그녀로 하여금 하나님께 반항하도록 괴롭혔다. "매년 한나가 여호와의 집에 올라갈 때마다…브닌나가 그를 격분시키므로 그가 울고 먹지도 아니하니"(삼상 1:7).

왜 한나는 브닌나가 업신여길 때 그렇게 반응한 것일까? 그녀는 아마도 자신이 브닌나보다 덜 '여성답다'고 느꼈을 것이다. 그녀 역시 자식을 낳고 남편에게 후손을 남기길 원했을 것이다. 하지만 그녀는 무엇보다도 자신이 임신하지 못하는 것을 여호와께서 주신 시련으로 받아들였다. 여호와께서 모든 것을 다스리시는 주권자로 믿고 있었기 때문이다. "여호와께서 그에게 임신하지 못하게 하시므로"(삼상 1:5-6). 여호와께서 그녀에게 자식을 주는 축복을 거절하셨고, 그녀는 그로 인해 무력한 감정으로 고통을 받은 것이다. 하나님 말씀에 의하면 자식은 "여호와의 기업이요, 상급"(시 127:3)인 까닭이다.

> 여호와를 경외하며 그의 길을 걷는 자마다 복이 있도다.
> 네 집 안방에 있는 네 아내는 결실한 포도나무 같으며
> 네 식탁에 둘러 앉은 자식들은 어린 감람나무 같으리로다.
> 여호와를 경외하는 자는 이같이 복을 얻으리로다(시 128:1, 3, 4).

우리는 브닌나에게 공격받는 한나의 아픔을 이해할 수 있다. 브닌나가 범한 가해는 한나의 인생에 있어서 아주 민감한 부분이었다. 즉 자식을 갖길 원하는 소원과 여호와께 대한 그녀의 믿음을 건드렸기 때문이다.

오늘날 어떤 여인들은 시몬 드 보부아르(Simon de Beauvoir)의 본을 따라 임신하길 의도적으로 거부하며 직장생활 속에서 행복을 추구하길 원한다.[23] 한나처럼 울기는커녕 그녀들은 오히려 브닌나를 한심하게 생각하거나 경멸스럽게 볼 것이다. 하지만 브닌나가 범한 가해 사건은 대부분의 현대 여성들에게도 깊은 근심의 원인이기도 하다. 최근 프랑스 여성들은 자식을 낳고자 하는 강한 욕망을 가지고 또 가정의 행복을 추구하려는 복귀 현상을 보이고 있다. 동시에 불임에 대한 인공 기법을 더 의지하는 추세도 보이고 있다. 이것은 현대 여성들이 갖는 고민을 입증해 준다. 그렇지만 그녀들이 느끼는

아픔은 한나의 아픔과는 사뭇 다르다. 그녀들이 겪는 아픔은 문화적 영적 차원에서 알맹이가 없기 때문이다. 불임으로 고생하는 현대 여성들은 불임에 대해, 사회적이든 종교적이든 간에 자신의 존재 가치와는 별개로 생각한다. 사실 현대인들은 호적 관계에 그다지 집착하지 않으며, 자식을 더 이상 하나님의 선물로 여기지 않는다. 특히 불임에 대한 의학적 원인이 해명되어, 그것을 신이 내린 저주라고는 더더욱 생각하지 않는다.

우리의 관심을 끄는 것은 가해 자체보다도 가해 사건이 우리에게 주는 아픔에 있다. 우리의 내면 깊은 곳에서 가해 사건에 대해 소리치고 불평하고 싶은 그 무언가가 있기 때문이다. 하지만 한나와 현대 여성 간의 감수성 차이를 비교한 것처럼, 가해 사건에 대한 사람들의 감수성은 시대, 성격, 장소 등에 따라 다르게 나타난다.

가해에 대한 감수성은 다양하다

1. 내적 세계의 중요성

가해는 자주 우리 신체적 요소를 통해 발생되지만 어김없이 '마음'에 상처를 준다. 성경에 의하면, 마음이란 사람의 인격 중심부에 해당되는 것으로 생각, 의지, 감정, 양심을 총괄한다.[24] 가해 사건 앞에 '마음'의 모든 요소가 반응하게 된다. 감정으로는 아픔을 느끼고, 지적으로는 사건의 내막을 알려고 할 것이다. 또 의지로는 반항할 것이고, 양심은 그것은 잘못된 거야! 라고 외칠 것이다. 마음에서 나오는 감정적, 정신적, 의지적, 지적 '박동'은 철학자들이 소위 '세계관'이라고 부르는 영적이고 근본적인 '충동'에 의해 생겨난다. 그리고 이 박동은 인격의 내부 조직에 의해 지배를 받는다. 이제부터 우리는 마음의 영적 심리적 두 요인을 살펴보고자 한다.

2. 심리적 요인들

"어떤 이는 사람들이 그에게 많은 것을 해 주었다고 생각하는 반면, 또 다른 이는 사람들이 그에게 전혀 아무것도 해 준 것이 없다고 생각한다."[25] 심리적 특성 스펙트럼의 한 극단적인 경우는, 항상 무언가 죄책감을 느끼며 용서를 자주 구하는 신경증적인 사람이다. 이들은 부모에 의해, 또는 그들의 삶에서 중요한 사람에게 버림받은 경험을 내재화시킨다.[26] 내면에 품은 죄의식이 그들 자신을 좀먹게 한다. 이런 죄의식은 엄격한 부모와 살면서 자기 자신(초자아) 안에 내재된 엄한 기준 때문에 더 깊어지게 된다. 그들은 권위 앞에서 죄책감을 느끼는 버릇이 생긴다. 특히 영적인 분야에서 (이상형 자아는) 터무니없이 까다로운 요구를 스스로에게 부과한다. 이런 사람은 심지어 가해자에게서 환심을 사려 한다. 가해자를 고발하기는커녕 오히려 자기 자신을 책망하기도 한다. 가해에 대해 그들의 감수성이 지나치게 높게 반응하는 경우이다.

또 다른 극단적인 경우는 어떤 사람 앞에서든지 심지어 자신을 고소하는 사람 앞에서도 죄책감을 전혀 느끼지 않는 편집광적인 사람이다. 어린 시절 부모로부터 받지 못한 사랑과 애정 결핍이 고통스러웠기에 그들은 지나칠 만큼 자존심을 세운다. 도가 넘쳐 자기 도취적인 성향을 보이며 어떤 값을 치르더라도 사람들 앞에서 자기 주장을 펼쳐보이려고 한다. 권위 앞에서 약해지기도 하며, 타인을 속이거나 이용하여 자신을 드러내 보이기를 좋아한다. 죄책감을 없애려고 자기 안에 존재하는 죄의식을 의도적으로 억누르며 자신의 마음이 동요되는 것을 원치 않는다.[27] 그들은 "다른 사람에게 호감을 살 수 없다는 것을 알면서도 결코 자신의 외식적인 태도를 포기하지 않는다."[28] 가해에 대한 그들의 감수성은 형편없이 낮다.

우리들 대부분은 이렇게 두 종류의 인격 사이에 있으면서 다소 어느 한쪽으로 쏠려 있다. 그 정도의 차이는 아마도 유년 시절부터 사춘기까지 형성된 우리의 성품에 따라 좌우될 것이다. 이런 심리적 요인 분석은 가해 사건에 대한 반응이 획일적이 아니라 상대적으로 매우 다양하게 나타남을 보여 준다. 다시 말하면, 우리의 '삶'이 어떻게 형성되었는가에 따라 가해 사건에 대한 감수성도 다르게 나타난다.

한 사람 때문에 인생이 잘못되었다고, 다른 사람에 의해서도 반드시 잘못

되리라는 법은 없다. 모든 것은 각 사람의 내적 균형에 달려 있다. 우리가 삶을 잘 영위할수록, 우리는 다른 사람에 대해서도 더 관용할 수 있다.[29]

가해에 대한 감수성이 상대적이라 해서, 가해에 대한 정의를 내리기가 어려운 것은 아니다. 또 주관적 판단으로 가해를 아무렇게 생각해서도 안 된다. 왜냐하면, 가해는 '빚'을 지게 하는 죄이고, 하나님의 법을 '객관적으로' 위반한 것이기 때문이다. 잠언에 의하면, '어리석은 자'는 하나님의 법을 무시하며, '지혜로운 자'는 그 법을 지킨다고 말하고 있다.

지혜가 길거리에서 부른다. 대저 너희가 지식을 미워하며 여호와 경외하기를 즐거워하지 아니하며 나의 교훈을 받지 아니하고 나의 모든 책망을 업신여겼음이라 그러므로 자기 행위의 열매를 먹으며 자기 꾀에 배부르리라 어리석은 자의 퇴보는 자기를 죽이며 미련한 자의 안일은 자기를 멸망시키려니와 오직 내 말을 듣는 자는 평안히 살며 재앙의 두려움이 없이 안전하리라… 지혜는 그 얻는 자에게 생명 나무라 지혜를 가진 자는 복되도다 (잠 1:20, 29-33; 3:18).

예수님처럼 '완벽한' 심리적 건강을 가진 자는 현실을 바라보고 올바르게 반응하지 않겠는가? 특히 우리는 가해 사건을 통해 우리에게 '객관적'인 잘못이 발생하는 경우에만 비로소 아픔을 느끼지 않겠는가? 우리의 '마음'과 현실이 일치가 되면 가해에 대한 다양한 감수성을 설명하는 둘째 요인을 살피게 된다. 현실을 바라보는 마음의 시선이 세계관에 의해 좌우되기 때문이다.

3. 세계관
고린도인의 예

바울은 고린도에서 복음을 전하기 위해 그 도시에 얼마간 머물렀다. 그곳의 여러 주민들 특히 이방인들 중에 회심하는 자들이 많았다. 어느 정도 세월이 지난 후 바울 사도는 그 지역을 떠났다. 그러자 곧 여러 문제들이 발생되었고 교회가 분열 위기에 놓였으며 긴장의 늪에서 헤어나질 못했다.

고린도 성도들은 바울에게 편지를 써서 궁금한 점들을 질문하였다. 바울이 고린도교회에 그들의 질문에 관한 답을 써 보낸 것이 바로 고린도전서이다. 그들이 한 질문 중 하나는 행위에 관한 것이었다. 즉, 시장에서 고기를 구입하는 일에 대한 것이었다. 이처럼 '세세한 일'들이 공동체에 불화의 씨앗이 된 것이다. 그런데 그 당시 모든 초대 교회가 이 문제에 지대한 관심을 갖고 있었다. 심지어 예루살렘에서 열린 역사상 최초의 '종교 회의'에서도 이 문제에 대한 논의가 있었다(행 15:29). 왜 이 문제가 그렇게 중요했던 것일까? 그 이유는 시장에 유통된 고기의 상당부분이 이방 종교행사 때 제물로 드려진 것이기 때문이었다. 즉 이 고기들은 우상에 바쳐진 것들이었다. 우리는 왜 고린도 교인들이 이 문제로 인하여 분열되었는지 이해할 수 있다. 한 부류의 사람들은 그 고기를 사서 먹으면 우상숭배에 연루된다고 생각했고, 반면 다른 한 부류의 성도들은 양심의 거리낌없이 자유롭게 고기를 사서 먹었기 때문이다.

그런데 우상에게 바친 고기를 먹는 일을 두고 말하면, 우리가 알기로는, 세상에 우상이란 것은 아무것도 아니고, 오직 하나님 한분밖에는 신이 없습니다. 이른바 신이라는 것들이 하늘에든 땅에든 있다고 칩시다. 그러면 많은 신과 많은 주가 있는 것 같습니다. 그러나 우리에게는 아버지가 되시는 하나님 한분이 계실 뿐입니다. 만물은 그분에게서 났고, 우리는 그분을 위하여 있습니다. 그리고 한분 주님이신 예수 그리스도가 계십니다. 만물이 그분으로 말미암아 있고, 우리도 그분으로 말미암아 있습니다(고전 8:4-6, 표준새번역).

한 부류의 성도들은 하나님의 유일성을 믿었지만, 그렇다고 동시에 우상을 무시하지 못했다. 그들은 자신의 내면 세계 속에서 우상이 아직도 존재한다고 믿었던 것이다. 그들의 '마음'은 회심 전의 상태처럼 옛 세계관이 주는 영향을 받으며 충동적으로 반응하였다. 바울은 이를 다음과 같이 설명한다.

> 그러나 누구에게나 다 지식이 있는 것은 아닙니다. 어떤 사람들은 지금까지 우상을 섬기던 관습에 젖어 있어서, 그들이 먹는 고기가 우상의 것인 줄로 여기면서 먹습니다. 그들의 양심이 약하므로 더럽혀지는 것입니다(고전 8:7, 표준새번역).

그들은 이런 세계관이 주는 모순과 대립으로 인하여 삶의 내면이 어지러웠다. 그들은 어린 시절부터 이방 세계에 살면서 그 문화권의 영향을 받아왔다. 그 가운데 이방 세계관이 그들의 삶 속에 깊이 동화되었고 현실을 바라보는 기준과 개념이 되었던 것이다.[30] 하지만 그들은 복음을 영접하였다. 옛 세계관이 기독교 세계관으로 바뀐 것이다. 그러나 세계관이 바뀌는 데는 오랜 시간이 걸린다. 고린도 성도들은 '이 세상에는 천지를 창조하신 유일하신 하나님이 계시며, 유일하신 주님, 곧 예수 그리스도가 계신다.'고 고백하였다. 어떤 성도들은 이 진리에 기초하여 세계관을 새롭게 정립하였다. 반면 다른 성도들은 아직도 내면 깊이까지 이 진리가 성령을 통해 뿌리내리지 못했다. 첫 부류 성도들은 우상 제물로 드려진 고기에 대해서 자유로웠다. 그들이 기독교 세계관을 가지고 있었기 때문이다. 하지만 기독교 세계관이 아직 정립되지 못하고, 여전히 이방세계 가치관에 물들어 있는 성도들에게는 우상의 제물로 바쳐진 고기란 부담스러운 것이었다.

세계관은 현실의 여과지이다

모든 사람은 그들의 삶 가운데 행동과 반응을 지배하는 나름대로의 세계관을 가지고 있다. 세계관은 일종의 영적 현실이며, 어떤 문화에 대한 '시대의 정신'과 일치하는 종교적 현상이라고 말할 수 있다.[31] 세계관은 인간, 세계, 선과 악, 악을 대처하는 해법 등에 대한 본질적이고 기본적인 신념을 포함한다.[32] 그래서 세계관은 인간 삶의 모든 면에 영향을 미치는 문화정신과 같은 것이다. 예를 들면, 누벨칼레도니아(Nouvelle-Calédonia)[33]의 원주민 카나크(Canaques) 족과 이주민 깔도쉬(Caldoches) 족은 경제, 교육, 정체성 등 여러 분야에 걸쳐서 서로 반목하며 지냈다. 이는 근본적으로 멜라네시아인들과 유럽인들 사이의 세계관이 다르기 때문에 발생한 것이다. 전자의 경우, 모든 인류는 이 땅의 자식들이며 이 땅은 어느 누구에게도 속한 것이 아니라는 세계관을 가지고 있다. 그러므로 초기 유럽인들이 그곳에 건너와 정착하고자 할 때 원주민들은 반대하지 않았다. 그 후 유럽인들은 서서히 토지를 소유하기 시작했다. 그 이유는 그들은 토지에 대해 사고 팔 수 있는 사유지 개념을 가지고 있었기 때문이다. 이처럼 세계관과 현실을 바라는 시각의 차이로 이 두 문화 그

룹은 서로 충돌하면서 살게 되었다.

　우리가 품고 있는 여러 세계관들은 다양한 문화를 형성한다. 그 대신에 우리는 우리가 살고 있는 그 문화의 규범을 내재화시킨다. 이처럼, 서구의 세계관은 우리에게 토지에 대한 사적 소유 규범을 익숙하게 만든다. 우리도 인식하지 못하는 사이, 우리에게 임하는 모든 것은 다양한 문화 '제품'으로 수식된 세계관을 통해서 여과되고 모든 것이 우리가 품은 세계관을 통해 평가된다. 가해 사건으로 생기는 아픔도 이런 '평가' 중의 하나이다. 즉 가해로 인한 아픔은 우리 내면 세계 속에 존재하는 본질적 가치가 다른 사람에 의해 침해 당한 사실을 경고하는 것이다.

　브닌나가 저지른 가해로 생긴 한나의 아픔은 현대 여성들이 불임으로 겪는 고통과는 그 성격이 매우 다르다. 왜냐하면 한나의 세계관에 따르면 불임은 영적으로, 문화적으로 여성으로서의 가치가 거의 없음을 의미하기 때문이다.

　한 아프리카 친구는, 그의 프랑스 친구가 자신이 많은 사람들 중에 있을 때, 자신을 소리쳐 부르기보다 손짓으로 부른 것으로 인해 심한 모욕감을 느꼈다. 그의 아프리카 문화에서는 그런 신호는 개를 부를 때나 사용되기 때문이다! 우리가 아프리카에 체류하고 있을 때 한 원주민 부부를 식사에 초청한 적이 있었다. 그런데 그들은 두 시간이나 늦게 도착했다. 그들이 초청을 잊어서 그랬던 것은 아니었다. 다만 그들의 문화 기준에 따라 꼭 식사 때문만이 아니라, 우리를 보러 왔다는 것을 알리려고 일부러 늦게 온 것이다. 우리의 내면 세계가 잘못 이해될 때 참으로 곤란해질 수 있다.

교회는 문화적, 사회적으로 다양한 배경을 지닌 사람들이 만나는 장소이다. 게다가 세속화로 기독교적 가치관을 가진 자들이 점점 줄어드는 현실에서 회심 직후에 생길 수 있는 옛 세계관과 기독교 세계관의 차이는 더욱 더 벌어지고 있다. 이렇듯 다양한 배경의 교인들이 혼합된 교회에서는 교인들 사이의 가해에 대한 감수성은 큰 차이를 보일 수 있다. 그래서 고린도 교인들처럼, 오해와 긴장을 야기시킬 수 있다.

그렇다면 어떻게 우리는 이런 감수성들을 이해해야 하는가? 우상 제물로 드린 고기도 자유롭게 먹을 수 있었던 일부 고린도 성도는 다른 형제들이 받을 상처를 감안해 절제했어야 했는가? 만약 절제한다면, 이는 잘못된 세계관과 그에 따른 왜곡된 감수성에 오히려 동조하는 것이 아닌가?

우상 제물로 드린 고기를 먹을 수 있었던 그리스도인의 태도는 그가 가진 기독교 세계관에 근거를 둔 것이다. 그럼에도 불구하고 그가 그런 고기를 먹는 것 자체가 죄가 될 수 있는가? 타문화권 사람들이 그들의 문화나 감수성에 따라 우리의 행위를 평가할 때, 우리는 그것에 책임을 져야 하는가? 성경은 소위 '스캔들'로 불리는 것을 죄로 간주하면서, 이런 질문에 답을 주고 있다.

가해는 '스캔들'의 원인이 된다

우상에게 바쳐진 고기와 관련된 질문에 답하면서 사도 바울은 성도들에게 기독교 세계관이 주는 위대한 자유를 누리며 살라고 격려한다.

> 무릇 시장에서 파는 것은 양심을 위하여 묻지 말고 먹으라 이는 땅과 거기 충만한 것이 주의 것임이라 불신자 중 누가 너희를 청할 때에 너희가 가고자 하거든 너희 앞에 차려 놓은 것은 무엇이든지 양심을 위하여 묻지 말고 먹으라(고전 10:25-27).

우상이 존재하지 않음을 아는 성도들에게는 '모든 것이 가하다'(고전 10:23). 하지만 바울은 그들의 자유가 그 주위에 있는 성도들을 '실족케'[34] 하지 않기 위해, 다른 성도들이 가해에 대해 느끼는 감수성을 고려하라고 충고한다.

스캔들이란 단어는 성경에서 '나쁜 사례나 반항'을 의미하지 않는다. 그 보다는 '방해물, 올무(시 124:7), 부딪치는 걸림돌(롬 9:33)'[35] 의 뜻으로 주로 정신적, 종교적 분야에서 사용된다.

사도 바울은 성도들에게 이방인 세계관을 좇으라고 권면하는 것이 아니다. 다만 그리스도 안에서 다른 형제들을 염려하고 배려하라는 것이다. 어떤 성도들은 '연약하여' 아직도 세계관이 정립되지 못하였다. 그래서 그들의 믿음이 견고해지도록 전적으로 노력하라는 권면이다.

그런즉 너희의 자유가 믿음이 약한 자들에게 걸려 넘어지게 하는 것이 되지 않도록 조심하라 지식 있는 네가 우상의 집에 앉아 먹는 것을 누구든지 보면 그 믿음이 약한 자들의 양심이 담력을 얻어 우상의 제물을 먹게 되지 않겠느냐 그러면 네 지식으로 그 믿음이 약한 자가 멸망하나니 그는 그리스도께서 위하여 죽으신 형제라 이같이 너희가 형제에게 죄를 지어 그 약한 양심을 상하게 하는 것이 곧 그리스도에게 죄를 짓는 것이니라 그러므로 만일 음식이 내 형제를 실족하게 한다면 나는 영원히 고기를 먹지 아니하여 내 형제를 실족하지 않게 하리라(고전 8:9-13).
누가 너희에게 이것이 제물이라 말하거든 알게 한 자와 그 양심을 위하여 먹지 말라 내가 말한 양심은 너희의 것이 아니요 남의 것이니 어찌하여 내 자유가 남의 양심으로 말미암아 판단을 받으리요 만일 내가 감사함으로 참여하면 어찌하여 내가 감사하는 것에 대하여 비방을 받으리요 그런즉 너희가 먹든지 마시든지 무엇을 하든지 다 하나님의 영광을 위하여 하라 유대인에게나 헬라인에게나 하나님의 교회에나 거치는 자가 되지 말고 나와 같이 모든 일에 모든 사람을 기쁘게 하여 자신의 유익을 구하지 아니하고 많은 사람의 유익을 구하여 그들로 구원을 받게 하라(고전 10:28-33).

우리가 염려하는 것은 격분한 자존감을 상하게 하거나, 고집불통인 율법주의와 충돌하는 것이 아니라, 개인의 믿음이나 하나님을 찾는 삶을 불안정한 상태로 만드는 것이다(참조, 고전 9:19-23). 예수님의 가르침에서 강조되는 것도 '약한 자'를 배려하는 것이다. 예수님은 누군가가 큰 자가 되고자 하거나 다른 사람을 다스리려는 욕심을 가지면[36] 이는 자신을 믿는 '작은 자'들을 실족케 하는 주원인이 된다고 말씀하신다(마 18:1-6; 막 9:33-42).

솔직하게 말하면, 우리는 다음과 같은 것들이 소위 교회에서 '강자'가 '약자'에게 범하는 가해의 원천이 됨을 인정해야 한다. 즉 권력 남용, 세습주의, 존경심 부족, 인심 조작, 타인 배려 부재, 과도한 요구, 피곤한 율법주의, 선동적인 타협주의 등이다. 가해와 스캔들은 심각한 연관성을 가지고 있다. 하지만 가해 사건을 극적으로 과장하려는 위험도 있는 것이다.

가해를 극적으로 과장하는 위험

　기독교 공동체 안에서나 부부, 가족, 친구, 동료들과 생길 수 있는 여러 가지 긴장된 상황에 처하게 될 때, 사도 바울은 골로새서 3장 12-14절에서 두 가지 분명한 태도를 갖도록 권면한다. 즉 서로 용납하고, 서로 용서하는 것이다.

　(12)그러므로 너희는 하나님이 택하사 거룩하고 사랑받는 자처럼 긍휼과 자비와 겸손과 온유와 오래 참음을 옷입고 (13)누가 누구에게 불만이 있거든 서로 용납하고 피차 용서하되 주께서 너희를 용서하신 것같이 너희도 그리하고 (14)이 모든 것 위에 사랑을 더하라 이는 온전하게 매는 띠니라.

　이 성경 구절의 구조가 보여 주듯이, 서로 용납하고 서로 용서하라는 권면(13절)은 오래 참으라는 바울의 말(12절)에서 시작하여 전개된다.37 다시 말하면 '원한'과 '질책'으로 성도들 간에 분열이 생기게 될 때 오래 참는다는 것은 형제들 간에 서로 용서하는 형태로 나타나게 될 것이다. 또한 성도들 간에 의견 차이, 감수성 차이, 문화적 차이, 성격 차이 등으로 인해 긴장이 생기는 경우, 오래 참는 방법은 서로 격려하고 용납하는 것을 배우는 것이며,[38] 이는 서로 사랑하기를 구체적으로 기꺼이 하도록 돕기 위함이다(14절). 사실, '책망'하기 위해 어느 시점에 서로 '용납'하는 것을 멈추어야 하는지, 또 '용서'하기 위해 언제 '관용을 베풀어야' 하는지를 분별하는 것은 쉽지 않다. 다만 바울이 구별하고자 하는 것은 가해를 극적으로 과장하는 위험을 경계하는 것이다. 즉 서로 사랑하고, 서로 용납하는 자세를 가지고도, 더 이상 사태를 긍정적으로 수습할 수 없을 때, 비로소 가해 행위를 판단하여야 한다는 것이다. 대립과 마찰을 빚을 때마다 용서할 기회를 찾는 것은 오히려 용서 자체를 진부하게 만들 위험이 있다. 또 가해 자체를 진부하게 만들며, 가해 사건을 단순히 신경 거스리는 상투적인 일 정도르 ('너의 태도가 나를 신경질나게 한다') 축소하며, 가해가 무엇보다 죄, 즉 하나님의 법을 객관적으로 범하는 것이란 점을 잊게 할 우려가 있다.

가해에서 용서로

가해는 복잡한 현실 문제인 만큼 다양한 절차에 의해 분석되어야 한다. 가해는 하나님께 대한 죄이기에 오직 주님만이 용서하실 수 있다. 가해는 이웃에 진 빚이기에 오직 피해자만이 탕감해 줄 수 있다. 가해는 인간관계를 훼손하는 것이기에 오직 피해자와 가해자가 서로 화해함으로써 회복될 수 있다. 하지만 가해는 무엇보다도 피해자에게 상처를 입히고 결과적으로 분노와 미움을 생기게 하는데, 이것은 오직 사랑과 주님만이 진정시킬 수 있다.

chapter 2
분노와 미움

가해는 상처를 입히고, 아픔은 그 사실을 알려 준다. 입은 상처는 즉각적으로 원한을 품게 하고, 아픔의 소리는 복수의 소리가 된다. 우리 마음 속의 고통이 미움으로 변한다. 성경은 여러 가지 예를 통해 가해로 입은 아픔이 미움으로 변하는 과정을 보여 준다.

아픔에서 미움으로

세 가지 사례
에서는 야곱의 간교함으로 인해 고통 당하고 미움에 사로잡힌다.

이삭이 나이가 많아 눈이 어두워 잘 보지 못하더니 맏아들 에서를 불러 이르되 내 아들아 하매 그가 이르되 내가 여기 있나이다 하니 이삭이 이르되 내가 이제 늙어 어느 날 죽을는지 알지 못하니 그런즉 네 기구 곧 화살통과 활을 가지고 들에 가서 나를 위하여 사냥하여 내가 즐기는 별미를 만들어 내게로 가져와서 먹게 하여 내가 죽기 전에 내 마음껏 네게 축복하게 하라. 이삭이 그의 아들 에서에게 말할 때에 리브가가 들었더니 에서가 사냥하여 오려고 들로 나가매(창 27:1-5).

야곱은 어머니 리브가가 부추기는 대로 쌍둥이 형 에서가 부재한 틈을 이용해 형의 모습으로 변장한다. 그리고 시력이 약해져 잘 보지 못하는 아버지 곁에 나아가 축복을 가로채어 장자의 특권을 챙취한다. 그 이유는 구약이나 중동의 다른 기록에서도 볼 수 있듯이 아버지의 축복은 영원히 돌이킬 수 없는 것이기 때문이다. 에서가 동생의 배반 사실을 알았을 때 "그는 소리내어 울었다"(창 27:34). 그는 야곱에 대한 원한이 너무나 깊어 부친이 돌아가시는 날에 동생을 죽여 복수하고자 굳게 다짐한다.

야곱은 형 에서를 피하여 어쩔 수 없이 시리아 북쪽 유프라테스 강 동쪽 약 백킬로미터 지점인 하란에 살고 있는 삼촌 라반에게로 떠난다(창 27:41-45).

에서는 노약하신 아버지 목전에서 자신의 분노를 즉각적으로 터

뜨릴 수 없었다. 억지로 꾹 참은 분노는 마침내 미움으로 변한다. 가해를 당할 때 우리는 가끔 에서처럼 반응한다. 즉 '참고 견디며' 되새기다가 결국 미워하는 것이다.

압살롬의 태도에서도 미움이 생기는 또 다른 과정을 볼 수 있다. 다윗의 아들 중 하나인 암논은 "그의 이복 누이 다말 때문에 울화로 말미암아 병이 나고 말았다"(삼하 13:2). 병으로 아픈 시늉을 하면서, 암논은 누이 다말을 그의 방에 오게 한 후 그녀를 욕되게 하였다. 압살롬은 다말의 형제였다. "그는 암논에게 옳다거나 그르다는 말을 전혀 하지 않았다"(13:22, 표준새번역). 그 이유는 암논을 처벌할 수 있는 자는 자신이 아니라 왕이신 그들의 아버지이시기 때문이다. "그는 암논이 그의 누이 다말을 욕되게 하였으므로 그를 미워하였다"(13:22). 그리고 "만 이년 후에"(13:23) 그는 암논을 살해하였다(13:28-29).

문화 장벽(예, 예의범절)이나 물리적 장벽(예, 거리)이 없는데도 가해를 당하면 우리의 분노는 지체없이 터져버리고 미움을 품게 된다.

나발은 자신의 목자들을 도적들과 원수의 공격에서 보호해 준 다윗의 젊은이들에게 음식을 제공하는 것을 거절하였다. 살인적인 분노에 사로잡힌 다윗은 복수심으로 그를 죽이고 그의 가족과 종들도 하마터면 몰살시킬 뻔했다. 하지만 이 '어리석은 사람'('나발'이란 이름이 갖는 뜻)의 아내, 아비가일의 지혜로 마지막 순간에 다윗의 복수를 막았다.

다윗이 아비가일에게 이르되 오늘 너를 보내어 나를 영접하게 하신
이스라엘의 하나님 여호와를 찬송할지로다 또 네 지혜를 칭찬할지
며 또 네게 복이 있을지로다 오늘 내가 피를 흘릴 것과 친히 복수하
는 것을 네가 막았느니라 나를 막아 너를 해하지 않게 하신 이스라엘
의 하나님 여호와의 살아계심을 두고 맹세하노니 네가 급히 와서 나
를 영접하지 아니하였더면 밝는 아침에는 과연 나발에게 한 남자도
남겨두지 아니하였으리라 하니라(삼상 25:32-34).

미움의 정도

앞서 이야기한 세 가지 예를 살펴보면, 미움과 범죄는 함께 붙어다닌
다. 하지만 다행스럽게도 미움이 항상 비극적으로 끝나는 것은 아니
다. 사도 요한이 지적한 것처럼 미움은 본질적으로 살인과 같다. "그
형제를 미워하는 자마다 살인하는 자니"(요일 3:15). 미움이 수동적이면
가해자에게 좋은 일이 생기는 것을 전혀 원치 않게 된다. 하지만 미
움의 골이 깊으면 공격적으로 해를 끼치게 된다.[1] 미움 속에는 항상
가해자에 대한 공격성이 내포되어 있다. 예수께서는 산상수훈을 통
해 분노와 범죄 사이에 존재하는 유사성을 강조하셨다.

옛사람에게 말한 바 살인하지 말라 누구든지 살인하면 심판을 받게
되리라 하였다는 것을 너희가 들었으나 나는 너희에게 이르노니 형

제에게 노하는 자마다 심판을 받게 되고 형제를 대하여 '라가' 라 하는 자는 공회에 잡혀가게 되고 미련한 놈이라 하는 자는 지옥 불에 들어가게 되리라(마 5:21-22).

사도 요한은 여러 차례에 걸쳐 '미워하다' 라는 동사를 사용하고 있다. 반면 바울은 이 동사를 4회만 사용하고 있으며 오직 디도서 3장 3절에서만 우리가 말하는 미움을 찾을 수 있다.[2] 이런 차이가 나는 이유는 무엇보다도 요한은 보다 광범위하고 '본질적' 인 개념들(빛과 어두움, 진리와 거짓, 사랑과 미움)을 서로 대조시키고 있기 때문이다. 요한의 접근 방법이 대조적이라면, 바울의 접근 방법은 분석적이다. 다시 말하면, 바울은 마음의 자세를 분석하지만 '미움' 이라는 제목에 여러 개념들을 통합시키지 않는다. 요한과는 다르게 그는 세밀하게 파고 들어가 미묘한 차이를 잡아낸다. 용서의 문제를 의미심장하게 다루는 성경 구절 에베소서 4장 31-32절에서, 바울은 피해자의 반응을 개괄적으로 서술하지 않고, 반응의 강도에 따라 세분하여 서술하고 있다.

너희는 모든 악독과 노함과 분냄과 떠드는 것과 비방하는 것을 모든 악의와 함께 버리고 서로 친절하게 하며 불쌍히 여기며 서로 용서하기를 하나님이 그리스도 안에서 너희를 용서하심과 같이 하라(엡 4:31-32).

미움은 '분노를 통해'³ 악독에서 시작하여 비방하는 것까지 다양하게 표현된다. 우리 마음 깊은 곳에 감추어진 미움은 가끔 분노로 표출된다. 하지만 '약자의 분노'⁴로는 스스로 만족할 수 없거나 도저히 분노를 억제할 수 없을 경우, 미움의 감정은 노골적으로, 거침없이, 거칠게, 한치의 타협없이, 인정사정 볼 것 없이, 분냄과 떠드는 것과 비방하는 것으로 표출된다.⁵

요셉의 형제들은 동생 요셉이 자신들에게 계속해서 피해를 입히자 미움의 골이 깊어 갔다.⁶ 소년 요셉이 형들의 '잘못'을 아버지에게 일러바쳤기 때문이다(창 37:2). 야곱이 '노년에 얻은 아들' 요셉을 노골적으로 편애하고 동생 요셉의 고자질로 형제들은 질투와 마음의 상처가 더욱 깊어 갔다.

"그가 다른 아들들보다 요셉을 더 사랑하여서 그에게 화려한 옷을 지어서 입혔다"(3-4절, 표준새번역). 야곱의 이런 태도로 인해, 형들은 "요셉을 미워하며, 그에게 말 한마디도 다정스럽게 하는 법이 없었다"(4절). 그들은 요셉에 대해 악독해지고 화를 내는 것으로 미움을 나타내고 있었다. 그 가운데 요셉이 자신에게 절하는 형들에 관한 꿈 이야기를 했고, 급기야 형들의 '소극적'인 미움은 '적극적'인 미움으로 변했다. "형들은 그의 꿈과 그가 한 말 때문에 그를 더욱 더 미워하였다"(8절). 우리는 그 후 요셉에게 무슨 일이 일어났는지를 알고 있다.

"요셉이 형들에게 오자, 그들은 그의 옷 곧 그가 입은 화려한 옷을 벗기고, 그를 들어서 구덩이에 던졌다. 그 구덩이는 비어 있고, 그 안에는 물이 없었다. … 그래서 미디안 상인들이 지나갈 때에, 형제들이 요셉을 구덩이에서 꺼내어, 이스마엘 사람들에게 은 스무 냥에 팔았다. 그들은 그를 이집트로 데리고 갔다"(창 37:23-24, 28, 표준새번역).

가해는 대부분의 시간에 미움과 분노를 일으킨다. 우리는 이런 감정과 투쟁하면서 그것을 없애려고 애를 써야 하는가? 아니면 그 감정을 받아들이고 내면에 품어야 하는가?

미움은 가해에 대한 '당연하고, 정상적인' 반응인가?

'당연한' 반응

가해를 당할 때, 미움과 분노를 품는 것은 모든 사람들이 겪는 경험이라고 말할 수 있다. 이것은 모든 피해자에게 '당연한' 반응이다. 당연하다는 것은 반응이 자연스럽게 나오기 때문만이 아니라, 그런 반응이 '본질상' 죄인의 마음(엡 2:1-3)에서 나오며, 또 하나님의 심판으로 인해 죄에 빠진 마음에서 나오기 때문이다(롬 1:28-31). 어느 누가, 예수님의 본을 좇아, 자신을 고문하는 자들을 위해 기도하며, 아버지께 그들의 용서를 구하겠는가?[7] 오직 주님의 '초월적' 힘을 덧입은 스데반은 그렇게 할 수 있었고(참조. 행 7:59), 그를 뒤이어 다른 순교자들도 그렇게 했다.

어떤 가해 사건은 우리에게 너무나 깊고 아픈 상처를 주었기 때문에 우리의 깊은 잠재의식 속에 파묻어 버린다. 하지만 이 상처는 미움과 함께 우리의 무의식 삶 속에 버젓이 살아 있다. 우리 안에 웅크려 숨어 있는 '마귀'처럼. 이런 가해는 우리의 모든 정력을 소진시키며, 우리 인격을 쇠약하게 하고 초췌하게 만든다. 또 우리에게 심한 죄의식을 갖게 하며 자학하게 만들기도 한다.[8]

심금을 울리는 소설 *Mars*(화성)에서 프리츠 조른(Fritz Zorn)은 자신이 부모뿐만이 아니라 호수의 금빛 강변으로 둘러 쌓인 취리히 보수적 사회도 암암리에 미워해 온 사실을 인정했을 때, 그는 이미 암에 걸린 상태에 있었다(그는 결국 암으로 사망했다).

> 나는 젊고, 부유하며, 교양을 가진 자이다. 동시에 나는 불행하고, 신경쇠약하며 고독하다. 나는 소위 금빛 강변이라고 불리우는 취리히 호수 강변에 위치한 최고 명문 가문에서 태어났다. 나는 부르주아식 교육을 받았고 내 모든 인생을 조용히 살아왔다. 나의 가문은 상당히 쇠퇴해 가고 있었다. 그렇기 때문에 나도 대대로 이어받는 유전적 결함을 가지고

있지 않았는가 생각해 보았다. 내가 속한 사회는 나를 엉망으로 만들어 갔다. 나는 암에 걸렸는데, 내가 지금까지 말한 것으로 판단한다면, 그것은 당연한 결과이다. 나의 암 문제는 두 가지 방식으로 표현할 수 있다. 하나는 육신의 병이다. 나는 이 병으로 인해 아마도 조만간 죽게 되거나, 아니면 암을 극복하고 생존할 수 있을 것이다. 다른 하나는 내 영혼의 병이다. 그런 내가 단 한가지 말하고 싶은 것은, 암이 선고된 것은 나에게 기회라는 사실이다. 즐거운 시절이 드물었던 나의 인생 그리고 내 가족에게부터 물려받은 모든 것과 더불어 내가 행한 가장 현명한 일은 암에 걸린 것이다.[9]

프리츠 조른은 그의 저서 마지막 부분에서 보다 강한 표현으로 자신의 미움을 설명하고 있다.

나는 지금 포로수용소 안에 있다. 내가 '부모'에서 물려받은 것이 나를 향해 독가스처럼 공격하고 있다. 하지만 나는 수용소 안에 있다. 나에게 독가스로 공격하는 자들은 밖에 있다. 수용소 안에서 나는 비록 매우 제한되지만 약간의 개인적 자유를 가지고 있다. 사람들이 나를 독가스로 공격하지만 나에게는 '히틀러 각하'를 선택하거나 아니면 '살인자'라고 소리칠 수 있는 선택의 자유가 있다.[10]

아마도 많은 그리스도인들은 스스로를 보호하기 위해 미움을 자신의 잠재의식 속에 감추려 할 것이다. 미움이란 그들에게 죄이기 때문이다. 미움이 있다는 것을 인정하면 자신의 영성이 훼손되거나, 죄의식의 소용돌이로 빠질 수 있다고 우려하기 때문이다. '그리스도인인 우리가 어떻게 그런 미움을 품을 수 있단 말인가!' 그들은 하나님의 용서를 통해 새로워질 수 있으며, 오직 하나님만이 우리의 감정과 분노를 극복할 수 있도록 도와주신다는 것을 최소한 지식적으로 알고 있다. 가해를 당할 때 미움과 더불어 악독, 적개심, 노함, 분냄, 비방하는 것 등이 우리에게 '당연하게' 임하지만, 우리는 그 사실을 부끄러워한다. 어떤 의미에서 그런 반응은 '정상적'인 것이다. 사실 그런 반응은 이해할 만한 것이고, 또 그것은 '규범', 즉 하나님의 법에 대한 반응이기 때문이다. 많은 현실적인 경우를 보면, 질투와 시기"가 미움을 생기게 한다. 하지만 피해자의 미움은 독특한 성격을 갖는데 다른 모든 종류의 미움과는 달리, 그의 미움은 죄에 대한 반응이라는 것이다.

'정상적인' 반응

성경의 여러 구절이 미움과 분노를 정죄하기보다는 그런 태도를 인정하는 것처럼 보인다. 저주의 시편은 하나님의 영감으로 쓰여진 것으로 하나님께 나아가 '악인을 멸하도록' 간구하는 기도이다.

이는 분노와 미움이 정상적인 반응이라는 사실을 입증하는 가장 강력한 예인 동시에 아마도 가장 충격적인 예라고 말할 수 있다.[12]

> 하나님이여 주께서 반드시 악인을 죽이시리이다.
> 피 흘리기를 즐기는 자들이 나를 떠날지어다.
> 그들이 주를 대하여 악하게 말하며
> 주의 원수들이 주의 이름으로 헛되이 맹세하나이다.
> 여호와여 내가 주를 미워하는 자들을 미워하지 아니하오며
> 주를 치러 일어나는 자들을 미워하지 아니하나이까.
> 내가 그들을 심히 미워하니
> 그들은 나의 원수들이니이다(시 139:19-22).

어떤 사람들은 이런 성경 본문이 전하는 뜻의 중요성을 애써 희석시키려고 한다. 그들은 이 말씀이 아직 완전하지 못한 주님의 계획을 표현한 것으로 간주한다. 즉 이스라엘을 향하신 '민족적' 하나님은 자기 백성을 적과 이방 신에게서 보호하신다는 신앙 정도로 제한된 해석을 한다. 또 혹자는 복수하며 살생을 즐기는 구약의 하나님과 사랑과 은혜가 강조된 신약의 하나님을 대조하기도 한다. 하지만 그들은 사랑과 은혜의 하나님이 구약에도 존재하시며, 특히 시편 말씀에 계시된 사실을 망각하고 있다.[13] 다음은 모세 때부터

전래된 율법이 말하는 것이다.

너는 네 형제를 마음으로 미워하지 말며 네 이웃을 반드시 견책하라 그러면 네가 그에 대하여 죄를 담당하지 아니하리라 원수를 갚지 말며 동포를 원망하지 말며 네 이웃 사랑하기를 네 자신과 같이 사랑하라 나는 여호와이니라(레 19:17-18).

게다가 우리는 신약에도 복수를 외치는 주님의 증인들이 한 저주의 기도를 발견할 수 있다.

다섯째 인을 떼실 때에 내가 보니 하나님의 말씀과 그들이 가진 증거로 말미암아 죽임을 당한 영혼들이 제단 아래에 있어 큰 소리로 불러 이르되 거룩하고 참되신 대주재여 땅에 거하는 자들을 심판하여 우리 피를 갚아 주지 아니하시기를 어느 때까지 하시려 하나이까"(계 6:9-11; 참조, 눅 18:1-8).

신약은 그리스도인에게 "육체로 더럽힌 옷까지 미워하라"(유 23)고 요구하며, 에베소 성도들이 "니골라당의 행위"(계 2:6)에 품었던 미움을 주님도 인정하신 사실을 강조하고 있다. 또 신약은 어떤 제한된 경우에 분노하는 것 자체를 인정하고 있다. "분을 내어도 죄를 짓지 말라"(엡 4:26). 이 성경 구절은 시편 4편 5절의 헬라어 사본을 인용한 것으로, 히브리어 원본에 충실하면서도 보다 정교하게 표현되고 있다. 히브리어 원본에는 "화를 내더라도 죄를 짓지 말라."는 '라가즈'(*ragaz*) 동사를 사용하고 있는 데, 이 용어는 노여움으로 치밀어 오르는 반응 또는 격분된 반응을 가르킨다.[14]

구약에서도 신약과 마찬가지로, 죄인과 죄에 대한 하나님의 미움과 진노를 언급한 성경 구절이 많다. 그런데 하나님의 이런 진노와 미움이 우리가 미워하고 분노하는 것을 정당화시켜 주는가? 하나님의 미움과 진노의 성격을 이해하면, 우리는 가해에 대한 우리의 반응을 보다 잘 분석할 수 있을 것이다.

하나님의 미움과 진노

혹자는 하나님의 이름과 관련하여 '미움'과 '진노'라는 단어를 찾아 연결하는 것 자체만으로도 매우 당황해 할 것이다. 우리는 그런 반응을 충분히 이해할 수 있다. 하나님은 어떤 때엔 너무나 잔인하고 폭력적인 존재로, 또 사랑할 수 없고 오직 두려워해야 할 심판하시는 존재로 부각된다. 하나님의 이런 모습은 "하나님은 사랑이

시다."(요일 4:8)라는 그의 계시와는 판이하게 다른 것이다. 하나님이 원하시는 것은 구원이지 정죄가 아니다(겔 18:23). 또 하나님은 우리가 두려움이 아닌 사랑으로 그에게 나아가 의지하길 원하신다.

> 사랑 안에 두려움이 없고 온전한 사랑이 두려움을 내쫓나니 두려움에는 형벌이 있음이라 두려워하는 자는 사랑 안에서 온전히 이루지 못하였느니라 우리가 사랑함은 그가 먼저 우리를 사랑하셨음이라(요일 4:18-19).

하지만 성경은 하나님의 미움과 진노에 대해서도 언급하고 있다. 그의 미움과 진노의 본질을 파악하기 전에, 하나님의 이런 모습을 전하는 성경적 자료를 간략하게 살펴보자.

성경적 자료 개관

구약은 17회에[15] 걸쳐 사람의 죄 때문에 야기되는 하나님의 미움을 전하는데 그것은 사람의 경건치 않음(우상숭배[16]와 타락한 예배[17])과 이웃에 대한 불의[18] 때문이다. 주님은 악을 미워하시면서, 악을 행하는 자 또한 미워하신다.[19] 시편은 이 사실은 알리며, 히브리서는 그것을 선포하고 있다. 다시 말하면, 성육신하신 하나님은 자신의 희생을 통해 죄에 대해 승리하시고, 절대적으로 "의를 사랑하시고 불법을 미워하시는" 분이시다(시 45:7; 히 1:9). 요한계시록은 이런 하나님의 미움을 다시 언급하고 있는데, 하나님은 '니골라당의 행위'와 같이 '그릇된 것'과 '방황하는 것'을 미워하신다(계 2:6).

하나님의 미움은 헛되지 않다. 다시 말하면 그의 미움은 결국 '여호와의 날', '빛 없는 어두움의 날'로 귀착되기 때문이다(암 5:18-27). 하나님께서는 '불의'를 행하는 자들을 미워하시고 '멸망시킨다.'(시 5:5-6). 그리고 '폭력을 좋아하는 자들을' 미워하시되 "불과 유황과 태우는 바람을 비처럼 그들 위에 쏟으신다"(시 11:5-6). 신명기에서 여호와께서 가나안 족속을 심판하신 이유에 대해 그가 가증히 여기는 우상숭배와 연결시킨다(12:31). "하나님의 분노와 노여움을 쏟아 유다 성읍들과 예루살렘 거리를 불살랐더니 그것들이 오늘과 같이 폐허와 황무지가 되었느니라." 그 이유는 이스라엘 백성이 우상숭배에 빠졌기 때문이며 "이는 하나님이 미워하는 가증한 일"인 까닭이다(렘 44:4-6).

예레미야에 말씀처럼, 악 자체와 악을 행하는 자를 향하신 하나님의 미움이 외적으로 그의 거룩한 진노로 표현된 것이다. 이 끔찍한 하나님의 진노는 그의 말씀 구구절절마다 점철되어 있다. 구약에서 하나님의 진노를 지칭하는 용어들이 스무 개 이상 사용되고 있으며[20] 무려 580회 이상 언급되고 있다.[21] 예를 들면 충격적인 형상(images), 특히 불 그리고 물의 형상을 통해, 하나님은 저항할 수 없

는 그의 힘과 파괴적인 그의 능력을 보여 주고 있다.[22]

> 보라 여호와의 이름이 원방에서 오되
> 그의 진노가 불 붙듯하며 빽빽한 연기가 일어나 듯하며
> 그의 입술에는 분노가 찼으며
> 그의 혀는 맹렬한 불같으며
> 그의 호흡은 마치 창일하여 목에까지 미치는 하수 같은즉
> 그가 멸하는 키로 열방을 까부르며
> 여러 민족의 입에 미혹하는 재갈을 물리시니…
> 여호와께서 그의 장엄한 목소리를 듣게 하시며
> 혁혁한 진노로 그의 팔의 치심을 보이시되
> 맹렬한 화염과 폭풍과 폭우와 우박으로 하시리니(사 30:27-30).

"하나님의 진노가 불의로 진리를 막는 사람들의(하나님에 대해) 모든 경건하지 않음과(다른 사람에 대한) 불의에 대하여 하늘로부터 나타나나니"(롬 1:18).[23] 신약은 끊임없이 이 진리를 상기시키고 있다. 신약은 36회나 하나님의 진노를 언급하고 있는데, 8회는 '분노'를 지칭하는 단어 투모스(thumos)를 사용하고, 소위 '진노'의 뜻을 가진 단어 오르게(orgē)는 28회나 사용하고 있다.[24] 베드로와 유다를 제외한 신약의 모든 저자들은 이 주제를 분명하게 다루고 있다. 하지만 베드로

도 심판의 '불'의 형상을 사용하고 있으며(벧후 3:7, 10, 12), 유다도 앞으로 임할 심판을 다루고 있다.

하나님의 미움과 진노의 성격

하나님은 죄를 미워하시고 이에 대해 진노하신다. 그러면 하나님의 이런 감정과 태도는 도대체 어떻게 존재하는 것인가? 사람들이 흔히 주장하는 것과는 다르게 신성을 사람의 특성을 빌려 설명하는 신인동형론(anthropomorphismes)에 입각하여, 하나님의 미움과 진노를 졸속하게 해석하는 것은 잘못된 것이다.[25] 이런 방식으로 접근하는 것은 억지일 수밖에 없는데, 그 이유는 우리는 죄인이기 때문에 모든 악이 제거된 미움과 분노를 아무리 이해하려고 해도 알 수 없기 때문이다. 사실 우리가 표현하는 미움과 분노는 대부분의 경우 우리의 죄와 상관이 있다. 우리의 모든 감정과 태도가 죄로 점철되어 있고, 특히 우리의 사랑은 결코 완전하지 못하다. 그래서 어느 누구도 신인동형론에 의해 하나님의 사랑을 논할 수는 없다! 사랑은 매력을 주지만, 미움은 '혐오감'을 준다. 그 이유로 우리는 하나님의 사랑에 대해서 보다 더 '긍정적'인 반응을 하는 것이다. 하지만 성경 저자들은 조금도 주저함 없이 사랑과 미움, 이 두 감정 모두가 하나님께 속한 것이라고 기록하고 있다. 그들은 하나님의 감정을 사람의 감정과 대조시킬 때에도, 이는 단지 '표현하는 방식'일 뿐이라고 두리뭉실하게 넘어가면서, 주님의 '누명을 벗기려는'(blanchir) 입장을 취하지 않는다. 다만 그들은 하나님께서는 사랑과 미움의 감정을 우리가 보는 것과 다르게 보고 계심을 강조할 뿐이다.

내가 나의 맹렬한 진노를 나타내지 아니하며 내가 다시는 에브라임을 멸하지 아니하리니 이는 내가 하나님이요 사람이 아님이라 네 가운데 있는 거룩한 이니 진노함으로 네게 임하지 아니하리라(호 11:9).

하나님의 태도와 사람의 태도 사이에 존재하는 관계는 유사한 것이지 신인동형적인 것이 아니다. 다시 말하면 이 둘 사이에는 "대응관계(correspondance)가 존재하는 것이지 동일성(identité)이 있는 것이 아니다."[26]

예를 들면, 하나님의 사랑은 사람의 사랑과 어떤 공통점을 가지고 있지만, 서로 다른 것이다. 우리는 하나님이 우리를 사랑하신 것처럼 사랑하여야 한다. 그러나 하나님이 역사를 통해 계시한 것을 유사하게 따라 할 수는 있으나 그 사랑을 똑같이 재현할 수 없다. 유사성의 개념은 우리가 하나님의 피조물인 점을 강조한다. 우리에게 있는 선하고, 의롭고, 진실된 모든 것은 창조주에 기인한 것이며, 하나님의 '형상'일 뿐이다. 확실히 그것은 '형상'이다. 이것은 저 높은 곳에서 나오는 것이며, 우리 인생의 경험에 근거를 제공하며 또

일관성을 갖게 해 준다. 다시 한 번 말하지만 우리의 사랑이 의미 있는 이유는 이 사랑이 하나님의 사랑에 근거하고 있기 때문이다.

반대로 신인동형론은 '낮은 곳'에서 나온 것으로, 표현 문제의 한 형태일 뿐이다. 왜냐하면 이 이론은 사람(또는 피조물)의 특성을 하나님에게 부여하고 있기 때문이다. 성경에서 하나님의 '등' 또는 '손'을 말한다고 해서, 어느 누가 하나님이 육체를 지니신 분이라고 감히 생각할 수 있겠는가?

사랑과 마찬가지로, 하나님의 미움과 진노도 하나님 안에 존재하는 것을 표현한 것이며, 우리 삶에 근거를 제공해 준다. 하나님의 미움과 진노를 이해하기 위해 우리는 미움과 분노에 대한 우리의 경험에 의지하지 말고, 성경의 계시, 즉 주께서 설명하시고자 선택하신 수단을 의지해야 한다.

1. 악이 전혀 없는 태도

성경에 의하면, 거룩하신 하나님의 미움과 진노에는 악이 전혀 개입되지 않는다. 하나님은 악이 없다는 사실과 그에게 미움 또는 진노가 있다는 사실을 동시에 설명하는 성경 구절들이 이를 증명한다.

여호와여…
주는 죄악을 기뻐하는 신이 아니시니

> 악이 주와 함께 머물지 못하며
> 오만한 자들이 주의 목전에 서지 못하리이다.
> 주는 모든 행악자를 미워하시며
> 거짓말하는 자들을 멸망시키리이다.
> 여호와께서는 피 흘리기를 즐기는 자와 속이는 자를 싫어하시나이다(시 5:3-6).

우리는 분을 내며 미워할 때 너무 쉽게 악을 범하게 된다. 반면, 하나님께서는 진노와 미움을 표현하시지만 이를 통해 항상 악을 대적하신다. "하나님께서 진노하시고 미워하시는 것은 오로지 그리고 필연적으로 사람의 죄 때문이다."[27] 죄가 우리 안에서 잉태하게 되면 우리는 결과적으로 무질서하게 행하게 된다. 이와는 달리, 하나님은 그의 놀라운 풍요함 속에서, 사람들이 겪는 체험과는 전혀 무관하시다.[28] 무엇보다도 하나님의 미움과 진노는 '직관적'(instinctives)인 반응이다.

다시 말하면, 악을 지체 없이 혐오하시며 악이 반영하는 모든 것을 배척하신다. 이방 신들과는 달리, 주님은 일시적 기분이나 심한 변덕으로 반응하지 않으신다. 가해에 대한 하나님의 미움과 진노는 변함이 없고, 일관성 있는 확고한 태도를 보이신다. 하나님의 이런 태도는 자신의 모든 존재에 책임을 지우는 것이며, 그가 인류 역사를 통해 하시는 사역의 방향을 인도한다. 이와 관련하여 성경은 하나님께서 미움과 진노를 다스리시는 분이지 그것에 의해 지배를 받지 않으신다는 사실을 강조한다. 하나님은 결코 '버럭 화를 내시지' 않으신다. 하나님은 인내하심으로 그가 미워하시는 것을 '참으시며'(사 1:14), '노하기를 더디 하신다'(출 34:6).[29]

2. 하나님의 공의의 표현

둘째로, 하나님의 미움과 진노는, 이방 신처럼 욕심과 교만으로 혼돈된 감정의 열매가 아니라, 하나님의 공의의 표현이다. '여호와는 법을 사랑하신다.' 그렇기 때문에 여호와는 "불의와 강탈을 미워하신다"(사 61:8). 하나님의 아들은 "의를 사랑하신다." 그렇기 때문에 그는 "불법을 미워하신다"(히 1:9; 시 45:7). 바울은 하나님께서 진노하시는 근본 이유는 사람들이 법을 범하기 때문이라고 지적한다(롬 4:15). '진노의 날'은 "하나님의 의로우신 심판이 나타나는 날이기도 하다"(롬 2:5). 이 날에, 주님은 정죄받기에 합당한 자들에게 심판을 내리실 것이다(요 3:18-19; 참조, 사 50:11). 이 심판은 임의로 진행되는 것이 아니며, 모든 자들이 심판의 공정함을 인정하게 될 것이다. 광야에서 멸망한 이스라엘처럼, "하나님의 진노는 하나님을 믿지 아니하며 그의 구원을 믿지 아니한" 자들을 향해 불타오를 것이다(시 78:21-22).

3. 하나님 사랑의 증거

셋째로, 하나님 공의를 표현하는 그분의 미움과 진노는 또한 사랑의 증거이기도 하다. 물론 "하나님의 진노가 불의로 진리를 막는 사람들의 모든 경건하지 않음과 불의에 대하여 하늘로부터 나타난다"(롬 1:18). 이는 지금도 마찬가지이다.[30] "하나님께서 그들을 마음의 정욕대로 더러움에 내버려 두사" 합당치 못한 일이나 부끄러운 욕심에 '내버려 두시는' 이유이다(24, 26, 28절).[31] 그러나 하나님께서는 "우리를 대하여 오래 참으사 아무도 멸망하지 아니하고 다 회개하기에 이르기를 원하신다"(벧후 3:9).

요나는 여호와의 긍휼이 얼마나 풍성하신지를 알고 있었다. 그래서 여호와께서 그 당시 이스라엘 적국의 수도 니느웨의 백성들을 회개시키기 위해 그를 보낼 때, 요나는 사명을 버리고 멀리 줄행랑을 친 것이다. 그는 여호와께서 불경건한 원수들에게도 은혜 베푸시는 것을 도저히 받아들일 수 없었다. 요나는 여호와께 떼쓰며 말한다.

여호와여 내가 고국에 있을 때에 이러하겠다고 말씀하지 아니하였나이까 그러므로 내가 빨리 다시스로 도망하였사오니 주께서는 은혜로우시며 자비로우시며 노하기를 더디하시며 인애가 크시사 뜻을 돌이켜 재앙을 내리지 아니하시는 하나님이신 줄을 내가 알았음이니이다(욘 4:1-2).

하나님은 심지어 궁극적으로 자신을 나타내실 때에도, 그의 진노는 어느 누구도 경쟁할 수 없는 그의 깊은 사랑을 증거할 것이다.

주 여호와의 말씀이니라 내가 질투와 맹렬한 노여움으로 말하였거니와 그 날에 큰 지진이 이스라엘 땅에 일어나서 바다의 고기들과 공중의 새들과 들의 짐승들과 땅에 기는 모든 벌레와 지면에 있는 모든 사람이 내 앞에서 떨 것이며… 이같이 내가 여러 나라의 눈 위에 내 위대함과 내 거룩함을 나타내어 나를 알게 하리니 내가 여호와인 줄을 그들이 알리라(겔 38:19, 23).

하나님의 미움과 진노는 서로에게 화답하는 양면의 태도를 가지고 있다. 다시 말하면, 하나님은 선을 향한 '열정' 때문에 악을 미워하시는 것이다. 마지막 심판 때에 하나님은 그의 진노를 통해 사랑을 나타내실 것이며, 진리와 공의를[32] 위한 타협 없는 사랑을 보이실 것이다. 또 하나님은 오랫동안 무시받고 학대받은 자신의 백성을 향해 그의 신실하심을 보이실 것이다(겔 35:11; 36:5).

4. 하나님 주권의 표시

넷째로, 하나님의 미움과 진노는 그의 주권을 나타낸다. 즉 하나님은 원하시는 때에, 원하시는 방법으로, 그의 진노와 미움을 밖으로 표현하신다(참조, 롬 2:5). 특히 우리를 향하신 그의 사랑 때문에, 예수께서 우리를 대신하여 죄의 징벌을 받으시고 죽으셨을 때, 하나님의 진노가 주권적으로 역사한 것이다.

하나님은 회개한 자들이 그의 안식에 들어가도록(히 4:11), 그리스도를 통해 그의 진노를 피할 수 있도록 이 때를 '구원의 날', '은혜가 베풀어지는 때'(고후 6:2)로 정하신 것이다. 예수님은 자신의 희생을 통해서 사람들에게 은혜 베푸실 때를 확실히 아셨다.

누가복음의 초기에, 예수께서 메시아 사역의 핵심을 전하시기 위해 가버나움 회당에서 말씀하실 때, 그는 이사야 61장 2절 상반부 "여호와의 은혜의 해를…선포하기 위하여"라는 말씀을 인용하셨고, 곧이어 2절 하반부 말씀 "우리 하나님의 보복의 날을 선포하기 위하여"(눅 4:18-19; 참조, 행 17:31)를 읽으시면서 말씀을 마치셨다.

죄를 바라보시는 하나님은 자신의 미움과 진노를, 청결하고 공의롭게 그리고 주권적으로 표현하신다.

반면에 우리는 미움과 분노를 어떻게 표현하는가? 가해에 대한 우리의 '자연스러운' 반응이 '정상적'이고, 정당화될 수 있다고 말할 수 있을까?

이 책의 1장에서 살펴본 가해에 대한 분석은, 우리가 어떻게 우리의 미움에 대처해야 할지를 하나님의 미움에 비추어 분별하도록 도와줄 것이다.

사람이 품는 미움과 분노

정당한 반응

예수께서 가버나움 회당에 들어가셨다. 거기에 한쪽 손이 오그라든 사람이 있었다. 그 날은 하나님이 휴식하는 날로 정한 안식일이었다. 유대인들은 안식일의 정신을 이해하지 못했고 안식일에 허용된 것과 금지된 것을 상세히 기술한 규범을 만들었다.

> 예수께서 손 마른 사람에게 이르시되 한 가운데에 일어서라 하시고 그들에게 이르시되 안식일에 선을 행하는 것과 악을 행하는 것, 생명을 구하는 것과 죽이는 것, 어느 것이 옳으냐 하시니 그들이 잠잠하거늘 그들의 마음이 완악함을 탄식하사 노하심으로 그들을 둘러 보시고 그 사람에게 이르시되 네 손을 내밀라 하시니 내밀매 그 손이 회복되었더라 바리새인들이 나가서 곧 헤롯당과 함께 어떻게 하여 예수를 죽일까 의논하니라(막 3:3-6).

바리새인의 악의와 비정함을 보신 주님은 노하셨다. 후에 예수께서는 어린이를 자신에게 데려오는 자를 꾸짖는 제자들의 태도를 보시고 노하셨다(막 10:14). 우리는 예수께서 공생애 동안 두 차례에 걸쳐서 성전을 '깨끗하게' 하신 사건을 기억한다(요 2:13-16; 마 21:12-13). 가해는 죄이다. 그러므로 하나님처럼, 우리는 가해가 반영하는 불의, 폭행, 죄악, 배신 또는 부정에 대해 깊은 반발감을 느끼고, 가해자를 노여워하는 것이 '정상적인' 것이다. 맹목적인 테러 행위로 희생당한 자, 부모에게 학대를 받는 어린아이, 자녀에게 버림받은 노인, 피부색 차이로 무시받는 신자, 기업회계 조작을 거절한 이유로 해고 당한 직장인 등이 느끼는 분노는 당연한 것이다. 이런 반응을 하는 것은 그들이 정신적으로, 영적으로, 건강하다는 신호이다. 오히려 반응을 하지 않는 것이 '비정상적인' 것이다. 어떤 경우, 반응하지 않으면 악과 타협하는 것이 될 수도 있다.

바울은 이 거룩하고 의로운 분노에 대해 언급한다. 그는 심지어 '분을 내라'(엡 4:26)는 글을 쓰면서, 분노가 그리스도인의 삶에서 차지하는 역할이 있음을 주지시킨다. 또한 그런 분노가 가끔 필요하다는 것은 경험으로도 증명이 된다.

필요한 반응

어떤 가해는 개인적으로 너무나 깊은 상처를 주었기에, 피해자가 더 이상 올바른 판단을 할 수 없게 만든다. 하나님 앞에서 어찌할 바를 모르고, 진실과 허위, 악과 선을 더 이상 분별할 수 없게 된다. 수필 『위기의 여자』(La femme rompue)에서, 시몬느 드 보부아르는 남편에게 버림받은 한 이상주의자 여인의 일대기를 이야기하고 있다. 그녀의 남편 모리스는 그녀를 버리고 보다 경박스럽고 세속적인 한 여자를 선택했다. 이 이야기는 9월 13일에 시작하여 그 다음해 3월 24일에 마감된다. 3월 20일, 그녀의 딸 중 하나가 그에게 질문한다.

- 엄마 요즘 어때?

▶ 늪에 빠진 것 같아. 마치 모든 것이 항아리 속으로 삼켜진 것처럼 말이야.

- 괜찮아질 거야.

▶ 그렇지 않아, 더 악화되고 있어. 나는 지금 겨우 나의 내면 속에 있는 자존심을 인식할 뿐이야. 모리스는 내가 자존심을 내세우려는 시도마저 무참히 짓밟았어. 내가 내 자신과 다른 사람을 평가하는 기준마저 완전히 무시해 버린 거야. 나는 결코 그에게 이의를 제기한 적이 없었어. 다시 말하면 나 스스로에게 이의를 제기하지 않았지. 그런데 지금 나는 자문해 본다. 도대체 무슨 명목으로 세속적 삶보다도 내적 삶을 중요하게 여기며, 시시한 일보다는 명상하는 것을 선호하고, 야망대로 살기보다 헌신하길 더 바랐는가? 사실, 나는 그동안 스스로 행복해지려고 노력한 것 외에는 한 일이 아무것도 없어. 나는 모리스를 행복하게 해 주지 못했어. 내 딸들 역시 행복하지 않을 거야. 도대체 아무것도 모르겠어. 내 자신이 누구인지도 모르겠고, 내가 어떤 존재가 되어야 하는지도 모르겠어. 흑과 백이 뒤섞이고, 이 세상은 온통 뒤범벅이 된

것 같아. 내 삶에 더 이상 뚜렷한 윤곽이 보이질 않아. 어떻게 아무것도 믿지 않고 심지어 나 자신도 믿지 않고 살 수 있을까?[33]

가해는 '스캔들'의 원인이 되고, 삶의 균형을 깨뜨리며, 우리를 실족시키기도 한다. 또 가해는 가끔 우리를 우울증에 빠지게 만든다. 이런 것들을 극복하는 방법 중 하나는 화내는 것임을 정신분석가들은 알고 있다. 화를 낼 때 피해자는 정신을 '되찾고', 자신을 되찾게 된다. 그는 결국 '억울하다!'라고 소리치게 된다. 가해를 당하고도 단지 구경꾼처럼 관망만하는 것은 있을 수 없는 일이다. 가해는 우리에게 육체적인 상처를 줄 수 있고, 항상 우리 내면 세계에 충격을 준다. 그래서 우리는 우리에게 피해를 입힌 악을 돌이켜 판단해 보는 과정을 밟게 된다. 결국 화를 내는 것은 정상적인 귀결이다. 하지만 어떤 자들은 가해 때문에 충격을 받고, 거기에서 헤어날 줄 모른다. 많은 어린이들은 무성의한 부모들이 주는 이율배반적인 사랑과 배척으로 헷갈려 갈피를 잡지 못하는 가운데 고통당하고 있다. 하지만 그들은 미성숙하기 때문에, 화를 내는 단계까지 '도달하지' 못한다.

그리스도인이라는 사실은 우리가 가해 앞에서 보다 자연스럽게 정당한 분노를 표현하도록 도와줘야 한다. 그 이유는 정당한 분노에 대한 기준은 우리 자신이 아닌 우리 외부에 존재하며, 성령이 우리 안에서 역사하기 때문이다. 성령은, 시간의 흐름에 따라 악을 미워하는 마음을 점점 정화시킨다. 하지만 2장 서두에서 설명한 대로, 성경이 강조하는 것은 사람이 품는 미움과 분노를 금하고 있다는 것이다. 바울 자신도 정당한 분노의 중요성을 인정하지만, "분을 내어도 죄를 짓지 말라."(엡 4:26)고 말한다. 지나친 감정적인 분노에 대해서 경고하는 것이다. 주께서 죄를 미워하시며 가해자를 노여워 하신다면, 왜 하나님 말씀은 그리스도인들에게 분노와 미움에 대해 경계시키는 것일까?

부당하고 사랑이 결핍된 반응

1. 우리 자신에 대해 명철할 필요가 있다

성경이 미움과 분노를 금한다고 해서, 우리가 그것에 대해 무감각해져 마치 반항심도 갖지 말고 지독한 모욕도 꾹 참으라는 식으로 말하는 것이 아니다. 사실은 그와 정반대이다! 가해로 인해 누구보다도 가장 먼저 슬퍼하는 분은 우리가 아닌 바로 하나님이시다. 하나님께서는 사람보다도 죄에 더 민감하시기 때문이다. "하나님은 악을 행하지 아니하시며 전능자는 결코 불의를 행하지 아니하신다"(욥 34:10). 하나님은 '악에게 시험을 받지도' 아니하신다(약 1:13). 죄는 하나님을 정면으로 도전하는 것이지만, 우리는 불가피하게 어느 정도 죄에 참여한다. 위험한 것은 악을 악으로 갚으면서 대항하면,

결국 우리 스스로 자멸하게 된다는 것이다(롬 12:17).

사람의 미움과 분노는 대부분의 경우 부정적 태도에서 나오지만, 하나님의 미움과 진노는 긍정적 태도에서 나온다. 다시 말하면 사람의 미움은 사랑을 거부한 행위이지만, 하나님의 미움은 의에 대한 그분의 사랑의 표시이다. 사람의 분노는 파괴시키는 것이지만, 하나님의 진노는 징계하시는 것이다. 사람은 미움 때문에 쇠약해지고 노여움에 사로 잡히게 되지만, 하나님은 자신이 하시는 모든 것을 통제하신다. 사람은 성급하게 화를 잘 내지만, 하나님은 노여워하시길 더디하신다. 사람은 스스로 미움과 분노에 집착하지만, 하나님은 용서하시길 원하신다. 우리의 미움과 분노는 가끔 정도가 지나치거나 사랑이 결핍되어 있다. 그렇기 때문에 바울은 에베소서에서 분을 내는 정당한 근거를 인정하면서도(4:26), 바로 몇 구절 뒤에서(4:31) '화내는 것을 사실상 제한하고 있다.' "분을 내어도 죄를 짓지 말며… 노함을… 내어버리라." 바울 사도의 가르침은 우리가 가해에 대해 반응할 때, 우리에게 보다 명철이 필요하다는 점을 지적한다. 우리의 반응은 우리가 생각하는 것처럼 항상 옳거나 거룩한 것이 아니다! 우리는 반응을 통해 하나님을 사랑하거나 죄를 거부하기보다는 우리 자신의 이해관계를 변호하려는 경향이 더 크다. 가해는 보복을 야기하는 것이다.

하나님과 달리, 우리 자신 역시 가해자처럼 죄인이다. 동일한 죄로 인해 우리는 괴로워하거나 애가 탄다. 하나님 편에서 볼 때 피해자나 가해자 모두 그분의 용서가 필요한 죄인이다. 가해자를 정죄하는 것이 곧 우리 자신을 정죄하는 것이 될 수 있지 않을까? 그렇기 때문에 우리 자신에 대해 보다 명철해지는 것이 미움을 해결하는 방안이 된다. 우리가 우리의 죄를 확신하면 할수록, 우리는 가해자 역시 또 다른 죄의 희생자라는 사실을 더욱 더 분별하게 된다.

가장 지독한 악당 같은 자에 대해서도 우리가 가져야 할 긍정적인 태도가 있다. 다시 말하면 긍정적인 어떤 감정 표시를 하여야 한다. 그 자를 마치 동일하게 피해자처럼 여기고, 동정심을 가지고 바라보라는 것이다. 그렇게 할 때 사랑이 시작된다. 하지만 하나님의 도우심이 필요하다는 것을 잊어서는 안 된다. 하나님께 부르짖어 그 자도 마치 피해자인 것처럼 바라볼 수 있는 힘을 주시도록, 그리하여 우리 마음 속에 있는 악독함이 약해지도록 간구해야 한다.[34]

2. 다윗의 예

"피 흘리기를 즐기는 자들로부터"(시 139:19) 위험을 당할 때, 또 그들이 주를 미워하는 것을 보고(20절) 격동되었을 때, 다윗은 이들을 범죄자로, 하나님을 '대적하는 자'로(21절), 불의한 자로 여기고 '미워하고 혐오했던' 것을 고백한다. "내가 그들을 심히 미워합니다"

(22절). 하지만 다윗 왕은 악을 악으로 대할 수밖에 없는 자신의 마음 성향을 알고 있었다. 나발과 아비가일에 연루되어 사건이 터졌을 때, 다윗 자신에게 그런 성향이 있음이 폭로된 것이다.

그는 시편 139편에서 하나님의 원수들을 향한 그의 의로운 미움을 확언하기 전에(23절), 먼저 심리적으로, 신학적으로 핵심을 우회하여 말하고 있다. 이 시편은, 믿는 자를 보호하시는 하나님을 차분하고 숙연한 자세로 묵상하면서 쓴 시편이 아니다.

이 시편은 그 시대의 사람들과 그 주위의 사람들이 저지르는 불의와 불경건을 보고 반항하는 한 사람의 불안과 고민[35]을 표현하고 있다. 당시 다윗의 군대 지휘관들과 그의 아들들은 서로 살육을 하고 있었으며, 압살롬은 심지어 아버지의 목숨까지 노리고 있었다. 다윗이 자기가 품고 있는 미움을 의심했다는 사실이 시편 전체의 배경 속에 깔려 있다. 다윗이 주께 기도할 때, 그를 '살펴보시고' 또 그를 선한 길로 인도하시도록 간절하게 간구하는 것을 보면 그것을 확인할 수 있다.

여호와여 주께서 나를 살펴보셨으므로 나를 아시나이다(1절).
하나님이여 나를 살피사 내 마음을 아시며 나를 시험하사 내 뜻을 아옵소서 내가 무슨 악한 행위가 있나 보시고 나를 영원한 길로 인도하소서(24절).

다윗은 삶의 비밀스러운 것이 그의 '내장'에서, 즉 성경에 의하면[36] 깊은 감정이 자리 잡고 있는 곳에서 끓어오른다는 사실을 알고 있었다.

"주께서 내 내장을 지으시며 나의 모태에서 나를 만드셨나이다" (13절; 비교, 시 19:13). 다윗은 하나님께서 전지함으로(2-6절), 그리고 무소부재하심으로(7-12절), 그를 그보다 더 잘 알고 계시다는 것을 고백한다(14-17절). 다윗은 시험을 당했지만 여호와에게서 연단받길 원하는 그의 마음이 너무나 간절하였다. 그래서 그는 밤에 통제할 수 없는 꿈과 생각 속으로 빠져든 듯하다(18절; 비교, 시 16:7 문자적 해석: '밤마다 내 양심이 나를 교훈하도다').

다윗은 심리적으로, 신학적으로 '우회'를 하고 난 후에, 그리고 여호와의 임재를 통해 승인받은 사실을 깨달은 후에야 비로소, 자기 마음의 동요와 미움을 하나님께 소리쳐 고하고 있다(19-22절).

우리는 이러한 명철을 구하는 과정을 거치지 않고, 너무나 쉽게 노여움이나 미움의 감정을 정당화시키려고 한다. 다윗은 자신의 경험을 통해 우리가 먼저 스스로의 감정에 거리감을 두고, 미움과 분노를 하나님께 솔직하게 고하여, 하나님께서 우리를 살펴보시고 변화시키도록 허용해야 한다고 말한다. 그는 자신의 염려를 혼자 고민하지 않고 하나님께 맡겼기 때문에, 미움과 분노로 인해 빠져들기 쉬운 함정을 피할 수 있었다. 이 함정이 바로 권력의 남용이다.

권력의 남용

부언하지만 성경은 사람의 미움과 분노을 금하고 있다. 그 이유는 사람의 미움과 분노가 대부분의 경우, 올바르지 못하고 사랑이 결핍되어 있기 때문이다. 또 다른 이유는 심판은 오직 하나님께 속해 있기 때문이다. 우리는 이웃을 정죄함으로써 월권 행위를 하게 되는 것이다.

> "너희가 친히 원수를 갚지 말고 하나님의 진노하심에 맡기라 기록되었으되 원수 갚는 것이 내게 있으니 내가 갚으리라고 주께서 말씀하시니라"(롬 12:19).

우리는 이웃에 대해 불만을 '되새기면서' 미움을 만들어 간다. 우리의 악독은 조금씩 반감으로 변화되고, 반감은 미움으로 변화되며, 이 미움은 백주에 노여움으로 터지는 것이다. 우리가 원망하면서 자꾸 생각하는 자체가 권력의 남용은 아닐까? 원망하다가 결국 정죄하는 권한도 가로채는 것이 아닐까? 우리는 다윗처럼 주권자로서 진노하실 수 있는 분에게 우리의 원망을 맡겨야 할 것이다.

> 피해자가 그리스도인이라면, 기도할 때 반감을 '되새기지' 않도록, 그리고 가해자가 조금이라도 후회할 기색을 보이면, 그에게 은혜를 베풀고

용서할 수 있도록 하나님께 간구해야 하지 않겠는가? 우리의 모든 원망과 모든 피해를 하나님께 맡기는 것이 가능한 일인가? 이것은 아직 남을 용서하는 단계는 아니지만, 일종의 짐을 덜어버리고 하나님께 그 짐을 맡기는 것이다.[37]

요셉은 형제들에 의해 미디안 상인들에게 팔려 애굽으로 가게 되었다(창 37:28). 많은 우여곡절 끝에, 그는 기원전 1720-1550년에 애굽을 다스리던 셈족 히크소스(hyksos) 사람 바로 왕의 총리가 되었다. 기근이 온 지역에 임하여 요셉의 형제들이 곡식을 구하기 위해 애굽에 왔다. 요셉은 그들에게 자신의 신분을 밝히고 온 가족이 애굽에 올라와 정착하도록 했다. 아버지 야곱이 죽은 후, 요셉의 형제들은 과거에 저지른 범죄 때문에 요셉이 보복할까 두려워했다.

요셉에게 말을 전하여 이르되 당신의 아버지가 돌아가시기 전에 명령하여 이르시기를 너희는 이같이 요셉에게 이르러 네 형들이 네게 악을 행하였을지라도 이제 바라건대 그들의 허물과 죄를 용서하라 하셨나니 당신 아버지의 하나님의 종들인 우리 죄를 이제 용서하소서 하매 요셉이 그들이 그에게 하는 말을 들을 때에 울었더라 그의 형들이 또 친히 와서 요셉의 앞에 엎드려 이르되 우리는 당신의 종들이니이다 요셉이 그들에게 이르되 두려워하지 마소서 내가 하나님을 대신하리이까 당신들은 나를 해하려 하였으나 하나님은 그것을 선으로 바꾸사 오늘과 같이 많은 백성의 생명을 구원하게 하시려 하셨나니 당신들은 두려워하지 마소서 내가 당신들과 당신들의 자녀를 기르리이다 하고 그들을 간곡한 말로 위로하였더라(창 50:16-21).

형제들이 용서를 구할 때, 요셉이 대답한 내용을 살펴보면, 그들이 자신을 배반한 후, 어떻게 자신이 반감, 미움, 분노로 되풀이 되는 악순환을 벗어날 수 있었는지를 보여 주고 있다. 요셉은 하나님의 주권을 인정하고 자신의 불만을 주님께 맡겼다. 그는 하나님을 대신하여 판단하고 정죄하는 것을 스스로 거절하였다. 그의 형제들이 회개하는 것을 보면서, 요셉은 눈물을 흘렸다. 그는 오래 전부터 바로 이 순간을 기다리고 있었던 것이다. 즉 그는 용서할 준비가 되어 있었다.

이미 수차례 인용된 에베소서 말씀에서, 사도 바울은 미움의 악순환를 피하고 올바른 분노를 하도록 제안한다.

분을 내어도 죄를 짓지 말며 해가 지도록 분을 품지 말고 마귀에게 틈을 주지 말라(엡 4:26-27).

올바른 분노를 하는 피해자는 "해가 지도록 분을 품지 않고" 하나님께 책망과 고통을 맡길 줄 안다. 그렇다고 그에게 더 이상 마음의 동요가 없다는 것은 아니다. 치밀어 오르는 원망이 그를 자주 괴롭힐 수도 있다. 하지만 하나님께 원망을 의지적으로, 즉각적으로, 맡길 때 그는 미움과 투쟁하는 힘을 얻게 된다. 주님의 "진노하심에 맡김으로써"(롬 12:19), 그는 하나님 앞에서 자신이 취할 입장을 가지고, 또 다른 현실을 접할 수 있는 것이다. 다시 말하면 원수를 사랑하고 선으로 악을 이기는 것이다(롬 12:21).

이런 태도는 사회적 회피가 아니며, 바울도 이 점을 강조하고 있다. 그는 하나님은 "악을 행하는 자에게 진노하심을 따라 보응하시기 위해" 권세들을 '세우신' 것을 상기시킨다(롬 13:1, 4). 따라서 그리스도인들이 스스로 원수를 갚지 말고 하나님의 진노하심에 맡기라고 권면한다(롬 12:19). 사도 바울은 사람들에게 이런 권세를 핑계로 자신의 개인적인 미움을 표현하지 말라는 위선적이고 불투명한 태도를 권장하는 것이 아니다. 다만 국가기관의 중재로 악을 행한 자에게 보응하도록 하라는 것이다. 권세들이 수행하는 진노는 개인이 표현하는 분노와 성격이 다르다. 그것은 욕망이나, 반감 또는 악독의 표현이 아니라, 법과 정의의 표현인 것이다. 즉 하나님의 거룩한 진노를 '섬기는' 일종의 올바른 진노인 것이다(참조: 부록:용서와 사회생활).

다스리는 자들은 선한 일에 대하여 두려움이 되지 않고 악한 일에 대

하여 되나니 네가 권세를 두려워하지 아니하려느냐 선을 행하라 그
리하면 그에게 칭찬을 받으리라 그는 하나님의 사역자가 되어 네게
선을 베푸는 자니라(롬 13:3-4).

하나님의 계획에 역행하는 태도

우리가 미워하고 분노하는 것은 "노하기를 더디하시는" 하나님께
서 사람들이 회개하여 용서받도록 허용하신 은혜의 때를 역행하는
것이기도 하다. 하나님은 그들을 구원하기 원하시는데 어떻게 우리
가 그들이 파괴되길 원할 수 있는가?

이 은혜의 때는 저주 시편과 거기에 표현된 보복을 위한 간절한
호소를 올바르게 이해하는 데 중요하다. 사람들은 이런 호소는 하
나님의 명예를 위한 거룩한 열정, 정의를 향한 뜨겁고 사심없는 사
랑에서 나온 것이라고 설득력 있게 강조한다. 그리고 이런 호소는
기도일 뿐, 보복 행위가 아니라고 설명한다.[38]

> 저주 시편은, 시편 저자가 개인적 원한이 아닌, 하나님의 선택된 백성의
> 이름으로 표현한 것이다. 이런 이유로, 저자는 악인들을 하나님의 원수
> 로 간주한다. 또 저자가 그들을 자신의 원수로 간주하는 유일한 이유는
> 시편 저자 자신이 하나님을 위하여 그와 하나가 되었기 때문이다. 다시
> 말하면 악인을 미워하는 이유는 그가 하나님을 사랑하는 까닭이다. 이와

같은 방법으로 하나님과 일체가 되는 것은 일반 그리스도인에게는 어려운 일이다. 자신의 영적 삶이 부족하기 때문이다. 이런 어려움 때문에 그는 하나님께 드리는 사랑이 약해지며, 또 사람들을 사랑하는 위대함을 보이지 못한다. 또 이런 어려움은 그리스도인으로 하여금 자신이 얼마나 악인을 미워할 능력이 없는 가를 보여 주기도 한다. 왜냐하면, 하나님만이 완전한 사랑으로 악인을 미워하실 수 있기 때문이다.

'완전한' 미움에는 원한, 악의, 복수심이 없다. 이런 완전한 미움을 생기게 만드는 유일한 근원은 그리스도인이 하나님의 영광과 명예를 위해 살 때 가능하다.[39]

위의 설명은 저주 시편이 어떤 정신에서 쓰여졌는지를 이해하는 데 도움을 준다. 하지만 하나님의 말씀에서 저주 시편이 갖고 있는 위치와 역할을 보다 잘 이해하려면, 하나님의 약속이 성취되는 때가 어떻게 전개되고 있으며, 옛 언약의 형쾌와 기도가 어떻게 이루어졌는가를 고려해야 한다. 이스라엘, 즉 "장래 일의 그림자"(골 2:17)는 교회만을 예표한 것이 아니며, 새 하늘과 새 땅을 예표하기도 한다. 이스라엘이라는 한 현실 속에서, 유형적인 방법과 '간결한 문체로' 표현된 것이 서로 다른 두 시점에 걸쳐 성취된다. 다시 말하면, 그리스도 초림 이후인 '지금 이 시점부터' 그리고 그리스도의 '재림 시점'이다. 예를 들면, 성령 강림에 관한 요엘 3장 1-5절은 사도 베드로의 말에 의하면, 오순절 때 실현되었다(행 2:17-21). 그러나 이사야 65장 17-25절에서 예고한 나라와 땅의 변화는 마지막 날 모든 것이 새로워질 때 비로소 성취될 것이다.

동일한 맥락으로, 시편의 예언이 성취되는 것도 두 시점에서 이루어진다. 모든 열방이 여호와를 찬양하도록 소망하는 기도는 복음화를 통해 이미 '지금부터' 기도 응답이 이루어진 것이다(롬 15:9; 시 18:50; 롬 15:11; 시 117:1). 하지만 하나님은 오직 '최후의 심판 때'에 비로소 저주 시편에서 한 기도를 응답하실 것이다.

하나님의 계획에 따르면, 우리는 은혜의 때에 살고 있다. 그렇기 때문에 우리의 분노와 기도는 항상 용서하려는 소원으로 표시되어야 한다.[40] 우리는 우리에게 죄 지은 자를 사랑할 의무가 있다. 즉 "그들이 회개하고, 믿어 구원을 얻도록 열심히 소원해야 한다."[41] 우리의 원한을 하나님께 맡기면, 우리는 미움을 갖지 않을 수 있다. 하지만 우리가, 하나님께서 우리를 용서하신 것처럼, 용서할 의지가 있을 때 우리는 비로소 온전히 자유롭게 될 것이다.

chapter 3
왜 용서하는가?

"당신을 저주하는 자를 축복하는 것은 비인간적이다."라고 니체는 썼다.[1] 그렇다면 용서하는 것은 어떤가?

용서는 자연스러운 반응이 아니다. 그래서 여러 사람들은 용서는 상식에 어긋나며 현실성이 결여된 것이라고 비판한다. 예를 들어, 가해자를 용서하려고 할 때, 어쩌면 또 다시 보다 심각한 상처를 입을 위험은 없는가? 용서는 결국 불공평한 것이라고 주장하는 목소리도 있다.

실제로 우리의 어린 시절을 회상해 보자. 만약 부모가 잘못을 범한 다른 자매나 형제를 너무 쉽게 용서해 준다면, 피해 당한 입장에서 볼 때 너무 억울한 일이 아닌가? 또 모든 범죄자들을 무죄 방면

하는 재판관이 있다면 과연 있을 법한 일인가?

이런 반대의 소리 때문에 용서는 더욱 더 어렵다. 그리스도인이라 할지라도 전혀 무감각할 수는 없다. 그리스도인도 어떤 경우엔 용서하려고 애쓰지만, 중도에 포기하고 싶은 유혹을 받는다. 또 하나님께 억울한 사정을 다 고백한 후, 그것으로 사건의 마무리를 짓고, 내면에 생긴 미움을 막연하나마 잊어버리려는 유혹을 받기도 한다.

하지만 우리가 용서하는 이유를 올바로 이해할 때, 용서에 대한 거부감이나 심리적 부담감, 두려움 등에서 자유로울 수 있다. 그러면 비로소 마음 속에서 용서하려는 의지와 힘이 생기게 된다. "아버지여…우리가 우리에게 죄 지은 자를 사하여 준 것같이 우리 죄를 사하여 주시옵고"(마 6:9, 12). 이 기도를 통해 예수께서는 우리가 왜 용서해야 하는지를 가르치신다.

바울도 우리에게 용서의 이유를 설명하고 있는데 바울의 가르침을 예수님의 가르침과 비교해 보면 하나님의 용서와 우리의 용서 사이에 순서가 바뀐 것을 알 수 있다. "주께서 너희를 용서하신 것같이 너희도 그리하라"(골 3:13).

성경에서 가르치는 용서의 동기를 잘 이해하기 위해서, 먼저 비그리스도인들이 어떤 동기로 용서하는지를 살펴볼 필요가 있다.

비 그리스도인들이
용서하는 여러 동기들

이해타산

용서할 때 가장 흔히 마음에 품고 있지만 고백되지 않는 동기가 있다면, 아마도 그것은 이해타산일 것이다. 이런 동기를 가지고 용서하는 사람은 진리나 하나님 나라의 의를 찾기보다는 다만, 용서를 통해 얻게 될 이해관계를 따진다.

예를 들면, 공동체의 삶이라는 톱니바퀴에 용서라는 윤활유를 주입하면 인간관계가 향상되겠지? 라는 이해타산을 생각하는 것이다. 이처럼 현실성도 살리고 감정도 진정시키는 방법을 통해, 용서를 일종의 '긴장완화 정책'으로 이용하는 것이다. 갈등에 연루된 당사자들은 자신 또는 제 삼자의 이해타산 때문에 자신을 지킬 '무기'를 포기하는 것이다. 소위 '자녀를 위해서', 또는 '이권 문제' 때문에 부부 간의 심각한 갈등 문제를 적당히 타협해 버리는 것이다. 이미 알려진 알력 문제나 노골화된 반목감이 더 이상 표면화되지 않도록 사람들 입을 함묵시키기 위해 용서하기도 한다. 이 경우 자주 내세우는 명분은 보다 상위의 이해관계를 위해서(예를 들면 사회적 명성 또는 공동체의 평판, '상부상조'의 필요성, 일자로 보전, 승진에 대한 욕망 등) 용서하는 것이다. 이런 일들은 일반 사회에서뿐 아니라, 심지어 교회 내부에서도 발생할 수 있다.

하지만 '긴장완화 정책' 자체가 비난받아야 하는 것은 아니다. 이런 정책은 가끔 당사자 간에 화평을 유지하게 만들며, 경우에 따라서는 성경에서 권면하는 교훈을 반영하기 때문이다. "할 수 있거든 너희로서는 모든 사람과 더불어 화목하라"(롬 12:18). "서로 용납하라"(골 3:13). "모든 사람과 더불어 화평함을 따르라"(히 12:14). 그러나 '긴장완화 정책'은 용서와는 다르다. 다시 말하면 이는 용서가 아니라 보다 손쉬운 타협인 것이다. 기독교의 용서는 사랑의 능력에 근거한다(참조, 고전 13:5). 반면에 '긴장완화 정책'은 사랑 대신 이해타산을 추구한다. 그것이 국가 차원의 높은 수준에서 발생되거나, 남을 위한 이타적인 목적이라도 마찬가지이다. 이런 정책으로는 근본적으로 용서의 좋은 열매를 맺을 수 없다.

복종과 포기

또 어떤 사람들은 복종과 포기의 방식을 통해 무조건적으로 용서하는 듯 보인다. 그들은 일종의 '굽실거리는 정책'을 취한다. 사실 책망하기보다 '용서하기'가 더 쉽고, 투쟁하기보다 '침묵하기'가 더 쉬우며, 징계하기보다 '무죄 석방하는' 것이 더 쉽다. 이런 유형의 용서는 마치 '걸인 보호소'[2]와 같은데, 우리 사회 곳곳에 존재한다.

최근 사회정의실현에 관한 토론회에서 위정자들에 대해 책임 추궁과 처벌 없이 적당히 넘어간 사건을 맹렬하게 비판한 적이 있다. 이는 사회적인 차원에서 이런 식의 용서에 대해 문제 제기를 한 예가 된다.[3]

사람들은 기독교가 "반감, 적대심, 배척, 왕따시키기 따위 같은 감정을 본능적으로 억압"[4]하는 원조라고 거침없이 비난한다. 사실 기독교는 그리스도인들에게 자신을 처형하는 자들을(눅 23:34), 예수님의 본을 따라 용서하라고 가르치고 있다. "욕을 당하시되 맞대어 욕하지 아니하시고 고난을 당하시되 위협하지 아니하시고 오직 공의로 심판하시는 이에게 부탁하시는"(벧전 2:23) 말씀처럼 주님의 자취를 따르도록 권면하고 있다. 그러나 만일 성경을 피상적으로 읽으면, "용서는 맹목적인 것이 아니라, 이웃에 대한 사랑과 의 때문에 행하는 것임을 이해할 수 없게 된다."[5] 실제로 그리스도인은, 아무리 고귀한 명분이라 할지라도, 복종을 위한 복종을 하도록 부름받지는 않았다.

이와는 반대로, 자원하여 기꺼이 순종하는 것은 자유의 열매이다. 이 자유는 "사람보다 하나님께 순종하는 것이 마땅하다."(행 5:29)[6]고 어느 때든지 외치며 하나님께 최후의 충성심을 드리는 것이다. 우리를 위해 "자신의 목숨을 버리시며"(요 10:15) "채찍에 맞음으로 우리가 나음을 얻게 하신"(벧전 2:24) 예수님의 태도는 바로 그런 순종의 극치를 보여 준다. 종교는 자주 자신에 대한 성찰을 강조한다. 하지만 종교는 가끔 피해를 입어도 반응하지 않고 무감각해지는 병리적 현상을 심화시키기도 했다. 명백한 것은 성경은 그리스도인이 상처를 군말 없이 받아들이며, 용서할 기회만을 찾아 '굽실거리는 정책'으로 용서하는 것을 금하고 있다는 사실이다. 오히려 2장에서 살펴본 것처럼, 성경은 그리스도인이 의로운 분노를 품고 반응하며, 그 억울함을 하나님께 고하고, 가해자에게는 진정한 용서를 하도록 권면하고 있다.

원한

비그리스도인들의 용서의 또 다른 동기에는 원한이 있다. 니체는 이 관점에서 자신을 넌지시 빗대어 말하며, 용서에 대한 견해를 밝힌 바 있다.[7] 니체에게 용서란 보통 생각하는 것과는 전혀 다른 것, 즉 복수하는 것이다! 니체에 의한 역사 분석 『도덕의 계보학』은 반박할 여지가 너무나 많다.[8] 그가 이 책에서 한 분석은 또 다른 그의 저서인 *L'Antéchrist*(적그리스도)'[9]에서 많은 부분을 참조하였다.

그의 역사적 분석에 따르면, 용서는 자기방어 태도이며, 이는 여러 사람들에 의해 증거 되고 있다. 다시 말하면, 적을 쳐부수지 못한다면, 그대신 소위 '교란 정책'을 취하는 것이다. 그들은 '도덕'의 이름으로 적들을 죄의식에 빠뜨려 괴롭힌다. 그리고 적을 용서할 때 가끔 고의적으로 공개한다. 그들은 주위 사람들에게, 심지어 가해자에게 자신들이 얼마나 관대한지를 의도적으로 보여 주면서 용서한다.

사실 이런 유형의 '용서'는 가해자를 미워하기 때문에 취한 하나의 전략에 불과하다. 미움이 지닌 독성 때문에, 미움을 완전히 말라 죽게 할 수 없기 때문에 차라리 용서함으로써 자신의 결백을 증명하려는 것이다. 한 예로, 남편의 외도를 용서하면서도 끊임없이 그를 비난하는 아내가 이 경우에 해당된다. 또 다른 예로는 '용서'에 이르기까지 지나치게 엄격한 절차를 따르게 해 곤욕을 느끼게 하는 것으로, 내면에 숨겨져 있어 겉으로 보이지 않지만 사실 지배하고 복수하려는 욕망으로 용서하는 경우이다. 이런 용서는 심지어 교회 내에서도 일어날 수 있다.

그럼 우리는?

앞서 설명한 세 가지의 용서의 동기는 확실히 비기독교적임을 강조하였다. 이런 동기는 심지어 진정한 용서를 방해한다. 하지만 성경은 그리스도인인 우리들도 이해타산 때문에 용서하거나, 포기하듯이 무죄 처리하며, 복수심을 숨기면서 대써 관용을 베푸는 행위에서 완전히 보호받지 못함을 상기시킨다. 왜 제사장 엘리는 심지어 성전에서까지 못된 짓을 하던 아들들에게 그처럼 관대했을까?(삼상 2:15, 22) 왜 다윗은 아들 암논이 그의 이복 누이 다말을 욕되게 한 뒤에도 그를 징계하지 않고 방관했던 것일까?(삼하 13:21)[10] 다윗이 그의 군대장관 요압과 사울의 아들 시므이에 대해 애초에 용서하고자 작정한 마음에서 급작스럽게 복수의 마음으로 돌변한 것을 어떻게 설명할 수 있겠는가?(왕상 2:5-9)[11] 근친상간한 형제임에도 불구하고 그를 여전히 공동체의 일원으로 받아들인 고린도 성도들의 태도는 무엇 때문인가?(고전 5:1-5)

이런 사례들이 성경 말씀에 기록된 이유는 우리가 하는 용서가 '긴장완화 정책, 굽실거리는 정책, 교란 정책' 따위로 어설프게 하는 용서와 혼돈되지 않도록 하기 위함이다.

용서는 쉽지 않다. 오직 건전한 동기, 즉 사도 바울이 말하는 "영의 생각"(롬 8:6)을 가지고 용서할 때 아픔도 있고 시간이 걸리더라도, 우리는 희망과 용기를 가지고 용서할 수 있는 것이다.

우리가 용서하는 근본적인 이유를 다음의 세 가지로 정리할 수 있다. 첫째, 하나님이 용서하길 원하시기 때문이다. 둘째, 하나님이 우리를 용서하셨기 때문이다. 셋째, 하나님이 우리를 용서하시기 위해서이다.

성경은 이 세 가지 진리에 기초해 우리가 용서하도록 권면하고 있으며, 성경 그 자체는 1)하나님의 존재, 2)하나님께서 우리를 위해 하신 일, 3)우리의 존재에 입각한 것이다.

하나님이 용서하길 원하신다
- 모방의 동기

용서의 하나님

구약 시대부터 여호와께서는 '용서의 하나님'(느 9:17), '너그럽게 용서하시는'(사 55:7) 하나님으로 계시되었다. 하나님은 '그를 경외하며'(시103:11-12), '죄악을 버리고자 자복하는 자'(시 32:1-7)의 '모든 허물을'(시 103:3) '온전하게'(시 85:3) 용서하시는 '선하신'(시 86:5) 분이시다. 하나님의 이런 모습은 그의 성품을 보여 준다. 하나님은 용서하길 원하시는 분이시다. 용서는 사랑이신 하나님의 속성에 근거를 둔다. 이는 모세에게 계시된 여호와의 '이름'과, 금송아지 우상숭배 사건 이후 시내산에서 언약을 확립하실 때 보이신 그의 '성품'을 통해 사실로 증명된다.

> 여호와께서 구름 가운데에 강림하사 그와 함께 거기 서서 여호와의 이름을 선포하실새 여호와께서 그의 앞으로 지나시며 선포하시되 여호와라 여호와라 자비롭고 은혜롭고 노하기를 더디하고 인자와 진실이 많은 하나님이라 인자를 천 대까지 베풀며 악과 과실과 죄를 용서하리라 그러나 벌을 면제하지는 아니하고 아버지의 악행을 자

손 삼사 대까지 보응하리라"(출 34:5-7).

하나님의 '이름'은 구약 전체에서 후렴처럼 반복되어 나온다. 이는 습관이나 의무감에서 나온 것이 아니라 감탄에서 나온 것이다.[12] 하나님께서는 예수 그리스도 안에서 온전히 성육신하시고, 예수 그리스도께서는 그의 삶과 죽음과 부활을 통해 하나님의 인자하심과 진실하심, 즉 그의 '은혜'와 '진리'(요 1:17)[13]를 빛나게 보이셨다.

하나님이 자신의 '이름'을 선포하시며, 또 자신의 성품을 드러내 보이시면서, 정죄보다는 용서를 원하시는 분임을 나타내셨다. 하나님의 진노로 징계받는 자보다 그의 인자하심으로 은혜받은 자들이 훨씬 많다는 사실이 이를 증명한다. "용서란 우리의 간구로 어쩔수 없이 허락되는 것이 아니라, 하나님의 사랑이 자유롭게 흘러 넘친 산물이다.[14] 하나님께서는 용서하길 원하신다!"

하나님이 원하시는 것

하나님이 원하시는 것은 용서이다. "주께서 인생으로 고생하게 하시며 근심하게 하심은 본심이 아니시로다"(애 3:33). 하나님이 진노로 심판하시는 것은 항상 '기이한 일'(사 28:21)이다. 이것은 루터가 '애용하던 성경적 표현'[15] 중의 하나로, 그는 하나님의 이런 성품을 강조하는 것을 좋아했다.

여호와께서는 사람을 희생물로 삼아 피흘리고 복수하길 좋아하는 고대 중동의 이방 신과는 전혀 다르시다. 여호와께서는 우리의 무의식 속에 가득 찬 악한 감정과 함께하지 않으시며, 원수에 대한 증오심을 불러 일으키는 악한 감정과도 함께하지 않으신다. 그는 결코 그런 분이 아니시다! 하나님은 "악인이 죽는 것을 기뻐하지 않으신다." 반대로 "악인이 그의 길에서 돌이켜 떠나 사는 것"을 원하신다(겔 18:23, 32; 33:11). "하나님은 모든 사람이 구원을 받으며 진리를 아는 데에 이르기를 원하신다"(딤전 2:4). 용서하길 원하시는 하나님의 마음은 그의 탄식을 통해 잘 볼 수 있다. "다만 그들이 항상 이 같은 마음을 품길…원하노라", "내 백성아 내말을 들으라…", "네가 나의 명령에 주의하였더라면…"(신 5:29; 시 81:13; 사 48:8).[16] 예수께서 예루살렘을 향해 애통하는 심정을 토로하시며 그들에게 이르셨다.

예루살렘아 예루살렘아 선지자들을 죽이고 네게 파송된 자들을 돌로 치는 자여 암탉이 그 새끼를 날개 아래에 모음 같이 내가 네 자녀를 모으려 한 일이 몇 번이더냐 그러나 너희가 원하지 아니하였도다 (마 23:37).

그렇다! 하나님은 사랑이시며 "노하기를 더디하신다." 우리가 하나님이 용서하길 원하시는 자를 감히 정죄할 수 있는가? 우리는 하나님의 자녀로서 그의 형상을 지녀야 하며, 우리 역시 "노하기를 더디하고"(잠 4:29; 15:18; 19:11; 약 1:19), 사랑이 풍성하여 용서하길 속히 하여야 할 것이다.[17]

하나님 아버지의 형상

1. 그 여호와에, 그 백성

모세 율법은 개인적, 사회적, 종교적 삶에 관련한 단순한 법전이 아니다. 율법의 역할은 하나님의 백성을 규율에 종노릇시키는 것이 아니라, 언약의 여호와[18]와 맺은 관계로 백성을 인도하는 데 있다. "여호와의 율법을 즐거워하여 그의 율법을 주야로 묵상하는"(시 1:2) 그리스도인의 궁극적인 소원은 순종 자체보다는 하나님께 헌신하는 데 있다. 즉 하나님이 사랑하시는 것을 사랑하며, 하나님처럼 생각하고 행하는 것이다. 그렇기 때문에 레위기 19장은 다음과 같은 본질적인 권면을 시작으로, 같은 권면을 여러 번 반복하고 있다. "너희는 거룩하라 이는 나 여호와 너희 하나님이 거룩함이니라"(레 19:2; 11:44-45; 20:7, 26; 21:8; 22:32). 다른 모든 계명은 이 말씀을 부연 설명하는 것에 불과하다. 하나님께서는 '그 여호와에, 그 백성'이라는 말이 실현되길 원하신다. 하나님은 레위기 19장에서 15차례에 걸쳐 '나는 여호와이니라'라고 반복하여 말씀하시면서 이 진리를 확고히 하셨다. 그러므로 하나님의 백성은 하나님을 본받아 그의 존재를 드러내 보여야 한다. 거룩하다는 의미 중 하나는 이웃을 사랑하고 미움과 원한을 버리는 것이다.

> 너는 네 형제를 마음으로 미워하지 말며 네 이웃을 반드시 견책하라 그러면 네가 그에 대하여 죄를 담당하지 아니하리라 원수를 갚지 말며 동포를 원망하지 말며 네 이웃을 사랑하기를 네 자신과 같이 사랑하라 나는 여호와이니라(레 19:17-18).

예수께서 그 시대의 한 신학자로부터 율법 중 가장 큰 계명이 무엇인지에 대한 질문을 받으실 때, 바로 이 레위기 말씀과 신명기 6장 5절을 인용하여 대답하셨다. 이 가장 큰 계명은 이중 구조를 가지고 있다.

> 예수께서 이르시되 네 마음을 다하고 목숨을 다하고 뜻을 다하여 주 너의 하나님을 사랑하라 하셨으니 이것이 크고 첫째되는 계명이요 둘째도 그와 같으니 네 이웃을 네 자신과 같이 사랑하라 하셨으니 이 두 계명이 온 율법과 선지자의 강령이니라(마 22:37-40).

이 계명에는 하나님을 닮으라는 궁극적인 뜻이 함축되어 있다. 이 뜻에 비추어, 사랑하라는 두 계명을 서로 대비하면 의미를 보다 잘 이해할 수 있다. 하나님을 사랑한다는 것은 하나님의 '취향'을 사랑하는 것이며, 하나님이 사랑하시는 자를 사랑하는 것이다. 하나님은 온전한 사랑[19]을 하시는 자신의 성품에 감화 감동을 받아, 그의 백성이 미움의 감정에 빠지지 않고 사랑하도록 인도하신다.

시편 기자는 서로 화답하는 형식으로 쓰여진 두 편의 알파벳 시편을 통해 여호와를 닮는 이상적인 삶이 무엇인지를 설명하고 있다. 시편 112편(둘째 시편)은 '여호와를 경외하는 자'의 행복을 다루면서, 언약의 여호와를 찬양하며 그가 행하신 일을 기리는 시편 111편(첫째 시편)의 내용을 반영하고 있다. 이 두 시편은 연결점, 형식, 내용 면에서 공통점이 많다.[20] 하지만 우리에게 가장 감동을 주는 것은 사용된 하나님의 '이름'에 있다. 즉 '여호와'와 '여호와를 경외하는 자' 모두가 '자비로우며', 그들 모두가 '긍휼이 많으시다' (111:4, 112:4).[21] "여호와를 경외하는 것이 지혜의 근본"임을 아는 자는 (111:10), 하나님께서 자신을 경외하는 자에게 행하신 것처럼, 다른 사람에게도 그와 같이 행할 것이다. 용서하려는 마음이 그와 하나님 모두를 움직이는 것이다.

2. 그 아버지에, 그 아들

예수님은 산상수훈을 통해 레위기에 언급된 이웃사랑 계명의 숨은 뜻을 밝히신다(마 5:43). 먼저 예수님은 이웃을 유대인 또는 그리스도인으로 국한하고 원수를 미워하라는[22] '장로들의 유전'에 대해 강하게 반대하신다. 주님은 진리가 우리 삶 속에서 회복되기 위해서는, 하나님을 닮고자 하는 자세로 무조건적인 사랑을 하라고 말씀하신다. 하나님이 사랑하신 것처럼 사랑할 때, 그리스도인은 "하늘에 계신 아버지의 아들"(마 5:45)이 될 것이다. 산상수훈이 가르치는 윤리는 한마디로 '그 아버지에, 그 아들'로 살아야 한다는 것이다. 예수께서는 다시 "하늘에 계신 너희 아버지의 온전하심과 같이 너희도 온전하라"(48절)는 말씀으로 표현하신다. 하늘에 계신 우리 '아버지'와의 관계가 우리 삶의 다음과 같은 모든 분야에 스며들어야 할 것이다.

- 우리의 기도("하늘에 계신 우리 아버지여…"마 6:9; 6:6; 7:11).
- 우리의 믿음("무엇을 먹을까… 몸을 위하여 무엇을 입을까 염려하지 말라…너희 하늘 아버지께서 이 모든 것이 너희에게 있어야 할 줄을 아시느니라"마 6:25, 32).
- 우리의 활동("화평하게 하는 자는 복이 있나니 그들이 하나님의 아들이라 일컬음을 받을 것이요"마 5:9).
- 우리의 영적 생활("사람에게 보이려고 그들 앞에서 너희 의를 행하지 않도록 주의하라 그리하지 아니하면 하늘에 계신 너희 아버지께 상을 받지 못하느니라"마 6:1).
- 우리의 증거("너희 빛이 사람 앞에 비치게 하여 그들로 너희 착한 행실을 보고 하늘에 계신 너희 아버지께 영광을 돌리게 하라"마 5:16).

- 우리의 타인과의 관계("너희 원수를 사랑하며…너희 아버지의 아들이 되리니" 5:44-45).[23]

누가는 하늘에 계신 아버지께서 그의 자녀들에게 기대하는 온전함의 본질을 자세히 설명하고 있다. 온전함이란 죄 없음을 의미하지 않고, 자비로움을 품는 것을 말한다. 이런 긍휼을 품는 자는 원수를 멸시하지도 정죄하지도 않는다. 오히려 그는 원수를 용서하고, 죄사할 준비가 되어 있다.

너희 아버지의 자비로우심 같이 너희도 자비로운 자가 되라 비판하지 말라 그리하면 너희가 비판을 받지 않을 것이요 정죄하지 말라 그리하면 너희가 정죄를 받지 않을 것이요 용서하라 그리하면 너희가 용서를 받을 것이요(눅 6:36-37).

3. 미움과 용서의 의지

우리는 가해를 입고 그 억울함을 하나님께 고하였다. '권한을 지닌 자'에게 하소연을 한 것이다. 우리의 미움도 어느 정도 가라앉았다. 하지만 미움은 여전히 생생하게 남아 있다. 우리 안에 있는 미움의 감정이 되살아나려 한다면 우리가 당한 억울한 일을 잠깐 돌이키는 것으로 족하다. 마태복음에 기록된 것처럼(참조, 마 12:43-45), 우리가 미움의 문제를 하나님께 맡길 때, 마치 악령이 물러가듯이 미운 감정이 우리를 떠나게 된다. 하지만 용서하는 마음으로 채워지지 않는다면, 이전보다 더 지독한 미움이 그 빈자리를 찾아와 머무를 수도 있다. 우리가 용서하는 마음을 갖기 위해서는 하늘에 계신 아버지를 닮고자 하는 의지가 복수하려는 의지보다 더 강해야 한다. 우리는 우선순위의 선택 앞에 처해 있다. 우리가 우리를 위해 용서하려는 첫째 목적은 용서 자체에 있기보다는 하나님의 성품을 본받아 우리 안에 재현시키는 것이다. 용서하기를 거부하면 하나님 닮는 것을 포기하는 것이다. 더 나아가 하나님보다 스스로 더 의로워지려는 것이다. "도저히 그 사람이 한 짓을 용서할 수 없어!" 라고 말하거나, 아니면 이상한 표현으로 "나는 당신을 너무 사랑하기 때문에 당신의 외도를 용서할 수 없어!"라고 말하는 것이다. 이런 태도는 하나님보다 더 높아지려는 것이며, 용서를 원하시는 하나님의 뜻에 문제가 있다고 판단하는 것이다. 하나님의 선하심을 왜곡되게 바라보는 것이다(참조, 마 20:15).

오직 하나님만이 우리에게 용서의 마음을 주신다. 사랑은 성령의 열매이다(갈 5:22). 하나님이 그 열매를 맺게 해 주신다(딤후 1:7). 우리의 연약함을 아시는 예수께서는 우리가 품고 있는 미움으로 인해 놀라워하지 않으신다. 예수님은 산상수훈 서두에서 우리의 가난함을 강조하신다. "심령이 가난한 자는 복이 있나니 천국이 그들의 것임이요"(마 5:3). 우리는 영적인 빈곤을 느끼며, 우리 안에 인쳐진

성령을 통해, 천부의 형상이 우리 안에 새겨지는 것을 배워야 한다
(엡 1:13). 이런 이유로 예수님은 '아버지의 아들'의 형상을 묘사하신
후(마 5:3-7:6), 순종을 말씀하시기 전에, 우리가 먼저 기도에 힘쓰도록
권면하신다(마 7:7-11).

구하라 그리하면 너희에게 주실 것이요 찾으라 그리하면 찾아낼 것
이요 문을 두드리라 그리하면 너희에게 열릴 것이니 구하는 이마다
받을 것이요 찾는 이는 찾을 것이요 두드리는 이에게는 열릴 것이니
너희 중에 누가 아들이 떡을 달라 하는데 돌을 주며 생선을 달라 하
는데 뱀을 줄 사람이 있겠느냐 너희가 악한 자라도 좋은 것으로 자식
에게 줄 줄 알거든 하물며 하늘에 계신 너희 아버지께서 구하는 자에
게 좋은 것으로 주시지 않겠느냐.

하나님은 정하신 것을 주신다. 예수님은 우리가 천부를 닮는데
필요한 것을 구하도록 초청하신다. 우리는 그것을 하나님께 구하고
용서의 사랑을 힘써 추구하는 의지와 용기를 가져야 할 것이다(참조,
고전 12:31; 14:1; 13:7).

용서하고자 기도하는 투쟁은, 대부분의 경우, 가해자에게 불만
을 표시한 후에 시작된다. '용서하시는 하나님'의 형상이 자기 안
에 새겨지도록 진실로 구하는 자는 하나님께 나아가 자신의 문제를

맡긴다. 사실 계속 남의 잘못을 탓하면서 용서하길 원한다고 말할 수는 없다. 기억에서 불만이 떠오를 때마다 즉시 하나님께 고하고 맡기는 것이, 미움을 극복하고 용서하려는 마음의 첫 신호가 된다.

    크리스토프는 점점 괴로워했다. 그는 최근에 결혼하였고 또 자신의 정서적 삶에 아내가 함께하면서 자기 스스로는 이율배반에 빠지는 듯했다. 어떤 때에는 화산의 용암처럼 미움이 분출되기도 하고, 자신의 무의식 세계 속에서 끓어오르며 솟구치기도 하였다. 심지어 밤에 잠을 이루지 못하고, 땀에 흠뻑 젖으며 고통으로 목이 메이곤 하였다. 그는 자신이 품은 원한 때문에 도저히 어찌할 바를 몰라했다. 어떻게 지극히 사랑했던 어머니를 지금은 미워할 수밖에 없는가? 그의 어머니는 완전에 가까운 여인이였다. 너무나 완벽했다. 그녀는 옳고 그릇된 것, 선과 악을 항상 잘 구별하였고, 이따끔 자신의 실수도 인정하곤 했다. 하지만 크리스토프가 어릴 적에 어머니에게 원했던 것은, 자신을 무릎 위에 앉히고 사랑스럽게 쓰다듬으며 소중히 여기며 꼭 감싸주는 부드러운 품이었다. 하지만 어머니는 아들과 함께 놀아주지 않았다. 인기 있는 직업을 가지신 어머니는 그 직업 때문에 아들에게 시간을 내주지 못한 것이었다. 크리스토프는 그리스도인이기 때문에 미운 감정을 남몰래 자기 안에 감추며 산 것으로 인해 죄의식에 빠지곤 했다. 그의 젊은 아내 산드린도 무엇을 어떻게 해야 할지 잘 몰랐지만, 자신이 남편의 기억 속에 또 다른 여인의 기억을 되살리고 있다는 것을 막연하지만 느끼고 있다.

　기독심리 전문가와 수차례에 걸쳐 상담을 받은 후, 크리스토프는 자신이 품은 미움에도 불구하고 하나님께서는 자신을 영접하고 계심을 이해하게 되었다. 주님의 용서를 확신한 그는 자신의 문제를 조금씩 고백하면서 분석하는 것을 배웠다. 아내 산드린의 사랑도 그에게 도움을 주었다. 그는 아내와 대화하는 가운데, 그녀가 자신을 그리고 자신의 문제를 있는 그대로 받아주고 있다고 생각했다. 크리스토프는 자신의 불만을 하나님께 맡기는 것을 배워 나갔다. 그리고 자신은 점점 자유함을 느끼게 되면서, 어머니를 다르게 보기 시작하였다. 자신이 원하는 방식대로 어머니가 그를 항상 사랑하지 않은 것은 사실이다. 하지만 그녀는 시간에 너무 쪼들려 화장도 대충할 정도로 매우 바쁜 여인이었고, 자기 나름대로 아들을 사랑했던 것이다. 결국, 어느 날 크리스토프는 산드린에게 '부모님을 찾아뵙자!'고 제안했다.

　그리스도인이 용서하는 최우선적인 동기는 용서의 하나님을 닮고자 하는 데 있다. 이를 위해서 먼저 기도하면서 투쟁하는 것이 필요한데, 크리소스톰(Chrysostome)은 이 과정을 '자기 절제의 정수'[24]라고 말했다. 하나님과 긴밀한 교제를 할 때, 천부께서는 자녀들의 품성을 조각하며, 미움을 벗기시고 얽매임에서 해방시켜 주신다.

　결코 탄식하며 용서하길 원하시는 주님의 뜻이 보람 없이 끝나거나 땅에 파묻히지는 않는다. 주님은 소위 일반 은총 또는 섭리를 통해, 모든 사람에게 선을 베푸시며 그들의 삶을 보전하신다. 하나님은 예수 그리스도를 통해서 그의 뜻을 이루시며 자기 죄를 인정하는 자에게 용서를 베푸신다.

일반 은총

하나님은 그의 긍휼을 통해 심지어 자신을 미워하는 자들을 위해서도 간섭하신다. "하나님이 그 해를 악인과 선인에게 비추시며 비를 의로운 자와 불의한 자에게 내려주심이라"(마 5:44-45). 사람들의 반항에도 불구하고, 하나님은 그들에게 끊임없이 "선으로 행하심을 증거하신다." 하나님은 그들에게 "비를 내리시며 결실기를 주시는 선한 일을 하사 음식과 기쁨으로 그들의 마음에 만족하게 하신다"(행 14:17). 하나님 안에서 모든 사람들이 "힘을 입으며 살며 기동하며 존재하는" 것이다(행 17:28). 하나님이 "만일 뜻을 정하시고 그의 영과 목숨을 거두실 때 모든 육체가 다 함께 죽으며 사람은 흙으로 돌아가게 될 것이다"(욥 34:14-15).

하나님은 또한 그의 은혜로 인생을 인도하신다. "지극히 높으신 하나님은 모든 인간의 통치를 다스리시며 그가 보시기에 옳은 자에게 그것을 주신다"(단 4:14, 22, 30; 참조, 렘 27:5). 이스라엘을 선택하시고, 바벨론의 왕 느부갓네살을 부르시고, 유다의 끈질긴 불신을 징계하신(렘 25:9-11) 분이 바로 하나님이시다. 그 후에 북방에서 페르시아의 고레스를 일으켜 완악한 바벨론을 심판하시고, 그의 백성을 포로생활에서 해방시키신 분도 바로 하나님이시다(사 41:25; 43:14; 44:28; 45:1).

왜 여호와께서는 자신을 배척하는 자에게도 크신 긍휼로 임하시며 그들을 위해 선한 일을 그렇게 많이 행하셨는가? 하나님이 섭리를 베푸시는 동기는 무엇인가? 타락 이후의 모든 인간 역사는 은혜의 시기에 속해 있다. 이 시기는 용서하시는 주님의 뜻이 실현되는 때이다. "하나님은 사람들의 연대를 정하시며 거주의 경계를 한정하셨으니 이는 사람으로 혹 하나님을 더듬어 찾아 발견하게 하려 하심이라"(행 17:26-27). 하나님은 "모든 사람들이 구원받기를 원하시며", "이를 위해 권세자들을 위해 기도하도록 요구하신다"(딤전 2:1-4). "주의 약속은 어떤 이들이 더디다고 생각하는 것같이 더딘 것이 아니라 오직 주께서는 너희를 대하여 오래 참으사 아무도 멸망하지 아니하고 다 회개하기에 이르기를 원하시느니라"(벧후 3:9)와 같은 성경 말씀들이 그 동기를 잘 설명하고 있다.

고대의 족장 욥은 이 은혜의 때를 묵상하였다. 에스겔에 의하면, 욥, 노아, 다니엘은 고대 현인이지만 그들도 자녀는 건지지 못하고 자기의 공의로 자기의 생명만 건질 수 있다(겔 14:14, 20).[25] 욥에게는 하나님의 사랑과 용서의 뜻이 어렴풋하게 계시되었을 뿐이다. 그러나 욥은 전능하신 하나님이 그에게 생명을 주시고 보전케 하시며, 그의 선하심의 징표를 자신에게 보이셨다고 이허하고 있었다.

> 주의 손으로 나를 빚으셨으며 만드셨는데… 피부와 살을 내게 입히시며 뼈와 힘줄로 나를 엮으시고 생명과 은혜를 내게 주시고 나를 보살핌으로 내 영을 지키셨나이다(욥 10:8, 11-12).

이런 이유로 욥은 시련 가운데에서 잃어버린 소유물에 얽매이지 않고 더 큰 것을 바라보았다. 욥이 하나님의 사랑에 대한 구체적인 증거를 찾지 못하였을 때, 그 역시 자신이 버림받고 잊혀진 존재로 느낀 적이 있었다.

> 나는 지난 세월과 하나님이 나를 보호하시던 때가 다시 오기를 원하노라 그 때에는 그의 등불이 내 머리에 비치었고 내가 그의 빛을 힘입어 암흑에서도 걸어다녔느니라 내가 원기 왕성하던 날과 같이 지내기를 원하노라 그 때에는 하나님이 내 장막에 기름을 발라 주셨도다 그 때에는 전능자가 아직도 나와 함께 계셨으며 나의 젊은이들이 나를 둘러 있었으며 젖으로 내 발자취를 씻으며 바위가 나를 위하여 기름 시내를 쏟아냈으며(욥 29:2-6).

욥이 생존하던 때에는 성경이 존재하지 않았다. 하지만 성경은 다음과 같은 사실을 강조하고 있다. 즉 욥이 처했던 상황처럼, 아무리 외적 상황이 극한에 처할지라도 하나님은 용서하길 원하신다는 것이다. 하나님은 모든 사람을, 심지어 우리에게 죄 지은 사람도 용서해 주시길 원하신다. 하나님은, 자신의 일반 은총 사역을 통하여 매일 그리고 매순간, 그 사실을 증명하신다. 하나님은 악한 자에게도 선을 행하시는 분이시다. 이러한 하나님의 태도는 가해자에 대한 우리의 태도에 중대한 영향을 준다.

기도에서 행동하는 사랑으로

기도를 통해 신자는 미움 대신 용서의 마음을 주시도록 하나님께 간구해야 한다. 하지만 그 간구는 단순히 기도 응답만을 기다리는 소극적인 자세여서는 안 된다. 가해자를 향한 중보기도뿐만 아니라 행동하는 적극적인 자세가 필요하다. 하나님이 우리에게 하신 것처럼.

> 또 네 이웃을 사랑하고 네 원수를 미워하라 하였다는 것을 너희가 들었으나 나는 너희에게 이르노니 너희 원수를 사랑하며 너희를 박해하는 자를 위하여 기도하라(마 5:43-44).

우리는 미움 때문에, 가해자가 잘 되길 바라기보다는 불행해지길 원한다. 하지만 우리가 진정으로 용서하는 마음을 갖는다면 가해자의 행복도 바라게 될 것이다. 하나님의 일반 은총은 바로 이와 같은 것이며, 우리의 자세 또한 이 은총을 반영하여야 할 것이다. 예수께서는 산상수훈에서 가해자, 특히 원수와 핍박하는 자에 대해 말씀하신다. 예수께서 가르치신 원칙은 우리 모두에게 적용된다. 우리가 용서하길 원한다면, 가해자에 대해 즉각적인 반응을 보이면서(저주 대신 축복하기), 행함을 통해서(가해자에게 선 베풀기) 그리고 기도를 통해서, 용서하고자 하는 의지를 사랑으로 보여야 한다. 우리는 하나님께 간구할 때 특히 가해자가 자신의 죄를 인정할 수 있도록 기도하고, 이는 복수심에서가 아니라 그를 용서하기 위한 것이어야 한다. 또 우리는 하나님께서 그분의 은혜로, 가해자에게 유익한 결과를 주시도록 기도해야 할 것이다.

마리아는 몇 년 전, 한 난폭 운전자에 의해 타박상을 당하고 길가에 쓰러졌다. 죽음을 간신히 모면했지만, 그녀는 결국 불구의 몸이 되었다. 그렇다고 그녀의 아름다움이 사라진 것은 아니었다. 그녀의 남편은 저명 인사로 그녀가 회복될 때까지는 그녀 곁에 남아 있었다. 하지만 그녀가 회복된 바로 다음 날, 그는 냉정하게 그녀를 떠나가 버렸다. 마리아는 남편을 원망하기보다는 그가 행복지길 원했다. 그녀의 목사는 떠난 남편이 재혼을 한다면 그녀가 어떤 반응을 할 것인가에 대해 질문하였다. "당신은 전 남편이 새 여인과 행복해질 수 있도록 기도할 수 있겠습니까?" 목사는 자신이 재치있게 말하지 못하고 너무 직설적으로 질문한 것으로 인해 혹시 그녀가 화내지 않을까 염려했다. 그런데 그녀는 매우 자연스럽게 대답하였다. "네, 저는 그를 위해 기도할 수 있다고 생각해요. 그뿐 아니라, 저는 실제로 그렇게 할 것입니다. 제 전 남편 누가는 사랑이 필요한 사람이예요! 저는 그가 자신에게 필요한 사랑을 찾을 수 있기를 바랍니다."

목사는 처음에는 회의적이었다. 왜냐하면, 그녀의 대답이 너무나 단순하고 쉽게 말하는 것 같았기 때문이다. 하지만 그 이후에, 그는 마리아가 옛 추억과 함께 평온하게 살고 있으며, 진정으로 전 남편의 행복을 바라는 것을 발견하게 된다.[26]

어떤 자는 이렇게 반박할 것이다. "가해자를 위해 기도한다고" 그건 좋다! 그러나 그에게 선을 베푸는 것은 결코 용납할 수 없어!" 이런 태도는 아마도 산상수훈이 가르치는 교훈을 이해하지 못했기 때문일 것이다. 예수님은 마치 아무 일도 일어나지 않았던 것처럼 우리가 가해자를 섬겨야 한다고 권면하는 것이 아니다. 만약 그렇다면 이는 거짓 속에 사는 것이고, 다른 어려움을 겪을 수도 있다. 예수님의 가르침은 우리가 가해자의 호의를 얻기 위해 무슨 일이든지 하라는 것이 아니다. 이것은 악을 두둔하거나 악을 행한 자를 혼란스럽게 할 수도 있기 때문이다. 그러면 가해자에게 선을 행한다는 것은 무슨 뜻인가? 그것은 우리에게 기회가 주어질 때, 가해자에게 마땅히 필요한 것을 사심 없이 보답해 주라는 것이다.

네가 만일 네 원수의 길 잃은 소나 나귀를 보거든 반드시 그 사람에게로 돌릴지며 네가 만일 너를 미워하는 자의 나귀가 짐을 싣고 엎드러짐을 보거든 그것을 버려두지 말고 그것을 도와 그 짐을 부릴지니라(출 23:4-5).[27]

네 원수가 주리거든 먹이고 목마르거든 마시게 하라 그리함으로 네가 숯불을 그 머리에 쌓아 놓으리라 악에게 지지 말고 선으로 악을 이기라(롬 12:20-21).

행동으로 옮겨진 사랑은 가해 앞에서 투쟁하는 그리스도인의 훌륭한 무기가 된다. 우리를 아무리 미워하는 자일지라도, 그가 마땅히 도움을 받아야 할 상황에 처해 있을 수 있다. 이때 우리가 그를 돕는다면, 한편으로는 그의 마음을 움직일 수 있으며, 다른 한편으로는 그를 용서하려는 뜻이 우리에게 있음을 증명하는 것이 된다. 타오르는 숯불의 이미지는 쓰라린 고통을 상징하며, 이는 하나님의 징계를 뜻하기보다는, 가해자를 회개에 이르도록 하는 양심의 가책을 가르킨다고 우리는 생각한다.[28]

선한 사마리아인의 비유는 이웃이 될 자격이 없는 자에게 긍휼을 베푸는 한 예를 보여 준다(눅 10:29, 36). 그는 한 유대인이 부상을 당해 길거리에 빈사 상태로 누워있는 것을 보고 그를 돕고자 한다(눅 10:30-37). 이를 위해 그는 유대인을 향한 뿌리 깊은 미움을 잊고 선을 행한 것이다(참조, 요 4:9). 구조받은 유대인은 여인숙 방에서 자신이 당한 재난을 더듬어 회상해 보았을 것이다. 동시에 자신이 과거에 사마리아인들을 미워하며 저질렀던 일들을 반성하며 자숙했을 것이다.

플라이(Claude L. Fly) 박사는 자신을 간첩으로 오인한 우루과이 반동군에 의해 납치 당했다. 그는 감옥에 몇 달간 감금되었다. 투옥되어 있는 동안, 그는 많은 기도를 드렸고 그들과 성경공부를 하면서 원수를 사랑하라는 성경의 권면을 실천하였다. 그의 선한 행실에 감동을 받은 납치자들은 그를 석방하기로 결정했다.[29]

하나님의 사랑을 보여 주는 훌륭한 증거

하나님이 "세상을 이처럼 사랑하사 독생자를 주셨으니 이는 저를 믿는 자마다 멸망치 않고 영생을 얻게 하려 하심이라"(요 3:16). 예수께서 우리를 대신하여 죽으심으로써 하나님의 진노를 진정시키셨고, 그를 믿는 자마다 용서받는 길을 여셨다. 주님은 일반 은총으로 '모든 자'의 생명을 유지하고 보전하는 의미에서도 '구원자'가 되신다. 주님은 특히 '믿는 자의 구원자'가 되신다(딤전 4:10). 하나님은 섭리의 선한 행위를 통해서, 용서를 원하시는 자신의 뜻을 보이셨다. 그리고 예수 그리스도 안에 있는 은혜를 통해서, 자신이 사랑하기로 선택한 모든 자에게 그의 뜻을 실현하신다.[30]

그리스도인이 용서하는 첫째 동기는 하늘에 계신 아버지를 닮고자 하는 데 있다. 즉 하나님이 사랑하신 것처럼 사랑하며, 그가 행하신 것처럼 행하면서 그를 닮는 것이다(엡 5:1). 하지만 이런 동기가 마음 속에서 새싹처럼 솟아나기 위해서는 시간이 필요하다. 왜냐하면 이는 신자의 내면적 기질이 서서히 '변형'됨에 따라 생기는 열매이기 때문이다(참조, 롬 12:2). 그런데 우리가 품고 있는 미움 또는 원한이 하나님을 닮고자 하는 동기를 언제든지 거부하게 할 위험이 있다. 그렇기 때문에 그리스도인은 용서에 대한 또 다른 동기를 항상 기억해야 한다. 이 또 다른 동기는 하나님이 그리스도를 통해 우리를 위해 하신 일에 근거를 둔다. 하나님이 우리에게 온전한 용서를 베풀기 위해서, 성령을 통해 우리에게 회개와 믿음을 주실 때 이 동기는 우리의 것이 된다.

하나님이 우리를 용서하셨다
-감사의 동기

감사의 윤리

앞서 언급한 것처럼, 미움과 원한과 복수심을 버리라는 레위기 19장 17-18절의 계명은 결국 하나님께 헌신하고 주님을 닮으라는 윤리의 말씀이다. '그 하나님에, 그 백성'이 되라는 것이다. 하나님이 거룩하신 것처럼 거룩해지기 위해서(2절) 이스라엘은 자기의 이웃을 사랑해야 한다. 그 '이유'는 여호와께서 자기 백성을 애굽의 노예 생활에서 해방시키셨기 때문이다. 따라서 레위기 19장은 "나는 여호와이니라"라는 '후렴'과 함께 끝마무리를 짓는다.

> 나는 너희를 인도하여 애굽 땅에서 나오게 한 너희의 하나님 여호와이니라 너희는 내 모든 규례와 내 모든 법도를 지켜 행하라 나는 여호와이니라(레 19:36-37).

확실히 이 말씀을 통해, 하나님은 자기 백성과 언약을 맺으신 여호와이심을 강조하신다. 여호와는 종주(suzerain)가 되시며, 이스라엘은 그에게 복종하여야 할 봉신(vassal)인 것이다. 이 관계는 모든 그리스도인들에게도 적용된다. 그들은 더 이상 그들 자신의 것이 아니다. 그들은 큰 값으로 산 것이 되었기 때문이다(고전 6:19-20). 그들은 주님의 것이다(롬 14:8). 미움을 버리고 용서하는 것은 임의적 선택 사항이 아니며, 언약이 요구하는 조건이다. 애굽에서 해방된 것을 상기시키시면서, 여호와는 그의 백성에게서 기계적인 순종이 아닌, 겸손과 신실함에서 나오는 감사를 원하신다. 레위기 19장에서는 이웃 사랑하기를 자기를 사랑하는 것처럼 하라는 계명을 두 종류의 사람들에게 적용시키고 있다. 먼저는 이스라엘을 향하여 그들에 대한 원망과 복수심을 버리고(17-18절), 다음은 그들의 땅에 거류하는 외국인 이민자들에게 적용하면서 그들에 대한 모든 차별을 금하라는 것이다. 특히 여호와는, 타민족 거류민을 사랑하기 위해서, 이스라엘이 과거에 구원을 받을 때 겪은 시련의 기억을 되살리신다.

> 거류민이 너희의 땅에 거류하여 함께 있거든 너희는 그를 학대하지 말고 너희와 함께 있는 거류민을 너희 중에서 낳은 자같이 여기며 자기같이 사랑하라 너희도 애굽 땅에서 거류민이 되었었느니라 나는 너희의 하나님 여호와이니라(레 19:33-34).

우리는 자신이 구원받은 사실을 생생하게 기억하고 감사할 때 시련당한 자에게 동정을 느끼게 된다. 외국인 거류민을 향해 이스라엘이 취해야 할 태도는, 그들 자신이 애굽 땅에서 이방인으로 살면서 고생했지만 출애굽 시키신 여호와께 감사하듯이, 겸손하고 신실한 자세이어야 한다.[31] 레위기에서 가르치는 모방의 윤리는 원한을 버리는 것뿐만 아니라, 삶에 활력을 주는 감사의 윤리에도 근거를 삼고 있다.

신약에서 가르치는 윤리 역시, 감사에서 그 생명력을 찾고 있다. 사도 바울은 자신의 서신 여러 부분에서 '그러므로'라는 부사를 사용하면서 이 점을 강조하고 있다. 이를 통해 바울은 일관성 있는 기독교 삶을 위하여 앞서 이루신 주님의 사역을 설명하고, 거기에 자신의 권면을 연결시킨다.

하나님께서는 그의 은혜로 우리를 의롭게 하시며, 우리에게 성령을 주시고 우리를 백성으로 삼으셨다(롬 1-11장). 그러므로 우리는 주님께 '우리 몸을 드리고' 또한 우리 생명을 드려야 한다(롬 12:1). "긍휼이 풍성하신 하나님께서 허물로 죽은 우리를 그리스도와 함께 살리셨다"(엡 2:4; 참고, 1-3절). 그러므로 우리는 "부르심을 받은 일에 합당하게 행하여야 한다"(4:1). 그리스도께서는 "그 안에 신성의 모든 충만이 육체로 거하시는"(골 2:9; 참고, 1-2절) 주님이시다. 그러므로 우리는 "위의 것을 찾아야" 하며 우리의 죄를 부인하여야 한다(3:1, 5). 하나님의 말씀은 우리가 주님께 "범사에 감사하도록"(엡 5:20; 골 3:17; 빌 4:6; 딤전 2:1) 우리를 초청한다. 감사하는 마음이 우리의 모든 태도에, 특히 기도와 용서에 영감을 주어야 한다.

용서와 감사하는 마음

사도 바울은, 감사의 윤리 배경 속에서 형제 간에 피차 용서하도록 초청한다. 하나님의 용서하심이 우리가 하는 용서의 동기가 되어야 한다.

서로 친절하게 하며 불쌍히 여기며 서로 용서하기를 하나님이 그리스도 안에서 너희를 용서하심과 같이 하라(엡 4:32).

피차 용서하되 주께서 너희를 용서하신 것같이 너희도 그리하고(골 3:13).

베드로가 형제 용서에 관한 질문을 던질 때, 예수께서는 비유 말씀을 통해 답하면서 감사하는 마음의 중요성을 강조하신다(마 18:21-22).

그러므로 천국은 그 종들과 결산하려 하던 어떤 임금과 같으니 결산할 때에 만 달란트 빚진 자 하나를 데려오매 갚을 것이 없는지라 주인이 명하여 그 몸과 아내와 자식들과 모든 소유를 다 팔아 갚게 하라 하니 그 종이 엎드려 절하며 이르되 내게 참으소서 다 갚으리이다 하거늘 그 종의 주인이 불쌍히 여겨 놓아 보내며 그 빚을 탕감하여 주었더니 그 종이 나가서 자기에게 백 데나리온 빚진 동료 한 사람을 만나 붙들어 목을 잡고 이르되 빚을 갚으라 하매 그 동료가 엎드려 간구하여 이르되 나에게 참아 주소서 갚으리이다 하되 허락하지 아니하고 이에 가서 그가 빚을 갚도록 옥에 가두거늘 그 동료들이 그것을 보고 몹시 딱하게 여겨 주인에게 가서 그 일을 다 알리니 이에 주인이 그를 불러다가 말하되 악한 종아 네가 빌기에 내가 네 빚을 전부 탕감하여 주었거늘 내가 너를 불쌍히 여김과 같이 너도 네 동료를 불쌍히 여김이 마땅하지 아니하냐 하고 주인이 노하여 그 빚을 다 갚도록 그를 옥졸들에게 넘기니라(마 18:23-34).

이 비유 말씀이 보여 주듯이, 임금은 용서할 줄 모르는 종을 옥졸에게 넘길 때 그가 부당하게 행했다고 책망하지 않았다. 왜냐하면 그 종은 자기에게 빚진 동료에게 빚을 청구할 권한이 있었기 때문이다. 하지만 임금은 그 종이 자기 동료를 불쌍히 여기는 마음이 없는 것, 다시 말하면 감사하는 마음이 없는 것 때문에 그에게 노한 것이다. "네가 빌기에 내가 네 빚을 전부 탕감하여 주었거늘 내가 너를 불쌍히 여김과 같이 너도 네 동료를 불쌍히 여김이 마땅하지 아니하냐?" 임금이 탕감한 빚 만 달란트는 "좋은 일꾼이 삼백만 일 동안 일하여 버는 금액"에 해당하는 것이다. 반면 그 종의 동료가 빚진 백 데나리온은 "한 일꾼이 버는 하루 품삯"의 백 배에 불과한 것이다.

이 두 가지 빚 사이의 엄청난 불균형은 그 종이 얼마나 감사하지 않았는가를 분명하게 보여 준다. 임금이 그에게 크신 긍휼로 빚을 탕감해 주었는데, 어떻게 그는 그렇게 화를 내면서 자신의 권리만을 주장할 수 있는가?

우리가 가해를 당할 때 갖는 첫 반응은 정의에 호소하면서 가해자를 정죄하고 싶어 하는 것이다. 하지만 우리가 그렇게 행하면, 예수님은 우리에게 감사의 마음이 없는 것으로 보신다. 남이 우리에게

진 '빚'의 '비중'은, 우리 자신의 빚이 탕감받은 것과 비교한다면, 그야말로 아무것도 아니기 때문이다. 이 사실을 인식하고 있는가?

사도 바울의 사역 초기부터 사도행전에 기록된 마지막 순간까지, 유대인들은 바울을 지독하게 적대시하였다. 그들은 단순한 말로만 대적한 것이 아니었다. 다메섹으로 가던 다소 출신의 사울이 회심한 후 겨우 몇 개월도 되지 않아 "유대인들이 사울 죽이기를 공모하였다"(행 9:23).

바울이 선교여행하는 동안, 그들은 끊임없이 바울을 함정에 빠뜨리려고 시도했고, 또한 비시디아 안디옥에서 바울과 바나바를 박해하고 그 지역에서 쫓아낸 장본인들이다(행 13:50). 이고니온에서 그들은 이방인들과 합세하여 바울과 바나바를 돌로 치려고 하였다(14:4). 루스드라에서 그들은 바울을 죽기까지 돌로 쳐서 성 밖으로 끌어내쳤다(14:19). 유대 지도자들의 이런 살인적인 태도는 사도 바울의 선교여행 기간 동안 끊임없이 계속되었다. 결국 그들의 송사로 인하여 바울은 예루살렘에서 체포되었고, 그들의 음모를 피하기 위해서 가이사에게 상소해야만 했다(행 25:9-12). 하지만 바울은 그의 생명을 항상 노리던 그들을 향해 자신의 사랑을 선포하였다.

> 내가 그리스도 안에서 참말을 하고 거짓말을 아니하노라 나에게 큰 근심이 있는 것과 마음에 그치지 않는 고통이 있는 것을 내 양심이

성령 안에서 나와 더불어 증언하노니 나의 형제 곧 골육의 친척을 위하여 내 자신이 저주를 받아 그리스도에게서 끊어질지라도 원하는 바로라 그들은 이스라엘 사람이라 그들에게는 양자 됨과 영광과 언약들과 율법을 세우신 것과 예배와 약속들이 있고 조상들도 그들의 것이요 육신으로 하면 그리스도가 그들에게서 나셨으니 그는 만물 위에 계셔서 세세에 찬양을 받으실 하나님이시니라 아멘(롬 9:1-5).

어떻게 바울은 자신을 끊임없이 핍박하는 자를 사랑할 수 있었는가? 그 힘이 어디에서 나오는 것일까? 바울은 로마서 한 구절에서는 "나의 형제 곧 골육의 친척"이라고 문화적, 가족적인 연대감으로 그 이유를 표현하기도 하며, 하나님의 계획과 관련하여 "그들에게는 양자 됨이 있고"라고 표현하기도 한다.

바울은 서신 후반부에서 이 후자의 입장에서 계속 글을 쓰고 있다(롬 9-11장). 바울 사도는 유사함의 윤리에 따라, 하나님이 사랑하시고 원하시는 것을 사랑하고 원하는 법을 배운 것이다(참조, 이 부분의 결론은 로마서 11:35에 기록되어 있다). 하지만 바울이 자기 민족을 사랑하는 이유는 비단 이 두 가지 이유에서만이 아니며, 주님께 대한 감사의 한 이유이기도 하다. 다시 말하면, 바울에 대한 유대인들의 적대적 태도는 그가 회심하기 전에 자신이 그리스도인들을 향해 가졌던 태도와 동일한 것이었지만, 하나님께서 그런 자신을 용서하셨기 때문에 감사하는 것이다.

나를 능하게 하신 그리스도 예수 우리 주께 내가 감사함은 나를 충성
되이 여겨 내게 직분을 맡기심이니 내가 전에는 비방자요 박해자요
폭행자였으나 도리어 긍휼을 입은 것은 내가 믿지 아니할 때에 알지
못하고 행하였음이라(딤전 1:12-13).

바울은 주님께 빚진 자의 심정을 지녔기 때문에, 자신을 박해하
는 자를 고소하지 않았으며, 비록 그들의 행위를 인정하지는 않았
지만 그들을 이해하려 했다는 사실을 보여 준 것이다.

부형들아 내가 지금 여러분 앞에서 변명하는 말을 들으라 나는 유대
인으로 길리기아 다소에서 났고 이 성에서 자라 가말리엘의 문하에
서 우리 조상들의 율법의 엄한 교훈을 받았고 오늘 너희 모든 사람처
럼 하나님께 대하여 열심이 있는 자라 내가 이 도를 박해하여 사람을
죽이기까지 하고 남녀를 결박하여 옥에 넘겼노니 이에 대제사장과
모든 장로들이 내 증인이라 또 내가 그들에게서 다메섹 형제들에게
가는 공문을 받아 가지고 거기에 있는 자들도 결박하여 예루살렘으
로 끌어다가 형벌받게 하려고 가더니(행 22:3-5).

바울은 율법에 얽매였던 자신을 해방시키신 주님께 감사하는 마음으로, 여전히 율법주의 신앙에서 종노릇하고 있던 '골육의 친척'을 위해 기도한 것이 분명하다.

형제들아 내 마음에 원하는 바와 하나님께 구하는 바는 이스라엘을 위함이니 곧 그들로 구원을 받게 함이라 내가 증언하노니 그들이 하나님께 열심이 있으나 올바른 지식을 따른 것이 아니니라 하나님의 의를 모르고 자기 의를 세우려고 힘써 하나님의 의에 복종하지 아니하였느니라 그리스도는 모든 믿는 자에게 의를 이루기 위하여 율법의 마침이 되시니라(롬 10:1-4).

가해를 당할 때, 우리도 바울처럼 감사의 마음으로 반응할 수 있을까? 우리가 하나님의 긍휼을 믿을 때, 하나님은 우리가 의식한 것이든 의식하지 못하는 것이든 상관없이(참조, 시 19:13), 모든 허물을 탕감해 주신다. 우리는 어떤가? 탕감받은 그 '빚'의 크기를 올바로 알고 있는가? 아니면 우리 내면이 너무나 메말라 있어서 주께서 우리를 위해 행하신 일조차 감사하지 못하고 있는가? 우리는 바리새인 시몬의 집에 초청받은 주님의 발등상을 감사의 눈물로 씻은 한 죄 많은 여인을 알고 있다. 이 예는 우리도 주님으로부터 탕감받은 빚이 얼마나 큰 가를 알고 감사하도록 도와준다(눅 7:36-50).

감사의 마음이 맺는 두 가지 열매

우리가 하나님께 감사의 마음을 품을 때, 가해자에게 은혜를 베푸는 두 가지 본질적인 열매를 맺을 수 있다. 먼저, 감사의 마음은 우리 자신을 하나님 앞에서 빚진 자의 '입장'으로 되돌아가게 만들며, 우리도 하나님의 용서가 필요한 자임을 상기시켜 준다. 또 우리처럼 죄의 희생자이자 도움이 필요한 자에 대해 빚진 자의 심정을 느낄 수 있다. 가난한 자가 부유한 자보다 남을 더 너그럽게 받아들일 수 있다. 그 이유는 가난한 자는 작은 베풂이라도 감사로 받아들이기 때문이다.

감사의 마음이 맺는 또 다른 열매는, 가해자에 대한 우리의 태도가 보다 신중할 수 있도록 도와준다. 이것은 반감으로 가해자를 대할 때 가해자가 우리에게 범한 행위에 집착하게 만드는 것과 사뭇 대조된다. 용서하는 것을 거절하는 자는 자신이 품고 있는 원한을 잘 알아차리지 못하는 자이다. 그는 자신이 당한 피해 의식에 온통 사로잡혀 있다. 그의 생각은 가해자에 의해 완전히 '점령 당하여', 가해자와 떨어져서 독립적으로 행동하지 못한다. 하지만 감사의 마음은 해방감을 준다. 그리고 피해자가 자신의 문제로부터 빠져나와 하나님 앞에 서도록 돕는다. 다시 말하면 피해자는 다른 사람이 자신에게 진 빚에 대해 집착하기보다, 자신이 하나님께 받은 것을 감사하게 된다. 남이 저지른 악에 집착하면 생각이 혼미해지고 쉽게 미움을 품게 된다. 반대로 사람들이 행한 좋은 일들에 대해 감사하면 사랑을 하게 되는 것이다.

그가 우리를 위하여 목숨을 버리셨으니 우리가 이로써 사랑을 알고 우리도 형제를 위하여 목숨을 버리는 것이 마땅하니라(요일 3:16).
하나님의 사랑이 우리에게 이렇게 나타난 바 되었으니 하나님이 자기의 독생자를 세상에 보내심은 그로 말미암아 우리를 살리려 하심이라 사랑은 여기 있으니 우리가 하나님을 사랑한 것이 아니요 하나님이 우리를 사랑하사 우리 죄를 속하기 위하여 화목제물로 그 아들을 보내셨음이라 사랑하는 자들아 하나님이 이같이 우리를 사랑하셨은즉 우리도 서로 사랑하는 것이 마땅하도다(요일 4:9-11).

용서의 동기가 감사의 마음에서 나올 때, 우리의 싸움은 무엇보다도 사고 영역에서 시작된다. 먼저 우리는 하나님이 우리를 위해 하신 일로 '충만해지며', 그리스도의 행적을 묵상하고, 우리가 얻은 자유의 중요성을 이해하도록 인도받는다. 우리가 자신에게 현명했다면, 가해자에 대한 미움의 강도도 약해졌을 것이다. 미움이란 자신은 전적으로 무죄하고, 잘못은 가해자에게만 있다는 확신에서 생기게 된다.

용서는 단순히 눈감아 주는 것이 아니다. 또 저지른 악이 결국 나쁜 것이 아니라고 스스로 확신하는 것도 아니다. 용서는 하나님이 사람에게 행하셨던 것처럼, 우리가 감사함으로 남을 대하는 것이다. 성경은, 하나님이 용서의 하나님이시기 때문에, 그리고 하나님이 우리를 위하여 하신 일 때문에 우리도 용서하라고 권면한다. 하지만 우리는 갈라디아 사람들처럼 가끔 '어리석고', '우매하고', '둔하며', '이해하는데 느린' 자이다(갈 3:1, 3). 미움은 하나님을 닮고자 하는 우리의 소원을 질식시키며, 감사하는 마음을 약하게 만든다. 그러므로 우리보다 우리 자신을 더 잘 아시는 주님은 모방의 동기와 감사의 동기 외에도 필요에 의해 용서의 동기를 덧붙이신다.

하나님이 우리를 용서하기 위함이다
－필요의 동기

그 중요성

신약과 구약 사이에 저술된 유대 문헌을 살펴보면, 신자가 자신의 용서를 얻기 위해 용서할 필요가 있다고 지적한 글을 찾을 수 있다. 기원전 190-180년 벤 시라(Ben Sira)에 의해 쓰여진 '집회서' *(l'Ecclésiastique)* 의 한 본문에서 그런 내용이 소개되고 있다.

원망과 분노도 가증스러운 것이니 죄인이 좋아하는 것이다. 보복하는 자는 주님의 보복을 받을 것이며 주님께서 그의 죄를 엄격히 헤아리실 것이다. 이웃의 잘못을 용서해 주어라. 그러면 네가 기도할 때에 네 죄도 사해질 것이다. 자기 이웃에 대해서 분노를 품고 있는 자가 어떻게 주님의 용서를 기대할 수 있겠는가? 남을 동정할 줄 모르는 자가, 어떻게 자기 죄에 대한 용서를 청할 수 있겠는가? 자기도 죄 짓는 사람이 남에게 원한을 품는다면 누가 그를 용서해 주겠는가? 네 종말을 생각하고 미움을 버려라. 한번은 죽어 썩어질 것을 생각하고 계명에 충실하여라. 계명을 생각하고 네 이웃에게 원한을 품지 말아라. 지극히 높으신 분의 계약을 생각하고 남의 잘못을 눈감아 주어라(집회서 27:30-28:7).

복음의 증언에 의하면, 예수께서는 이러한 용서의 동기에 아주 특별한 위치를 부여하신다. 물론, 앞서 살펴본 것처럼, 모방의 동기(눅 6:36-37)와 감사의 동기(마 18:23-34)도 용서에 관한 예수님의 가르침에 포함되어 있다. 게다가 용서할 줄 모르는 종의 비유를 통해서, 예수께서는 용서를 받기 위해서는 형제를 용서할 필요가 있음을 강조하신다. 예수께서는 이 사실을 비유의 결론적인 부분에서 증명하신다. "너희가 각각 마음으로부터 형제를 용서하지 아니하면 나의 하늘 아버지께서도 너희에게 이와 같이 하시리라"(마 18:35).

예수님에 따르면, 형제 간의 용서는 우리와 하나님과의 모든 관계에 영향을 주며, 우리의 가장 긴밀한 표현인 '기도'의 조건이기도 하다. 하나님은 오직 용서하는 자의 기도를 응답하신다.

> 서서 기도할 때에 아무에게나 혐의가 있거든 용서하라 그리하여야 하늘에 계신 너희 아버지께서도 너희 허물을 사하여 주시리라 하시니라(막 11:25).

또 주님은 자신의 죄를 인정하고 형제에게 용서를 구하는 자의 예물만을 열납하신다.

> 그러므로 예물을 제단에 드리려다 거기서 네 형제에게 원망들을 만한 일이 있는 것이 생각나거든 예물을 제단 앞에 두고 먼저 가서 형제와 화목하고 그 후에 와서 예물을 드리라(마 5:23-24).

예수님은 자신과 혼돈하지 않으시면서, "하나님께 나아가는 길은 이웃으로 말미암아 통한다."라고 지적하시는 듯하다.[32] 주께서 보실 때 이 점은 매우 중요하다.

앞의 설명처럼 주기도문 중에서 다른 사람과의 관계를 직접적으로 다룬 유일한 기도 제목은 "우리가 우리에게 죄 지은 자를 사하여 준 것같이 우리 죄를 사하여 주시옵고"(마 6:12)이다. 이 기도는 "주기도문 중에서 인간 행태에 관해 유일하게 다룬 것이지만 뜻밖의 내용은 아니다.… 다만 약간 어색할 뿐이다."[33] 분명한 것은 이 기도를 주기도문에서 특별히 강조해, 부연 설명을 한 사실로 미루어 볼 때 그 중요성이 매우 크다고 할 수 있다.

> 너희가 사람의 잘못을 용서하면 너희 하늘 아버지께서도 너희 잘못을 용서하시려니와 너희가 사람의 잘못을 용서하지 아니하면 너희 아버지께서도 너희 잘못을 용서하지 아니하시리라(마 6:14-15).[34]

필요의 동기는 용서에 대한 예수님의 가르침에서 중요한 자리를 차지하고 있다. 바로 우리의 용서 여부에 따라 하나님의 용서가 베풀어지는 것이다. 그렇다면 이 두 용서의 상호의존 관계의 정확한 성격은 무엇일까? 또 우리가 하는 용서의 목적은 무엇인가?

목적

우리의 용서와 하나님의 용서 사이에 존재하는 관계를 설명하는 네 가지 해석이 있다. 우리는 먼저 잘못된 해석이라고 판단되는 두 가지 극단적인 경우를 제시한 후, 하나님 말씀에 근거하여 보다 다양한 차이점을 세심하게 고려한 나머지 두 가지 해석을 설명하고자 한다.

1. 우리의 용서는 하나님 용서에 원인을 제공한다

이런 용서의 개념은 행위로 얻는 구원에 기초를 둔 소위 '민중 종교'에서 흔히 찾아볼 수 있다. 이 개념에 의하면, 경건이나 사랑의 행위로 하나님께 영향을 미칠 수 있으며, 고행을 통해서 구원과 용서를 얻을 수 있다고 여긴다.

> 당신의 마음은 동요되고, 찢어지는 듯하다. 당신의 간절한 마음을 알아주는 사람은 주변에 아무도 없다. 반감, 혐오, 원한, 그것이 당신이 질 십자가이다. 주님은 우리 각자에게 십자가를 준비하셨다. 그러므로 당신에게도 십자가가 있다. 예수 그리스도의 사랑이 당신을 위해 십자가를 지도록 한 것이다. 그분이 당신을 붙들어 매고 십자가에 못 박는 것이다. 바로 이 힘든 십자가가 당신을 거룩함으로 인도하는 것이다. 하나님은 택한 자를 구원하시고 성화시키시는데, 이것은 피조물들의 악행을 통해서도 이루어진다. 우리의 구원이 원수에게서 오는 것이다.… 십자가 상에서 한 순간이지만, 하나님의 품 속에서 영원한 환희와 기쁨이 되는 것이다.[35]

이런 종류의 경건은 성경에서 말하는 경건과 정반대가 된다. 우리가 가해를 당했기 때문에 또는 우리가 가해자를 용서했기 때문에, 하나님의 용서를 사거나 용서받을 자격을 얻는 것이 아니다. 하나님의 용서는 주권적이며 근본적인 것이다. 이것은 예수께서 용서할 줄 모르는 종의 비유에서 분명히 말씀하셨다. 여호와께서 모세에게 자신의 '이름'을 선포하시기 바로 전에 말씀하신 자신이 베풀기 원하는 자에게 주시는 은혜이다.

여호와께서 이르시되 내가 모든 선한 것을 네 앞으로 지나가게 하고 여호와의 이름을 네 앞에 선포하리라 나는 은혜를 베풀 자에게 은혜를 베풀고 긍휼히 여길 자에게 긍휼을 베푸느니라(출 33:19; 참조, 롬 9:15).

그런 이유로 요엘 선지자는 다음과 같이 기록하고 있다.

너희는 옷을 찢지 말고 마음을 찢고 너희 하나님 여호와께로 돌아올지어다 그는 은혜로우시며 자비로우시며 노하기를 더디하시며 인애가 크시사 뜻을 돌이켜 재앙을 내리지 아니하시나니 주께서 혹시 마음과 뜻을 돌이키시고… 누가 알겠느냐(욜 2:13-14)

이 말씀을 통해, "선지자가 용서를 의심하게 만드는 것이 아니다." 그는 하나님이 무엇보다도 긍휼을 원하신다는 점을 상기시키고 있다. "그는 용서받는 태도에 대해 서술하고 있다. 매순간 용서받을 때마다 기대하지 않았던 선물을 받는 것처럼 놀라운 사실로 받으라는 것이다. 회개와 용서 사이에는 항상 하나님의 자유 의지가

있다. 이를 기억하는 것이, 파괴적인 기계론³⁶을 피하는 것이며, 생명의 용서를 가능케 한다."³⁷

2. 우리의 용서는 하나님 용서의 동기가 된다

이 해석은 첫번째 해석과 대조적인 것이다. 다시 말하면 이 둘째 해석은 가능하다면 하나님의 용서와 우리의 용서를 최대한 별개로 다루는 것이다.

이 해석에 따르면, 주기도문은(눅 11:4) 우리의 범주 안에서 우리 스스로가 행하는 방식에서 유추된 동기를 단순하게 표현하고 있다. 우리는 아마도 이 동기를 13절에 나타난 동기와 같은 의미로 이해해야 할 것이다. "너희가 악할지라도 좋은 것을 자식에게 줄 줄 알거든⋯." "우리가 아무리 악할지라도, 우리는 우리에게 빚진 자를 탕감해 주면서, 우리가 가진 사면권을 행사한다. 하물며, 선 그 자체이신 하늘에 계신 아버지께서, 우리를 향해 자신의 권한을 행사하지 않으시겠는가?"³⁸

이런 해석이 갖는 큰 장점은 사람의 용서와 하나님의 용서 사이에 존재하는 모든 원인 관계를 제거하는 것이다. 그렇게 함으로써 본질을 지키는 것이다. 하지만 이런 해석은 우리가 볼 때 약간 억지스럽다. 그 이유는 주기도문을 설명하는 복음의 설명에 의하면, 사람들 간의 용서에는 하나님이 하시는 용서의 동기와 다른 유형의 동기가 있기 때문이다. "너희가 사람의 잘못을 용서하면… 하지만 너희가 사람의 잘못을 용서하지 아니하면…"(마 6:14-15). 이것이 하나님 용서의 조건인 것이다.

3. 우리의 용서는 하나님 용서의 조건이 된다

하나님은 우리가 자신의 잘못을 인정하고 형제에게 용서를 구하거나, 용서할 때(마 6:14-15; 18:35; 막 11:25), 비로소 우리를 용서하신다. 용서란 -용서하고자 하는 마음 자세와 지은 죄에 대해 용서를 구하는 것- 예수의 제자가 기도하는 데 절대적인 조건이 된다.[39] 하지만, 용서 조건을 잘 이해하기 위해서는 조건과 원인을 분명하게 구별해야 한다.

용서는 하나님이 그의 사랑으로 우리에게 값없이 베푸시는 선물이다. 오직 하나님 한분만이 용서의 근원이 되신다. 오직 하나님 한분만이 예수 그리스도의 희생을 통해 용서하시며, 오직 그분만이 우리가 회개했을 때 용서하신다. "하나님은 우리의 모든 죄악을 사하신다. 그는 우리의 죄를 따라 우리를 처벌하지 아니하시며 우리의 죄악을 따라 우리에게 그대로 갚지는 아니하신다"(시 103:3, 10). 다윗은 이것을 이해했다. 그래서 그는 다음과 같이 기도한다. "여호와여 나의 죄악이 크오니 주의 이름으로 말미암아 사하소서"(시 25:11). 또한 우리는 하나님의 용서를 간구하는 다니엘의 외침을 기억한다.

나의 하나님이여 귀를 기울여 들으시며 눈을 떠서 우리의 황폐한 상황과 주의 이름으로 일컫는 성을 보옵소서 우리가 주 앞에 간구하옵는 것은 우리의 공의를 의지하여 하는 것이 아니요 주의 큰 긍휼을 의지하여 함이니이다 주여 들으소서 주여 용서하소서 주여 귀를 기울이시고 행하소서 지체하지 마옵소서 나의 하나님이여 주 자신을 위하여 하시옵소서 이는 주의 성과 주의 백성이 주의 이름으로 일컫는 바 됨이니이다(단 9:18-19).

그러므로 우리의 용서는 하나님이 하시는 용서의 원인이 아니라 조건이 된다. 이 조건에는 또 다른 실제적인 요인들이 첨부되는데, 그것은 우리가 구원받기 위해 성경이 요구하는 것이다. 인내(마 10:22; 24:13), 성결(히 12:14; 겔 33:18), 사람들 앞에서의 신앙고백(마 10:32-33; 딤후 2:12), 믿음에 거함(골 1:23; 참조, 고전 15:1-2), 그리고 육의 일을 행치 않음(고전 6:9 이하; 갈 5:19 이하) 등이다.

모든 것이 은혜라면, 왜 하나님의 말씀에 그런 경고 사항들이 있는 것일까? 그 이유는 구원이란 우리의 총명, 의지, 감정, 동기들이 '실질적으로' 변화하는 데 있기 때문이다. 은혜는 외부에서 강압적으로 주어지는 것이 아니다. 하지만 성령은 그의 새로운 관점, 목적, 뜻을 우리 내적인 삶에 받아들이도록 역사하시며, 오직 하나님만이 이 일을 하실 수 있다. 성경이 경고하는 사항은 성령이 역사하실 때 필요한 도구가 되어, 우리에게 "소원을 두고 행하게"(빌 2:13) 만드는 것이다. 인내는 비록 까다로운 조건이지만, 하나님은 그것이 가능하도록 친히 역사하신다(빌 1:6). 우리에게 필요한 성결도 성령을 통해 이루어진다(살전 5:23-24).

> 아버지가 그의 작은 아들에게 경고한다. "만일 네가 언덕 가장자리를 따라 너무 가까이 접근하면, 언덕 아래로 떨어질 수 있어!" 아들을 보살피는 아버지 입장에서 이런 경고는 비록 사고 위험이 전혀 없더라도 의미 있고 유익한 것이다. 이처럼 육신의 아버지도 가끔 경고를 주며 주의를 환기시킨다면, 하늘에 계신 아버지께서 주시는 경고는 분명히 확실한 것이다.[40]

라벤스브뤼크의 집단포로수용소에서 수년간을 포로로 지낸 코리 텐 붐(Corrie Ten Boom) 여사의 감동적인 간증을 담은 책이나 영화[41]를 본 사람들이 많이 있을 것이다. 제2차세계대전 후, 하나님은 그녀를 용서의 메신저로 만드셨다. 어느 날 그녀는 자신을 고문했던 사람 중의 한 사람과 대면하게 된다. 그녀는 이 때 주님께서 성령을 통해서 그녀에게 용서할 수 있는 마음과 힘을 불어 넣으시고 용서의 필요성을 깨닫게 하신 사실을 증거하고 있다. 그것은 1947년 독일 뮌헨에서 일어난 일이다. 코리 텐 붐 여사가 한 모임에서 복음

증거를 막 끝냈을 때, 장소를 떠나는 청중들 속에서 한 사람이 그녀 앞으로 다가왔다. 그녀는 그가 누군인지를 즉각 알아차렸다. 그는 포로수용소에서 가장 잔인한 간수 중의 하나였으며, 그녀도 그가 휘두르는 가죽 채찍을 맞으며 고통을 당한 적이 있었다. 그는 그녀 앞에 서자마자 팔을 내밀었다. "당신께서 설교 중에 라벤스브뤼크를 언급하셨는데요, 저는 그곳에서 간수로 있었습니다. 그런데 그 이후, 저는 그리스도인이 되었습니다. 하나님은 제가 저지른 모든 잔악한 짓을 용서하신 줄로 압니다. 하지만 저는 그것을 당신의 입에서 직접 듣고 싶습니다." 코린 텐 붐 여사는 그 사람 앞에 서 있었지만 도저히 그를 용서할 수가 없었다. 그녀의 여동생이 라벤스브뤼크에서 끔찍하게 서서히 죽었던 것이다.

그녀는 이렇게 썼다. 나는 그를 용서해야 한다는 것을 잘 알고 있었다. 하나님의 용서는 필히 한 조건을 수반한다. "우리가 우리에게 죄 지은 자를 용서한 것처럼…" 나는 조용히 기도했다. '예수님, 저를 도와주시옵소서! 물론 저는 맹세할 수 있어요. 그래요, 저는 할 수 있습니다. 하지만 저는 당신께 사랑으로 제 자신을 맡깁니다." 그리고 나는 딱딱하고 기계적인 모습으로 나에게 악수를 청하는 그의 손을 무감각하게 잡았다. 순간 놀라운 일이 벌어졌다. 나는 마치 전기가 내 어깨 쪽에서 생겨나 팔을 통과하면서 악수하는 손에 충전되는 것을 느꼈다. 병을 치유하는 열기가 나의 온 몸 속에 퍼지는 것 같았다. 그리고 내 눈에는 눈물이 고였다. "형제여, 나는 당신을 용서합니다!" 모든 마음을 다해서 용서합니다!"[42]

우리의 용서는 하나님이 하시는 용서의 조건이 된다. 누가복음의 주기도문을 따라 기도할 때마다 우리는 이 사실을 상기하게 된다. "우리가 우리에게 죄 지은 모든 사람을 용서하오니 우리 죄도 사하여 주시옵고"(눅 11:4). 왜 하나님께서는 이런 조건을 정하신 것일까? 그 이유는 이 조건이 올바른 용서를 구하기 위해 불가피한 표현인 까닭이다. 다시 말하면, 누군가가 기도할 때 하나님이 자신을 긍휼히 여기시길 원한다면, 그 역시 자신의 기도가 진실함을 자신의 태도로 증명해야 할 것이다. 마태복음의 주기도문은 바로 이 점을 강조하고 있다. "우리가 우리에게 죄 지은 자를 사하여 준 것같이(같은 방법으로) 우리 죄를 사하여 주시옵고"(마 6:12). 우리의 용서는 하나님의 용서를 헤아리는 척도가 된다!

4. 우리의 용서는 하나님의 용서를 헤아리는 척도가 된다

자신은 남을 용서하지 않으면서 어떻게 하나님께 용서를 구할 수 있을까? 이는 마치 우리가 육십만 배나 많은 빚을(마 18:23-35에 의하면) 하나님에게서 탕감받은 후, 우리에게 죄 지은 자를 용서하지 않는 것이며, 더 나아가 하나님이 우리를 보다 더 '너그럽게' 대해 주시길 요구하는 것과 같다. 우리가 이웃에게 가서 잘못한 것에 대해 용서를 구하지 않으면서, 어떻게 주님께 나아가 그분의 긍휼을 구할 수 있겠는가? 이는 무엇보다도 가해가 죄이며, 하나님 자신이 우선적으로 피해자가 되신다는 사실을 잊는 것이다. "자신은 용서하려는 의지가 없으면서, 하나님께 용서를 구하는 것은 일종의 속임수이다."[43]

내가 하나님의 용서를 구하는 그 순간, 나는 다른 사람들을 향한 나 자신의 태도 앞에 서 있게 된다. 이런 결정적인 상황에서, 나는 내가 헤아리는 대로 헤아림을 받도록 하나님께 제안해야 한다.[44] 다시 말하면 다음과 같이 기도하는 것이다. "…한 것 같이 우리 죄를 사하여 주시옵시고!" 우리가 용서하는 목적은 하나님의 은혜를 사기 위한 것이 아니다(타인의 빚을 탕감했다고 우리가 그의 빚을 지불하는 것이 아니다!). 우리가 용서하는 목적은, 우리가 타인에게 취한 태도를 통해서, 우리가 주님께 구하는 것을 이해하고 있음을 증명하는 데 있다.

너희 아버지의 자비로우심 같이 너희도 자비로운 자가 되라 비판하지 말라 그리하면 너희가 비판을 받지 않을 것이요 정죄하지 말라 그리하면 너희가 정죄를 받지 않을 것이요 용서하라 그리하면 너희가 용서를 받을 것이요 주라 그리하면 너희에게 줄 것이니 곧 후히 되어 누르고 흔들어 넘치도록 하여 너희에게 안겨 주리라 너희가 헤아리는 그 헤아림으로 너희도 헤아림을 도로 받을 것이니라(눅 6:36-38).
너희는 자유의 율법대로 심판받을 자처럼 말도 하고 행하기도 하라 긍휼을 행하지 아니하는 자에게는 긍휼 없는 심판이 있으리라 긍휼은 심판을 이기고 자랑하느니라(약 2:12-13).

물론 우리의 죄와 엄청난 빚 때문에, 우리가 나타내 보이는 긍휼은 하나님의 긍휼과 결코 대등할 수 없다. 우리의 긍휼은 다만 우리가 하나님 아버지를 닮고자 하는 의지와, 우리의 연약함에도 불구하고 우리를 용서하시는 하나님에 대한 감사를 결합시킨 것이라고 말할 수 있다. 우리의 긍휼은 어느 한 시점에 국한하여 갖는 것이 아니라, 용서하기 위하여 지속적으로 새로워져야 할 맹세인 것이다.

맹세

종교 예식으로 공식화된 것과는 반대로, 마태복음 6장 12절과 누가복음 11장 4절을 문자적으로 해석하면 이 두 구절 사이에 시간적 격차가 있다는 것을 알 수 있다.

우리가 우리에게 빚진 자를 '탕감하여 준 것 같이' 우리 빚을 탕감하여 주시옵고(마 6:12).
우리가 우리에게 빚진 모든 사람을 용서하오니 우리 죄도 사하여 주시옵고(눅 11:4).

혹자는 마태복음의 과거(헬라어 문법에 의하면 아오리스트)는 예수 시대 구어인 아람어의 '동시 완료형'(*perfectum coincidentiae*)에 해당하기 때문에, 다음과 같이 번역되어야 한다고 주장하기도 한다. "우리가(바로) 이 시점에서 우리에게 빚진 자를 탕감하는 것같이", "우리가 우리에게 죄 지은 자를 지금 막 용서하는 것같이."[45] "누가복음의 현재형은 관용적인(idiomatique) 측면에서 더 정확할 수 있으며, 마태복음의 과거는 보다 셈어적 표현에 따른 것이다."[46] 신자는 이런 기도를 함으로써, 자신이 베푸는 용서를 스스로 상기하며, 하나님의 용서를 구하는 것이 '진실 됨을 증명'하는 것이다.[47] 누가가 헬라어의 현재형 직설법을 사용하여 지속하는 기간에 대해 알리려는 것은, 신자가 지금 용서하는 결단을 내려야 함을 확실하게 말하고 있는 것이다. 1세기 말 또는 2세기 초에 쓰여진 '디다케'(*Didaché*)[48]에서 전하는 것처럼,[49] 2천 년 전부터 전 세계의 그리스도인들은 그들의 개인 '예배', 즉 그리스도인의 '봉사'[50]에서, 필요하다면 용서에 대한 '일용할 양식'을 주님께 구하며, 바로 이 때에 자신도 용서하고자 맹세하는 것이다.

우리도 이런 맹세를 하였는가? "우리 아버지여… 우리가 우리에게 죄 지은 자를 사하여 준 것같이 우리 죄를 사하여 주시옵소서."

라고 기도하는 것 외에 감히 다른 방식으로 기도할 수가 있는가? 이 한 가지 기도를 통해서, 예수께서는 용서에 대한 세 가지 본질적인 동기를 보여 주신다. 다시 말하면, 하나님을 아버지로 부르면서 그를 닮으려는 모방의 동기, 하나님의 용서에 우리가 전적으로 의지한다고 말하는 감사의 동기, 그리고 우리가 용서하는 목적을 보여 주는 필요의 동기이다. 우리는 지금 가해자를 용서하기 위해 단호한 걸음을 시작할 준비가 되어 있는가?

chapter 4

용서

용서의 의지가 있다면 이는 언젠가 구체화되어야 한다. "만약 주님께서 용서하길 원하신다는 입장만 밝히시고 우리에게 용서와 사죄 선언을 하지 않으셨다면, 우리와 하나님과의 관계는 어떻게 되었을까?"[1] 도대체 용서란 정확하게 무엇으로 성립되는가? 우리는 항상 용서해야 하는가, 아니면 어떤 조건을 내걸어야 하는가? 용서를 제안하거나 용서하기 위해서 어떤 절차를 밟아야 하는가? 그리스도 공동체는 어떤 역할을 해야 하는가? 가해자가 신자가 아닌 경우에는 무엇을 해야 하는가? 경험에 비추어 볼 때, 이런 질문들은 항상 대답하기 어렵다! 하나님의 말씀은 우리에게 용서의 목적뿐만 아니라 이를 달성하기 위한 수단과 절차를 가르치는 확실한 안내자가 된다. 성경은 특히 용서에 관한 탁월한 모델인 예수 그리스도 안에서 하나님의 모델을 해석해 주고 있다.

하나님의 모델

가해는 죄이기 때문에, 가장 먼저 하나님께 영향을 미치게 된다. 그런 만큼 무엇보다도 용서는 하나님이 하시는 일이다. 오직 하나님이 예수 그리스도의 희생을 통해서 각 사람을 죄에서 해방시키신다. 구약에서도 우리가 쓰는 '용서'[2]와 동일한 의미를 지닌 '사라쉬'(salach)라는 동사를 사용하는데, 이 동사는 오직 여호와에게만 적용되고 있어, 앞의 진리를 확인시켜 준다. 사도 바울은 그리스도를 믿는 죄인을 의롭다하시는 하나님의 이신칭의 주제에 용서를 포괄함으로써, 이 진리를 강조한다.[3] 우리는 서기관과 바리새인들이 예수께서 하신 어떤 말씀을 듣고 왜 신성모독에 해당한다고 판단하면서 놀라워했는지를 이해할 수 있다. 그들이 보기에는 한 인간에 불과한 예수가 "네 죄사함을 받았느니라"(눅 5:20; 7:4)라고 선언하는 것은, 하나님의 고유한 권한을 침해한 것이었기 때문이다.

용서는 하나님의 특권이다. 오직 하나님만이 그에게 죄가 되는 가해에 응하실 수 있다. 우리의 용서는, 하나님께서 자신의 아들의 공로로 저를 믿는 자마다 죄 사함을 주시는 늘라운 은혜의 역사를 이 땅에서 재현하는 비유(parabole)일 뿐이다. 다음은 하나의 지혜의 말씀이다. "서로 용서하기를 하나님이 그리스도 안에서 너희를 용서하심과 같이(같은 방법으로) 하라"(엡 4:32). 우리의 용서는 하나님의 용서에서 영감을 받아야 한다. 그래서 같은 질과 같은 결과를 얻도록 노력해야 할 것이다. 또 하나님의 용서처럼 자비로우면서도 조건을 요구하는 것이어야 할 것이다. 이런 이유로 우리는 이 책에서 우리가 하는 용서의 방향을 제시하기 위해 하나님의 용서 모델을 상시적으로 참조할 것이다.

용서의 의미

용서가 아닌 것

혹자는 용서를 다음과 같이 말한다. "우리가 용서하고 사면한다는 것은 우리 마음 속에 있는 모든 분노, 미움, 복수심을 스스로 없애고, 우리가 당한 모든 모욕과 피해를 잊어버리며, 아무에게도 결코 악의를 품지 않는 것이다."[4] 용서는 피해자가 품고 있는 미움을 치유하는 일종의 임상치료와 같다고 볼 수 있다.[5] 우리가 이미 언급한 것처럼 이런 견해는 주님께 우리의 억울함을 호소하고 맡기는 것과 혼돈될 우려가 있다. 우리가 악독과 원망에서 자유로워지려면 이 과정이 반드시 필요하지만, 이는 가해자의 태도와 전혀 상관없는 것이다. 용서에 대해 흔히 갖는 이런 개념은 성경적이지 않다. 용서는 자기 스스로에게 하는 것이 아니라, 가해자에게 허용하는 한 현실이기 때문이다. 하나님 말씀에서 용서를 지칭하는 어휘를 살펴보면 이 사실이 증명된다.

사람이 베푸는 용서를 지칭하는 성경 어휘

피해자는 용서를 통해 죄를 '제거하거나' '벗긴다'(nasa). 이 동사가 의미하는 것은 "죄를 죄인에게서 취하여 저 멀리 옮기는 것이다."[6] 우리가 용서하는 순간, 가해자에게 더 이상 죄가 없음을 선언하는 것이다. 하나님이 우리를 용서하실 때, 우리에게도 같은 일을 행하시며, 이는 속죄일 '욤 키푸르'(Yom Kippur) 의식에서 보여 주는 것과 같다(레 16장). 이 축제 때에는 수염소 두 마리를 취한다. 그 중 한 마리는 여호와를 위하여 속죄 제물로 드리고, 다른 한 마리는 광야로 보내진다. 이 염소는 이스라엘 백성이 범한 '모든 죄과'를 상징적으로 '지고'(nasa) '광야'로 보내지며(레 16:22), 죄를 지은 자들에게서 영원히 멀리 옮겨진다. 다윗은 우리 죄과가 이처럼 옮겨진 것을 다음과 같이 감격적으로 표현하고 있다. "동이 서에서 먼 것같이 우리의 죄과를 우리에게서 멀리 옮기셨다"(시 103:12).[7]

피해자는 용서를 통해 허물을(잠 19:11) '넘어 가는 것'(avar)으로 확언하는 것이다. 더 이상 가해자를 허물과 관련하여 바라보지 않고, 허물이 더 이상 그와의 관계에 영향을 미치지 않는다. 이는 하나님께서 다윗이 회개하였을 때 우리아와 밧세바에 대한 그의 범죄 행위를 '넘어 가신' 것을 모방하는 것이다(삼하 12:13).[8] 피해자는 허물(kasha; 잠 10:12; 참조, 벧전 4:8; 약 5:20)을 '덮는다.' 다시 말하면, 허물을 더 이상 염두에 두지 않으며 그것을 거듭 말하지 않는다(잠 17:9).

사람들의 용서를 지칭하기 위해, 신약에서는 여러 단어를 사용하는데, 그 중 가장 자주 쓰이는 것은 '아피에미'(aphièmi), 즉 '돌려보내다, 잊다, 면제하다'라는 뜻의 단어이다. 이는 구약의 헬라어 번역본에서 용서의 주동사를 번역할 때 사용된다.[9] 이 단어에는 매우 분명한 법률적 의미가 함축되어 있는데, 무엇보다도 용서는 가해자의 빚 또는 허물을 '면제하다'[10]라는 뜻을 지닌다. 피해자가 자신과 가해자 사이를 갈라 놓는 어떤 소송도 더 이상 하지 않겠다는 것을 그에게 통고하는 것이다. 용서에 대한 이런 법률적 차원은 누가복음 6장 37절에서 사용된 '아포루오'(apoluō)란 동사에서 찾아볼 수 있다. 이 단어는 '유죄를 선고하다'라는 의미를 가진 '카타디카조'(katadikazô)의 반대어로, '무죄를 선고하다'[11] 라는 뜻을 가지고 있다. 피해자는 용서를 통해, 그가 보기에 가해자에게 유죄가 되는 것을 '풀어 주는' 것이다(참조, 마 16:19; 18:18). 이는 순전한 은혜의 행위이며,

자격 없이 주어지는 사랑의 행위이다. 사도 바울이 소중히 여기는 또 다른 단어 '카리스조마이'(*chariszomai*)에서 이 점을 강조하고 있으며, 어떤 배경에서는 '은혜를 베풀다'라는 뜻으로 쓰이기도 한다(고후 2:7, 10; 12:13; 엡 4:32; 골 3:13).

용서에 관한 성경의 모든 주제는 결국 가해자와 그가 진 빚에 초점이 맞추어져 있다. 이는 법률적 개념이다. 용서는 우리가 가해자를 사랑으로 면죄하며, 은혜를 베푸는 것이다. 이는 그를 허물에서 자유케하는 것이며, 그의 허물을 잊고, 덮어 주며, 탕감해 주는 것이다. 용서는 마음 속에서 또는 골방에서 은밀하게 이루어지는 것이 아니다. 용서는 용서를 위한 선행 조건과도 구별되어야 한다. 즉, 미움에서 해방시키는 심리적 절차일 뿐 아니라, 가해자와 그가 지은 죄를 구별하는 방법 등을 통해 상처를 치유하는 선행 조건을 용서와 혼돈해서는 안 된다. 용서는 최소한 빚의 탕감을 요구하는 쪽과 탕감을 허락하는 쪽, 두 사람 간의 사건을 반영한다.

우리는 오직 이런 개념의 용서만이 하나님의 모델에 충실하다고 여긴다. 하나님이 그의 주권적 은혜로 우리를 "그 아들의 형상을 본받게 하기 위하여 미리 정하셨을때"(롬 8:29), 우리를 용서하신 것이 아니다. 다시 말하면, 우리를 죄의 희생자 운명에서 또 다른 운명으로 정하시면서 우리를 용서하신 것이 아니다. 또 예수 그리스도께서 약 2천년 전에 우리를 대신하여 죽으실 때 우리를 용서하신 것도 아니다. 주님은 자기 희생을 통하여 우리를 대속하시고자 정죄받으셨다. 이로써 주님은 우리에 대한 하나님의 공의로운 진노를 가라앉히시고 우리에게 용서의 길을 여셨다. 우리가 바로 이 순간 하나님께 우리의 죄를 고백하고 그의 은혜를 믿을 때, 하나님은 우리를 용서하신다. 하나님의 용서를 받으려면 우리가 먼저 회개를 해야 한다. 이와 동일하게 우리에게 죄 지은 자가 용서를 받으려면, 그는 회개를 해야 한다.

회개의 필요성

잘못된 회개의 사례

용서를 주제로 다룬 한 저서에서, 어떤 여성도가 자신이 다니던 교회의 몇몇 핵심 인물로부터 비난받았던 이야기를 전하고 있다. 그녀의 삶은 그들이 헐뜯는 비난 때문에 완전히 망가져 버렸다. 그녀는 미움과 절망감으로 알코올 중독자가 되었다. 그녀는 용서하려는 마음을 가지고 있었지만, 저자의 말에 의하면, "심각한 오류에 빠져 있었다. 즉 용서란 가해자가 먼저 자신의 잘못을 인정하고 자신을 낮추고 올 경우에만 허용된다고 생각했다." 하지만 어느 누구도 그녀에게 오질 않았다! "결국 여러 친구들의 사려 깊은 조언에 따라,

그녀는 동네 지도를 펴고 자신을 대적했던 사람들을 위해 축복하며 기도하기 시작했다. 그리고 자신을 저주했던 자들을 축복함으로써 스스로 자유함을 되찾았다." 그들은 그녀에게 용서를 빌기 위해 결코 오지 않았다. 그녀 또한 자신이 "어느 누구에게도 불편함을 주지 않기 위해" 용서했다는 사실을 고백하지도 않았다. 저자에 의하면, 그녀는 동일한 교회를 지금도 다니고 있으며 교회는 그녀를 보살피고 있다.[12]

이 사례는 가해가 얼마나 심각한 것인지를 잘 보여 준다. 가해 사건은 '스캔들'이 된다. 그녀는 칠 년 동안 자신을 추락시킨 상처로 고생한 것이다. 반면 이 사례는 하나님이 얼마나 신실하신가를 보여 준다. 하나님은 목자로서 길 잃은 양을 찾으시고 상처를 싸매 주기 위해서 오셨다. 그녀는 하나님의 자녀로서 주님, 즉 유일하신 재판관에게 자신의 억울함을 호소해야 함을 이해한 것이다. 그녀는 자신을 비난했던 자들을 위해 기도하고 용서로 덮어 주면서 주님을 닮고자 하였다. 그러면서 그녀의 미움은 조금씩 사라졌고 자신을 무시했던 자들을 사랑할 수 있었다.

하지만 용서가 진정 이루어진 것일까? '빚'은 탕감되었는가? 다만 사건을 더 이상 말하지 않음으로 자족하는 것은 아닌가? 사실 이 여성도는 '빚'과 상처를 혼돈한 듯하다. 그녀는 자신의 상처를 치유하고자 했지만, 회개 없이도 용서할 수 있다는 생각으로 객관적인 허물을 올바로 취급하지 않았다. 회개하지 않았다는 이 유로 원한을 품는 것이 옳다고 주장하면 분명히 '잘못된' 것이다. 그러나 회개 없이 용서하는 것은 또 다른 실수이다. 이런 태도는 악을 인정하는 것이며, 혼돈만 초래하는 사랑 없는 태도이다. 이 여성도와 그녀를 비난했던 자들은 지금도 같은 교회에 다니고 있지 않는가?

성경에서 요구하는 것

성경에 따르면, 하나님은 우리를 용서하기 위해서 우리의 회개를 원하신다. 회개는 하나님 없이 살던 삶을 버리고 관점과 행동을 전환하는 것을 뜻한다. 예레미야 36장 3절에서 이스라엘에 대한 희망을 보이신 하나님은 선지자가 기록한 심판의 경고를 듣고 이스라엘이 "악한 길에서 돌이키길" 원하신다. "그리하면 내가(여호와께서) 그 악과 죄를 용서하리라 하시니라." 여호와께서 원하시는 것은 "악인이 죽는 것을 기뻐하지 아니하고 악인이 그 길에서 돌이켜 떠나 사는 것을 기뻐하는 것이다"(겔 33:11). 세례요한은 "죄 사함을 받게 하는 회개의 세례"(막 1:4)를 전파하였고, 그 후 베드로는 그의 본을 따라 행했다. 오순절 때 설교를 한 후, 많은 청중들이 그의 말을 듣고 "마음에 찔려 그들이 어찌할 것인가"를 그에게 물었다(행 2:37). 베드로는 다음과 같이 대답한다. "너희가 회개하여 각각 예수 그리스도의 이름으로 세례를 받고 죄사함을 받으라 그리하면 성령의 선물을 받으리니"(38절). 예수님은 그를 청종하는 자들에게 말씀하신다. "너희도 만일 회개하지 아니하면 다 이와 같이 망하리라"(눅 13:5).[13] 사도 요한은 회개의 구체적인 표현이 하나님께 자신의 죄를 고백하는 것임을 가르친다(요일 1:9).

용서에 관한 하나님의 모델은 반드시 회개를 포함하고 있다. 그러면 하나님 말씀은 우리가 하는 용서 조건에 대해 덜 까다로운 것일까? "성경에서 가해자가 회개 없이 용서받을 수 있다고 말하는 곳은 '어디에도' 존재하지 않는다."[14] 오히려 정반대이다! 성경은 다음 사실을 분명하게 가르친다. "만일 네 형제가 죄를 범하거든 경고하고 '회개하거든' 용서하라"(눅 17:3).

본 회퍼(Bon hoeffer)가 우리에게 '싸구려 은혜'를 경고했다면, '싸구려 평강'의 허구성도 지적해야 한다. 평강이 없는데도 평강이 있다고 말하는 것은 거짓 선지자의 일이다. 평강은 오직 고통을 치른 후에 얻어진다는 것을 우리는 잘 알고 있다. 우리가 갈등 속에 있을 때, 피해자 앞에서 변명하거나, 가해자를 책망하는 것은 결코 쉽지 않다. 가해자가 회개하기 전까지 용서를 거부해야 할 상황도 가끔 온다. 진정한 평강, 진정한 용서는 값비싼 보석과도 같다. 오직 우리가 회개할 때만 하나님이 용서하시는 까닭이다. 예수님은 우리에게도 같은 방식으로 행하도록 말씀하신다. "만약에 네 형제가 죄를 범하거든, 그를 권고하라. 그리고 그가 회개하거든, 그를 용서하라." 그런데 죄 지은 자가 죄를 인정하지도 않고, 후회하지도 않으면 어떻게 용서할 수 있는가?'[15]

한 가지 질문이 자연스럽게 생긴다 '왜 하나님은 회개를 요구하시는 것일까?' '왜 우리는 회개를 요구하시는 그의 본을 좇아야 하는가?' 이것은 가해자가 우리 발 아래에서 먼지를 뒤집어쓰고 참회하는 모습을 보기 위한 것이 아니다. 또 그가 당하는 굴욕을 즐기기 위한 것은 분명히 아니다! 이런 식의 고해는 진정한 회개가 아니다. 성경에서 회개를 요구하는 이유는 먼저는 피해자를 위한 것이다. 또 회개는 가해자를 위한 것으로, 특히 가해자가 자신의 죄 문제를 사랑으로 해결하는 데 필요한 것이다.

회개를 요구하는 이유

1. 피해자를 위한 것이다

회개를 요구하지 않은 채 용서하면, 은연중에 가해자는 옳고 피해자가 잘못했다는 것이 된다. 하나님 앞에서의 회개는, 먼저 우리 인생의 주님은 하나님이시지 우리가 아님을 인정하는 것이다. 또 우리의 견해보다는 하나님의 견해가 옳음을 받아들이는 것이며, 우리가 잘못했음을 고백하는 것이다. 가해는 질서를 어지럽히고, 회개는 질서를 회복한다. 앞서 예를 들었던 잘못된 회개 사례에서 보여 준 것처럼, 한 여성도가 중상 비방으로 피해를 당했을 때, 그들이 회개했더라면 이 여성도가 옳다는 것이 정당화되었을 것이다. 하지만 이런 회개가 없었기 때문에, 이 여인에 대한 거짓 비방은 마치 사실인 것처럼 남게 된 것이다.

2. 죄 문제이기 때문이다

회개를 요구하지 않고 용서하면, 고의적이 아닐지라도 악을 지지하는 것이 된다. 마치 갚을 필요가 없는 '빚을 스스로 지는' 인상을 준다. "그 결과는 심각하다. 먼저 회개 없이 용서하는 것을 보다 너그러운 행위로 간주하는 자는 하나님께 그 책임을 돌리려고 할 것이다. 다시 말하면, 하나님은 모든 자를, 심지어 말씀에 거역하고 완악하여 회개하지 않는 자도, 결국 용서하실 것이라는 위험한 착각에 빠지게 되는 것이다."[16]

3. 가해자를 사랑으로 대하기 위한 것이다

회개를 요구하지 않고 용서하면 겉으로는 은혜롭게 보인다. 사랑이 풍성한 것처럼 보이기도 할 것이다. 하지만 사실 이는 오히려 긍휼이 부족한 행위이다. "가해자가 회개하면 이는 그에게 구원이 된다. 그의 죄과는 무엇보다도 자기 자신에게 해로운 것이기 때문이다. 그가 온 힘을 다해 피해자의 이익을 되찾아주는 것이 그가 할 수 있는 가장 깊은 사랑의 표현이 될 것이다."[17] 이는 마치 하나님이 우리에게 베푸시는 구원을 반영하는 것과 같다. 하지만 자신의 자존심이 상했기 때문에 가해자에게 회개를 요구한다면, 이는 회개의 의미를 왜곡하는 것이다. 그런 회개는 피해자의 손에서 마음대로 다루어지는 복수의 도구인 것이다. 오직 긍휼을 품을 때에만 올바른 용서 절차를 따를 수 있게 될 것이다.

용서 제안하기

한 가지 사례

가룟 유다의 인도 하에 무리를 지어 온 병정들이, 세드론 협곡 맞은편 즉 예루살렘 동쪽 감람산에 있는 겟세마네 동산에서, 예수를 체포하였다. 그들은 예수를 안나스와 대제사장 가야바에게로 끌고 갔다. 시몬 베드로는 예수를 따르면서 필요하다면 그의 스승과 함께 죽을 것이라고 단언했다(마 26:35). 하지만 그는 신분이 폭로되자, 새벽 닭이 울기 전에 예수를 세 번이나 부인하였다.

주께서 돌이켜 베드로를 보시니 베드로가 주의 말씀 곧 오늘 닭이 울기 전에 네가 세 번 나를 부인하리라 하심이 생각나서 밖에 나가서 심히 통곡하니라(눅 22:61-62).

예수님은 부활하신 후, 여러 차례 제자들에게 나타나셨다. 디베랴 호숫가에서 많은 고기를 기적같이 잡게 하신 후, 예수께서는 베드로를 용서하시기 위해 그에게 말씀하신다(요 21:15-22).

(15)그들이 조반 먹은 후에 예수께서 시몬 베드로에게 이르시되 요한의 아들 시몬아 네가 이 사람들보다 나를 더 사랑하느냐 하시니 이르되 주님 그러하나이다 내가 주님을 사랑하는 줄 주님께서 아시나이다 이르시되 내 어린 양을 먹이라 하시고 (16)또 두 번째 이르시되 요한의 아들 시몬아 네가 나를 사랑하느냐 하시니 이르되 주님 그러하나이다 내가 주님을 사랑하는 줄 주님께서 아시나이다 이르시되 내 양을 치라 하시고 (17)세 번째 이르시되 요한의 아들 시몬아 네가 나를 사랑하느냐 하시니 주께서 세 번째 네가 나를 사랑하느냐 하시므로 베드로가 근심하여 이르되 주님 모든 것을 아시오매 내가 주님을 사랑하는 줄을 주님께서 아시나이다 예수께서 이르시되 내 양을 먹이라 (18)내가 진실로 진실로 네게 이르노니 네가 젊어서는 스스로 띠 띠고 원하는 곳으로 다녔거니와 늙어서는 네 팔을 벌리리니 남이 네게 띠 띠우고 원하지 아니하는 곳으로 데려가리라 (19)이 말씀을 하심은 베드로가 어떠한 죽음으로 하나님께 영광을 돌릴 것을 가르키심

이러라 이 말씀을 하시고 베드로에게 이르시되 나를 따르라 하시니 ⑳베드로가 돌이켜 예수께서 사랑하시는 그 제자가 따르는 것을 보니 그는 만찬석에서 예수의 품에 의지하여 주님 주님을 파는 자가 누구오니이까 묻던 자더라 ㉑이에 베드로가 그를 보고 예수께 여짜오되 주님 이 사람은 어떻게 되겠사옵나이까 ㉒예수께서 이르시되 내가 올 때까지 그를 머물게 하고자 할지라도 네게 무슨 상관이냐 너는 나를 따르라 하시더라.

이 본문 말씀은 베드로 한 사람이 '주님'과 만나고(15, 16, 17, 21절) 죄인으로서 하나님 앞에 회개하는 과정(참조, 요 20:28)을 상세히 전하고 있다. 또 본문은 베드로가 예수님을 부인한 후, 그가 다른 동료 제자와 감격적으로 '재회'하는 것을 기록하고 있다. 이처럼 본문은 하나님의 용서와 사람의 용서에 적용되는 절차에 대한 훌륭한 사례를 담고 있다. 용서는 다양한 측면을 지니고 있으며, 하나님의 용서와 사람의 용서 사이에 비슷한 면들이 가끔 서로 교차되고 있다. 이를 보다 잘 이해하기 위해서, 다음 사실을 분명히 할 필요가 있다. 먼저 용서를 제안하신 분은 예수님이셨고, 그 후 베드로가 회개했다. 그리고 예수님은 결국 베드로를 용서하시고 스승과 제자로 화해를 하셨다. 요한복음 21장 15-22절에는 용서에 대한 어떠한 '기술적' 표현도 없다. 즉 이 본문에서는 용서에 대한 해법을 알려 주는 것이 아니라, 용서의 '신학적' 현실이 실제 삶 속에서 어떻게 체험되는 가를 보여 주고 있다.

우리는 피해자와 가해자가 모두 그리스도인이라는 배경에서 용서의 절차를 분석하고자 한다. 하나님이 보시는 관점에서 의식되고 체험된 용서가 가장 완전한 용서이기 때문이다. 그리고 그리스도인이 아닌 경우에 이루어지는 용서에 대해서는 별도로 다룰 예정이다.

가라!
1. '가는 것'은 우리의 책임이다

하나님의 모델에 따르면, 우리가 죄 지은 자에게 용서를 제안하는 것은 잃어버린 자에게 복음을 전하는 것과 유사하다. 하나님은 일반 은총을 통해 모든 사람에게 선을 행하시는 것으로 자족하지 않으신다. 하나님은 세상 죄를 위해 그의 아들을 희생제물로 주시고, 사람들이 구원에 이르도록 회개하고 아들을 믿도록 초청하신다. 예수 그리스도 안에서 용서를 전파하시는 것이다. 이것은 죄인이 믿어 구원에 이르게 하는 하나님의 도구가 된다(롬 10:14-17).

가해를 당할 때 우리가 취하는 자연스러운 반응은, 할 수만 있다면 외부적으로 가해자와의 접촉을 피하고 싶어 한다. 하지만 어쩔 수 없이 그를 자주 보아야 한다면, 우리는 심리적으로 그와 인연을 끊어버린다. 이런 태도는 물론 자신을 방어하기 위한 것이지만, 동시에 가해자에 대한 선입관이 있다는 사실을 보여 주는 것이다. 가해자를 배척하는 현상은 이전에 그와의 관계가 가까웠다면 더욱 더 혹독해진다. 부부 간에 발생하는 경미한 가해는 사람을 토라지게 만들지만, 심각한 가해는 이혼을 초래하기도 한다. 부모와 자식 간에 문제가 발생하면 자식이 '심통을 부리기'도 하지만, 어떤 경우에는 가출하기도 한다. 친구나 신자들 간에 더 이상 대화를 하지 않는 경우가 발생하기도 한다. 사실 이럴수록 상황은 더 악화된다. 오직 제 삼자를 통해서만 가해자와 접촉하거나 관계가 이루어진다면, 당사자 간의 관계는 더욱 더 악화될 뿐이다. 자신을 방어하려는 우리의 반응은 쉽게 이해될 수 있다. 우리가 상처 받았고, '빚'이 우리와 가해자 둘 사이를 갈라 놓았기 때문이다. 마치 아무 일도 없었다는 듯이 가해자를 만나는 것은 사실 위선일 것이다. 그래서 우리는 가끔 주장하는 자세를 취하면서, 가해자가 우리에게 와서 용서를 구하고 관계 회복을 원할 때까지 기다린다. 하지만 이 역시 성경적인 방법은 아니다. 왜냐하면 은혜가 결여된 까닭이다. 만약 하나님께서 죄인인 우리가 자진하여 그분의 용서를 구하도록 기대하셨더라면, 우리는 어떻게 되었을까? 물론 이는 가해자의 허물을 함구하고, 어떤 값을 치르더라도 그와 접촉해야 한다는 것이 아니다. 오히려 정반대이다. 성경은 우리가 가해자에게 가서 용서를 제안하여, 관계 단절의 악순환을 깨도록 초청한다.

서서 기도할 때에 아무에게나 혐의가 있거든 용서하라 그리하여야 하늘에 계신 너희 아버지께서도 너희 허물을 사하여 주시리라 하시니라(막 11:25).

네 형제가 죄를 범하거든 가서 너와 그 사람과만 상대하여 권고하라 만일 들으면 네가 네 형제를 얻을 것이요(마 18:15).

너희는 스스로 조심하라 만일 네 형제가 죄를 범하거든 경고하고 회개하거든 용서하라 만일 하루에 일곱 번이라도 네게 죄를 짓고 일곱 번 네게 돌아와 내가 회개하노라 하거든 너는 용서하라 하시더라(눅 17:3-4).

2. 예수와 베드로

예수께서 부활하신 후 베드로를 만난 것은 이번이 처음이 아니다.[18] 예루살렘에 모인 제자들에게 예수님은 이미 두 번 나타나셨다(요 20:19-29). 부활하신 주님은 유월절에도 그에게 특별히 나타나셨다(눅 24:34; 고전 15:5). 예수님은 그때 무슨 말씀을 하셨을까? '그의 허물을 용서하시는 말씀'을 미리 하셨는가?[19] 예수께서 막달라 마리아와 엠마오의 제자들에게 하신 것처럼, 매우 '진솔하게' 자신의 부활을 증명하셨는가?(요 20:11-18; 눅 24:13-35). 예수께서는 예루살렘에서 자신이 부활하신 '증거'(참조, 행 1:3)를 보여 주길 원하셨을 것이다. 하지만 예수님은 천사를 통해 제자들을 갈릴리로 불러 모으셨다. "또

빨리 가서 그의 제자들에게 이르되 그가 죽은 자 가운데서 살아나셨고 너희보다 먼저 갈릴리로 가시나니 거기서 너희가 뵈오리라 하라"(마 28:7). 예수님은 그곳에서 "자신이 나사렛 예수로서 행하셨던 것들을 확증하시고, 뒷받침하시며, 계시하셨다.[20] 예수님은 또한 그곳에서 제자들에게 하나님 나라의 일을 거의 사십 일 동안 가르치시면서, '일차 갈릴리 교육'[21]에서 부족했던 것을 보충하셨다.

> 그가 고난 받으신 후에 또한 그들에게 확실한 많은 증거로 친히 살아계심을 나타내사 사십 일 동안 그들에게 보이시며 하나님 나라의 일을 말씀하시니라(행 1:3).

예수께서 디베랴 호수에서 자신을 나타내실 때 이 교육이 시작되었다. 예수께서 부활하신 후 '세번 째'로 제자들에게 나타나셨다(요 21:14). 주님은 베드로에게 '하늘나라의 열쇠'를 맡기셨다(마 16:19). 베드로는 주님이 지시한 순서를 따라(행 1:8), 유대인들, 오순절 예루살렘에 모인 개종자들(행 2), 사마리아인들(행 8:14-17), 그리고 이방인들에게(행 10-11) 하늘나라의 문을 열어주 할 자가 되었다. 그렇기 때문에 주님은 베드로가 자신을 부인한 사실을 다른 제자들과 더불어 해명해야만 했다. 베드로가 부인한 사실은 그들 사이에 '빚' 으로 남아 있었고, 그들의 사역에 '장애'가 되었다. 예수님은 호숫가로 오셔서 제자들에게 식사를 '제공'한 후 베드로에게 '가셨다.' 그들이 조반 먹은 후에 예수께서 시몬 베드로에게 말씀하신 것이다 (요 21:15).

우리 역시 우리에게 죄 지은 자를 용서할 준비가 되어 있는가? 가해자에게 은혜를 베푸는 이 절차는 결정적인 것으로 우리를 미움과 원한의 끈에서 자유롭게 풀어 줄 것이다. 이를 통해, 우리는 가해자와 더불어 죄 문제에 정면으로 도전하고, 죄를 지우기[22] 위한 길을 찾을 수 있다. 그렇다면, 용서를 제안한다는 것은 구체적으로 무엇을 의미하는가? 용서 제안은 먼저 마음 자세를 준비하고 회개로 초청하는 것이다.

마음의 자세

1. 용서의 마음

우리가 가해자에게 나아갈 때 용서의 마음을 가져야 한다고 하나님 말씀은 강조한다. 마가복음 11장 25절과, 앞서 인용한 마태복음 18장 15절, 누가복음 17장 3절의 성경 구절을 비교하면, 이 사실은 더욱 더 분명해진다. 마가는 마태와 누가가 말하는 회개를 은연중에 암시하면서, 가해의 현실에서 말머리를 돌려 직접 용서를 말하고 있다. 예수께서 복음 전파를 통해 우리를 회심시키실 때에도 이와 동일한 방법을 쓰셨다. 주님은 우리를 정죄하기 위해서가 아니라 용서하시기 위해 복음을 선포하신다. 하나님께서 우리의 죄를 책망하신다면, 그것은 우리를 멸하기 위한 것이 아니라 우리에게 생명을 주시기 위함이다.

혹자는 복음에서 죄인을 '책망하라'고 기록된 점을 주목하면서 (마 18:15), 죄인을 '찾아가서' 그와 끝장을 내려고 한다. 그들은 말로 가해자를 공격하고, 과장하고, 모욕을 주고, 협박하기도 한다. 그들은 먼저 자신의 억울함을 주님께 호소하고 맡기기보다는 그들 스스로 죄 지은 형제에게 재판관이 되려고 한다. 그들의 마음의 동기는 사랑이 아니라 미움이다. 그들은 악을 악으로 대한다.

우리는 다음과 같은 위험한 일을 하지 않도록 조심해야 한다. 즉 피해자 본인의 준비 없이, 성경 말씀이나 교회 개입을 수단으로, 마지 못해 가해자를 찾아가서 영적 압력을 행사하게 하는 것 말이다. 물론 형제를 격려하기 위한 것이라면 나무랄데 없이 좋은 일이다. 하지만 이 일에는 노련한 재치와 충분한 경청이 수반되어야 한다. 오래 전에 우리는 너무 성급하게 한 친구에게 자신을 가해한 자를 만나 대화하도록 요구한 적이 있었다. 그 이유는 그 친구가 대화를 한다면 아마도 '치유될 것'이라는 기대 대문이었다. 그런데 그 친구는 가해자를 만나서 오히려 자신의 미운 감정을 그에게 쏟아부었고, 결과적으로 사태는 더욱 더 악화되었다. 이 사례는 무엇보다도 먼저 피해자의 마음이 준비되는 것이 중요함을 잘 보여 준다. 즉 자신의 미움을 극복하고 용서하려는 마음이 생길 때 비로소 가해자를 찾아가 용서를 제안할 수 있는 것이다.

또 다른 사람은 이렇게 말할지도 모른다. "성경은 '네 형제가 죄를 범하거든 가서 만나라'고 말하지 않았는가? 그런데 어떻게 기다리라고 말할 수 있는가!" 하지만 중요한 것은 기다리는 것 자체가 아니라, 왜 '가야' 하는 가를 아는 데 있다.

마태복음 18장 15절에서 지적한 것처럼, 피해자가 가해자에게 가는 목적은 자신의 미운 감정을 진정시키기 위해서도 아니며, 원한을 퍼붓기 위해서도 아니다. 그가 가는 목적은 '그 형제를 얻는데' 있다. '형제를 얻는다'라는 표현은 그를 친구로 여기며 친분 관계를 유지하라는 뜻이 아니다. 또 고린도전서 9장 19-22절 말씀처럼 그 형제를 '믿음으로 인도하라'는 것도 아니다. 중요한 것은 그가 '형제'라는 사실이다. 그 형제가 회복되어 선과 진리를 올바로 바라볼 수 있도록 도와주어야 한다. "이것이 중요한 점이다. 기독교 입장에서, 패자는 가해를 당한 자가 아니라, 죄를 범한 자이기 때문이다"[23](참조, 약 5:19-20). 신자는 자신을 위해서가 아니라 그 형제를 위해 '가는' 것이다. 그렇기 때문에 심각한 가해 사건이 생긴 경우에는 어떤 일정한 기간을 기다리는 것이 필요하다. 신자는 그동안 자신이 품고 있는 미움과 투쟁하면서, 가해자를 '정복해야 할' 대상이 아니라, '얻어야 할' 자로 바라보도록 노력해야 한다.

다시 말하면, 가해자가 바로 죄의 희생자라는 사실을 분별하기까지 기다리는 시간이 필요하다는 것이다. 우리는 우리에게 상처준 자를 찾아가기 전에 솔직하게 몇 가지 질문을 스스로 해 보아야 한다. 왜 그를 만나길 원하는가? 이 만남을 통해 무엇을 기대하는가? 그를 만나려는 이유를 어떻게 설명할 것인가? 그를 정말로 용서하길 원하는가? 어떻게 이런 뜻을 그에게 전달할 것인가?

2. 신중함

용서의 마음 자세에 따라 용서의 내용뿐만 아니라 용서의 방식도 달라진다. "가서 너와 그 사람과만 상대하여 권하라." 피해자가 가져야 할 관심은 가해자의 회복에 있다. 그는 자신의 모든 권한을 다하여 가해 문제를 해결하되('권하라'), 피해자의 앞날에 장애가 되어서는 안 된다('너와 그 사람만 상대하여'). "가해자에게 알리지 않아 솔직하지 못하거나, 그가 저지른 잘못을 소문내는 사랑 결핍증 등은 스스로 복수하는 행위로, 변호받을 수 없다."[24] 남의 곤란한 처지나 허물을 '영적인' 방법으로 폭로하는 일이 있는데, 이는 우리가 경계해야 할 점이다. 어떤 자는 중보기도 모임에서 그런 사실을 조심스럽게 기도 제목으로 제시한다. 또 어떤 자는 투명한 삶을 이유로 공동체에 신규 가입한 자가 이미 고백하고 용서받은 과거의 허물을 성도들의 모임에서 새삼스레 들춰 내기도 한다. 목사나 교회 지도자들이 가끔 신중하지 못하게 이런 종류의 실수를 범하곤 한다. 어떤 자는 다른 사람의 문제를 언급하면서 이를 본인의 활동이나 직분을 정당화하는 수단으로 이용한다. 일부 의사들처럼 그들은 자신들이 '돌보아야' 할 중환자들의 문제를 서로 논하면서 건전치 못한 쾌감을 느끼기도 한다. 이것에 대해 사도 바울은 얼마나 신중하였는지를 주목할 필요가 있다. 그의 서신을 보면, 바울은 복음을 통해 친히 인도했던 자들의 과거 허물에 대해서 간단한 암시만 할 뿐이다.

미혹을 받지 말라 음행하는 자나 우상 숭배하는 자나 간음하는 자나 탐색하는 자나 남색하는 자나 도적이나 탐욕을 부리는 자나 술 취하는 자나 모욕하는 자나 속여 빼앗는 자들은 하나님의 나라를 유업으로 받지 못하리라 너희 중에 이와 같은 자들이 있더니(고전 6:9-11).

신중을 기하는 것은 화를 면하는 방책이다. 솔로몬이 지적한 것처럼 미움은 대부분의 경우 공개적으로 표현된다.

그 말이 좋을지라도 믿지 말 것은 그 마음에 일곱 가지 가증한 것이 있음이니라 속임으로 그 미움을 감출지라도 그의 악이 회중 앞에 드러나리라(잠 26:25-26).

신중한 자세로 용서를 제안하려는 피해자는 할 수만 있거든 자주 자신의 미움과 투쟁해야 한다. 가해자를 공격하기 위해 그를 '만나러 가는' 것이 아니기 때문이다. 반면 가해자는 피해자가 하는 노력의 가치를 잘 인지하여야 한다. 피해자가 취하는 방식을 주지하면서 그가 악을 원치 않는다는 점을 볼 수 있어야 한다. 그렇게 할 때, 가해자는 자신을 은폐하거나 자신을 합리화시키려는 태도로 일관하지 않고 상대방을 경청하게 될 것이다.

3. 예수와 베드로

요한복음 21장을 자세히 살펴보면 주님과 베드로 사이에 오고간 대화의 분위기를 이해할 수 있다. 낙심하여 죽기만을 바라는 엘리야에게 여호와께서 행하셨던 것처럼(왕상 19:4), 예수님은 먼저 제자들에게 먹을 것을 주시며 힘을 북돋아 주셨다(요 21:12-13; 참조, 왕상 19:6-8). 그 이유는 그들이 고기 잡으러 나갔다가 헛탕만 치고 돌아와 낙심에 빠졌기 때문이다. 그들은 기대 반, 두려움 반 불안한 모습으로 살고 있었다. 드디어 부활하신 주님과 만나는 시간이 왔다. 또 예수께서 자신이 죽기 전에 제자들이 그를 버리고 도망칠 것과 그 후 갈릴리에서 그들과 재회할 것을 예언하셨기 때문이다. 사실 베드로는 그때만 해도 자신만만하여 주님의 이런 예언을 귀담아 듣지 않았었다.

그때에 예수께서 제자들에게 이르시되 오늘 밤에 너희가 다 나를 버리리라 기록된 바 내가 목자를 치리니 양의 떼가 흩어지리라 하였느니라 그러나 내가 살아난 후에 너희보다 먼저 갈릴리로 가리라 베드로가 대답하여 이르되 모두 주를 버릴지라도 나는 결코 버리지 않겠나이다 예수께서 이르시되 내가 진실로 네게 이르노니 오늘 밤 닭 울기 전에 네가 세 번 나를 부인하리라 베드로가 이르되 내가 주와 함께 죽을지언정 주를 부인하지 않겠나이다 하고 모든 제자도 그와 같이 말하니라(마 26:31-35).

이런 배경 때문에 약속 장소에 당도한 제자들의 두려움을 우리는 쉽게 이해할 수 있다. "제자들이 주님이신 줄 아는 고로 당신이 누구냐 감히 묻는 자가 없더라"(요 21:12). 그럼에도 불구하고 예수께서는 자신을 부인했던 자들을 호숫가에서 마치 '연회장에 초청하듯이' 영접하신 것이다. "와서 조반을 먹으라… 예수께서 가셔서 떡을 가져다가 그들에게 주시고 생선도 그와 같이 하시니라"(요 21:12-13). 그들 가운데 특히 베드로는 주께서 이처럼 호의로 대하시는 것을 보고 특별한 감동을 받았을 것이다.

제자들 모두가 과거에 주를 버리고 떠난 적이 있다. 그렇기 때문에 주님은 시몬을 '일 대 일로' 책망하지 않으셨다. 본문은 예수님과 베드로가 예상치 못한 이 '피크닉' 장소에서 따로 멀리 떨어져

서로 대화했다고 전하지 않는다. "예수께서 사랑하시는 그 제자"(20절) 요한은 그들이 대화하는 동안 함께 있었던 것이 분명하다. 왜냐하면 요한은 그의 복음에서 이 사건을 전하고 있을 뿐만 아니라, 이 말씀이 "형제들에게"(23절) 일찍부터 소문처럼 퍼졌기 때문이다. 대화가 끝날 무렵이 되었을 때, 비로소 스승은 베드로가 그를 따르도록 초청하신다(19, 23절). 베드로는, 그의 성급한 기질대로, 무슨 일이 일어난다 하더라도 결코 주님을 버리지 않겠다고 맹세했었다. 그는 또한 다른 동료 제자들도 자신처럼 충성을 맹세하도록 밀어붙였을 것이다. 주님은 베드로를 책망했지만, 그의 책망은 식사 중인 모든 자들을 향한 것임에 틀림없다.

부활하신 주님과 그를 부인한 제자의 재회는 보복과는 전혀 상관이 없었다. 주님은 이 만남을 기도 가운데 준비하셨다.

시몬아, 시몬아, 보라 사탄이 너희를 밀까부르듯 하려고 요구하였으나 그러나 내가 너를 위하여 네 믿음이 떨어지지 않기를 기도하였노니 너는 돌이킨 후에 네 형제를 굳게 하라(눅 22:31-32).

이제, 예수께서는 베드로를 '얻고자' 하신다. 그에게 유대인, 사마리아인, 이방인에게 하늘나라의 문을 열게 하는 사도의 직분을 또 한 번 회복시켜 주시려고 하신다. 이 간남의 서곡인 고기잡이 기적은 이런 의도를 잘 반영해 준다. 이 기적은 유사한 또 다른 고기잡이 기적을 상기시켜 주는데, 주님은 사역 초기에 베드로를 사람 낚는 어부로 부르셨었다(참조, 눅 5:1-11). 주님은 대화 속에서 세 차례에 걸쳐 베드로에게 자기의 '양'을 맡기시며(15, 16, 17절) 그에 대한 신뢰를 새롭게 구축하신다. 베드로를 용서하시려는 주님의 뜻을 이보다 더 잘 전달할 수 있는 다른 방법은 아마도 없을 것이다.

회개하도록 촉구하는 것("그를 권면하라")은 용서 제안에 있어서 '부정적'인 면인데, 이를 행하기 전에 무엇보다 마음의 준비를 갖추고, 가해자를 '얻고' 용서하려는 뜻이 선행되어야 한다.

회개하도록 촉구

가해자가 회개하도록 촉구하되 이를 용서의 한 절차로 여긴다면, 피해자는 마치 검사가 구형하는 것처럼 지나치게 행동하는 오류를 피할 수 있을 것이다. 미움은 고소하고 정죄하지만, 사랑은 권면하고 용서한다. 그렇기 때문에 '해명하는 절차'가 용서에 앞서 이루어지곤 한다.[25]

1. 해명하는 절차

피해자와 가해자는 서로 해명해야 한다. 비록 가해자가 겪은 상황이 파악되기 쉽고 또 용서하는 데 별 문제가 없다 하더라도, 즉 가해 사건이 어떤 길거리에서 생긴 상해이거나, 혹은 도난 사고, 혹은 뺑소니 자동차 사고인 경우, 서로 해명하는 것은 당연히 적합하지 않다. 하지만 우리에게 상처를 준 사람들은 대부분 평소에 잘 아는 자들이다. 어떤 경우, 그들은 양심에 아무 거리낌 없이 그런 짓을 한다. 우리도 혹은 단순한 부주의로 혹은 서두르다가 혹은 정말 잊고서 약속을 지키지 못하는 일이 생기지 않는가? 그 결과 우리의 아내나 남편 또는 친구가 깊은 상처를 받기도 한다. 그들이 해명하려는 것은 어떻게 사건이 발생되었으며, 왜 약속을 어길 수밖에 없었는가를 알리는 데 있을 것이다. 이런 예는 피해자가 가해자에게 가서 그가 저지른 허물을 터놓고 말하는 것의 중요성을 재차 강조한다. 사실 우리는 자신도 모르는 사이에 남에게 상처를 줄 수 있다. 그래서 우리는 이런 해명 절차를 통해 우리로 인해 피해 입은 자에게 용서를 구하는 것이 필요하다는 사실을 인지하게 된다.

이런 해명 절차는 '열린 절차'[26]가 될 수 있다. 많은 경우, 특히 가정과 교회에 관련된 경우, 모든 과실이 한쪽에만 치우쳐 존재하는 것은 매우 드물다. 따라서 잘못한 부분에 대해서 서로 용서를 구하는 경우가 가끔 필요하게 된다. 우리가 상대방에게 회개를 촉구하는 입장에 있더라도, 사실 우리는 먼저 우리 자신의 죄를 고백하고 시작하는 것이 바람직하다. 이것이 우리가 우선적으로 가져야 할 책임이다(마 5:23-24). 우리 자신은 회개할 준비가 되어 있지 않으면서, 어떻게 가해자에게만 회개를 요구할 수 있는가? 우리가 회개할 마음의 자세가 되어 있을 때, 비로소 우리의 의도가 관계 파괴에 있지 않고, 건설적이며, 덕을 세우고, 용서하는 데 있음을 보여 줄 수 있다. 그렇게 할 때, 가해자는 진리에 대해 열린 자세로 임하게 될 것이다.

프레데릭과 아리엘은 결혼해서 거의 20년 동안 함께 살던 부부였다. 자녀들이 성장하여 이제 막 부모로부터 독립했다. 아리엘은 남편에게 말한다. "자녀들이 나를 필요로 했기에 나는 당신과 함께 살았어요. 하지만 지금 그들은 모두 떠났고, 나 역시 떠나고 싶어요. 나는 당신과 함께 살고 싶은 마음이 더 이상 없어요. 너무 피곤해요. 나는 나 자신을 되찾고 싶어요." 아리엘은 남편에게 두 번째 이혼을 요구하고 있다. 그녀의 요구는 점점 집요해졌다. 하지만 프레데릭은 아내를 여전히 사랑했고 그녀와 함께 살기를 원했다. 그럼에도 불구하고, 그들의 대화는 결국 부부싸움으로 끝나고 말았다. 그는 목사에게 가서 상담을 했고, 목사는 그에게 아내와 함께 다시 만나자고 제안했다. 그녀는 이 제안도 거절했다. 프레데릭은 마침내 자신이 힘들어진 것을 그녀 탓으로 돌리며 모든 감정을 쏟아버렸다. 그는 아내가 제안을 거절한 것에 대해 책망했다. 그러나 목사는 그가 행한 반응에서 옳지 못한 점을 이해시켰고, 아리엘에게 상처를 준 말과 행동에 대해서 용서를 구하도록 설득했다. 아내의 결정이 무엇이든지 간에, 그것은 그가 해야 할 것이었다. 프레데릭은 자신과 싸워야 했고, 아내를 책망한 것을 후회하면서 그녀에게 용서를 구할 준비를 해야 했다. 그는 집에 들어가 아내에게 취했던 자신의 거친 태도에 대해 용서를 구했다. 바로 그날 저녁 프리데릭은 목사에게 전화하여 아리엘과 함께 상담하길 원하다고 말했다.[27]

2. 회개의 촉구

앞서 강조한 것처럼, 상대방에게 회개하도록 촉구하는 목적은 우리가 옳다고 주장하는 데 있지 않다. 이런 촉구는 형제가 하나님 앞에서 자신의 처지를 숙고하도록 돕고, 또 그가 지은 죄를 인식하도록 돕는 데 목적이 있다. 우리는 그를 '권고해야' 한다(마 18:15; 눅 17:3; 참조, 레 19:17). 마태와 누가는 성경 원본에서 같은 단어를 사용하지 않았다. 첫째 단어 에렌쇼(élenchô) 는 둘째 단어보다는 그 의미가 덜 강하지만 '설득하다' 라는 뜻을 가지고 있으며, 둘째 단어 에피티마오(épitimaô)는 '위협하다' 라고 번역될 수 있다.[28] 바울은 디모데후서 4장 2절에서 이 동사 모두를 순서대로 사용하고 있다. 거기에 셋째 단어 파라칼레오(parakaléô) '권면하다, 격려하다' 를 덧붙이고 있다. 이 성경 구절은 다양하게 번역되고 있다. '권고하다, 위협하다, 권면하다'(TOB, 연합번역 성경), '반박하다, 위협하다, 권면하다'(BJ, 예루살렘 성경), '설득하다, 훈계하다, 격려하다'(BFC, 현대어 성경), '설득하다, 권고하다, 권면하다'(BC, 비둘기 성경) 또는 '설득하다, 책망하다, 격려하다'(BDS, 씨 뿌리는 자 성경). 우리는 이 마지막 해석을 선호한다. 그 이유는 사도 바울은 이 세 단어를 통해 설교자는 청중들의 '이성과 양심과 의지에 호소해야' 함을 지적하고 있기 때문이다.[29] 마태복음 18장 15절에 언급하는 '회개하도록 촉구'하는 것은 이해력에 호소하는 것이다. "예수 그리스도께서는 '만일 그가 들으면'이란 조건을 내걸고 계신다. 즉 회개를 촉구하는 중요한 책임은 주의를 끄는 데 있다."[30] 우리의 모든 노력은 가해자가 양심의 가책을 느끼도록 돕는 데 있다. 즉 그의 태도가 잘못된 것이며, 스스로 죄를 인정하지 않을 때 '실족하게 된다'라는 점을 이해시키는 것이다. 누가복음 17장 3절은 회개하도록 촉구하는 목적이 다음과 같이 도덕적 각성이 일어나도록 돕는 데 있음을 강조한다. "당신은 나에게 상처를 주면서 죄를 지었다! 당신은 자신의 행위를 과소평가할 자격이 없다. 당신이 저지른 짓은 잘못된 것이고 심각한 것이다. 당신의 태도는 올바르지 못했다. 하지만 당신이 진심으로 나의 용서를 원한다면, 나는 당신을 용서할 준비가 되어 있다."

이처럼 두 가지 상호보완적 면에서, 회개하도록 촉구하는 목적을 이루기 위해서는 정확하게 설명하는 것과 '진솔하게 말하는 것'이 필요하다. 이를 위해 또한 용기가 있어야 한다. 사실 우리가 받은 상처를 생각하면 가해 사건이 되살아나게 된다. 왜 50년대 태어난 자녀들은 세계대전에 대해 거의 듣지 못하고 자라났는가? 이는 전쟁의 피해자 부모 세대가 자신들이 겪은 악몽의 역사를 회상하기가 너무나 힘들었기 때문일 것이다. 또 다른 한편, 상처를 언급하는 것은 경우에 따라서 자신의 약점을 고백하는 것이 된다. 남편의 자유분방한 태도로 인해 격분한 여인이 있다. 그녀는 남편을 구박하면서도 자신의 질투심이 지나친 것을 인정해야 했다. 어떤 남자는 자신이 말할 때마다 말을 끊고 대꾸하며 간섭하는 한 예의 없는 친구로 인해 피해를 당했다. 그래서 그 친구에게 불만을 표시하지만, 동시에 사람들 앞에서 자신을 드러내 보이고 인정받기 원하는 마음이 자기 안에 있다는 것을 발견하게 된다. 우리는 용서의 절차를 밟을 때, 가해자와 우리 사이에 사용하는 용어 자체가 동일한 뜻을 품고 있는 것인지를 정확히 알 필요가 있다. 표현하는 내용이 서로에게 정확하게 전달될 때 상호 간 신뢰 회복에 도움이 되기 때문이다. 또 가해자의 회개를 받아들이기 전에, 먼저 피해자 자신의 입장과 처지가 상대방에게 충분히 알려지고 이해되어야 한다. 다시 말하면, 가해자가 자신의 죄를 확실하게 인정해야 하는 것이다. 가해자가 할 수 없이 피해자에게 실토하며 억지로 고백한다면, 어떻게 그가 하나님의 용서를 간구할 수 있는가?

3. 예수와 베드로

예수님은 베드로가 회개하도록 촉구하실 때, 요령과 정확성, 이 두 가지 요소를 잘 결합시키면서 도우셨는데, 이는 결코 쉬운 것이 아니다.

요령. 예수께서 베드로를 권고하시는 과정에서 공격한다는 인상은 전혀 찾아볼 수 없다. 부활하신 주님은 대화하시면서 그를 추궁하거나 고소하는 기색조차 없으셨다. 사실 복음 전체에 흐르는 주님의 생각을 깊이 이해하지 못하면, 평범한 독자가 주께서 대화를 통해 베드로를 회개로 인도하고 계시다는 것을 분별하기란 결코 쉽지 않다. 예수님은 베드로에게 아무런 책망도 하지 않으신 것처럼 보인다. 주께서 베드로에게 자신의 사랑을 다소 집요하게 확인하신 것은 사실이다. 그런데 바로 여기에 베드로를 섬세하게 회개로 인도하시는 방법이 숨겨져 있다. 베드로는 이것을 이해했다. 주께서 그에게 세 번째 네가 나를 사랑하느냐?(17절)를 질문하실 때, 베드로는 근심에 쌓였다. 그의 근심은 자신의 사랑을 주님이 알아주시지 않아서 안달하고 실망으로 인한 것이 아니었다. 그럼에도 불구하고 주께서 세 번이나 하신 질문 때문에, 베드로의 마음이 온통 흔들렸다. 자신이 주님을 부인한 사실이 그와 부활하신 주님 사이에 '빚'으로 남아 있었고, 주께서는 그가 이 빚에서 자유하기를 원하셨다. 환자가 무의식 세계에서 자신을 짓누르고 있던 것을 인지하도록, 심리학자들은 환자에게 고통의 현실을 연상시키는 정신 요법을 자주 사용한다. 어떤 면에서 예수께서는 이런 방법을 사용하신 것이다. 물론, 베드로는 자신이 주님을 부인한 사실을 잊지 않았다. 다만 주님은 베드로가 그 사실을 자신의 '내면에서' 고백하길 원하셨다. 즉 그가 범한 행위를 고백하라는 것이 아니라 그를 괴롭히는 고통을, 자신을 희생자로 만든 죄를 고백하라는 것이다. 어찌 하나님이 아니고선 이처럼 영혼의 내면을 잘 아시고 그 내면이 말하도록 하실 수 있겠는가! 예수님은 베드로가 자신의 영혼의 깊은 곳에서 말하도록 도우셨다. 주님은 매우 정확한 질문을 통해 베드로 자신도 모르고 있었던 상처를 드러내 보여 주시고, 그가 회개하도록 마음을 이끄시고 스스로 만족하셨다.

정확성. 주님은 베드로에게 "네가 나를 사랑하느냐?"고 세 번 물으실 때 동일한 질문을 반복적으로 하신 것처럼 보인다. 하지만 각 질문마다 회개로 인도하는 점들이 다르게 강조되고 있다.

첫째 질문 "요한의 아들 시몬아 네가 이 사람들보다 나를 더 사랑하느냐(agapaô)?"(15절)는 베드로의 교만을 겨냥하고 있다. 그의 교만은 항상 '가장 큰 자'가 되고자 다른 사람들과 비교하는 것이었다. "모두 주를 버릴지라도 나는 결코 버리지 않겠나이다"(마 26:33). 진정으로 사랑하는 자는, 다른 사람과 비교하여 그보다 더 사랑하는 것이 아니라, 오직 그만 사랑하는 것이다. 베드로는 이 교훈을 이해한 듯하다. 그 이유는 그의 답변 "주님 그러하나이다 내가 주님을 사랑하는 줄 주님께서 아시나이다."에서 찾아볼 수 있다. 여기서 베드로는 아가파오보다 의미가 덜 깊은 '필레오'(philéō)라는 단어를 사용하고 있는데, 이는 애착심을 표현하는 '소중히 여기다'라는 뜻으로 해석된다.[31]

둘째 질문 "요한의 아들 시몬아 네가 나를 사랑하느냐"(16절)에서 예수께서는 다시 '아가파오' 단어를 사용하시면서, 베드로의 우쭐거리는 자신감을 겨냥하신다. "시몬아, 너는 네가 다른 사람들보다 반드시 더 우위에 있지 않다는 것을 이해하였구나. 그러나 너는 항상 자신만만하지."라고 부활하신 주님이 묻는 것 같다. 진실로 사랑하는 자는 결코 완벽하게 사랑하지는 못하고 지속적으로 사랑하는 것을 배운단다. 이에 베드로는 동일한 대답을 반복할 뿐이다. "주님 그러하나이다 내가 주님을 사랑하는(philéō) 줄 주님께서 아시나이다."

주님은 베드로의 답변을 책망이나 하듯이 그에게 세 번째로 질문하신다. "요한의 아들 시몬아 네가 나를 사랑하느냐(philéō)" 베드로는 주님께서 하신 이 질문이 그 자체로 끝나지 않고 "그런데 왜 너는 나를 부인했느냐"는 말이 첨부되어 있다고 이해한다. 사랑하는(philéō) 자는 떨어지지 아니하려고 애착한다. 베드로는 신앙의 격앙된 어조로 "주님 모든 것을 아시오니 내가 주님을 사랑하는(philéō) 줄을 주님께서 아시나이다."고 답할 수밖에 없었다.

예수께서 베드로를 도우실 때 요령과 정확성을 가지고 하셨고,

여기에 그분의 신적 감성을 더하셨다. 이 두 요소를 결합하여 적합하게 용서를 제안하셨기 때문에 베드로의 회개는 억지도, 피상적인 것도 아닌 진심이 되었다.

가해자가 회개하도록 촉구할 때 반드시 주의할 점은 "만약 네가 회개한다면, 나는 너를 용서하겠다."처럼 협상의 인상을 주면 안 된다는 것이다. 예수님의 본을 따르는 것이 중요하다. 즉 '나는 후회한다', '나는 당신에게 용서를 구한다' 등 처럼 틀에 박힌 표현을 회개하려는 자에게서 들으려고 하기보다는, 대화 속에서 "내가 당신을 사랑하는 줄 당신은 압니다."와 같은 암시를 찾는 것이 더 중요한 것이다. 하지만, 경우에 따라서 피해자는 자신을 위해서 그리고 가해자를 위해서도 분명한 회개를 요구할 필요가 있다. 이는 애매모호한 점을 피하게 하며, 진정한 회개를 보증하고 가해자를 확실하게 용서하게 만든다.

용서하기

용서의 '판결'

하나님은 예수 그리스도께서 치르신 희생공로를 통해, 그리고 우리 믿음을 보시고, 우리를 의롭다 선언하실 때 우리를 용서하신다. 하나님의 용서는 복음을 통해 선포되는 법률적 판결이다. 이 판결은 우리를 죄인의 입장에서 의인(무죄 판결을 받은 자)의 입장으로 바뀌게 한다. 하나님의 용서는 우리에게 막연한 호의를 베푸는 것이 아니며, 용서하려는 준비가 되어 있다고 말하는 것도 아니다. 하나님의 용서는 무죄를 선언하는 것이다. 이 선언을 통해 우리는 하나님과 화평하게 된다. "그러므로 우리가 믿음으로 의롭다하심을 받았으니 우리 주 예수 그리스도로 말미암아 하나님과 화평을 누리자"(롬 5:1). 진실로 회개한 가해자는 피해자로부터 용서가 선언되길 바란다. 그는 가해자가 범한 죄에서 자신을 '풀어 줄' 유일한 사람이다. 이 기다림은 겸손을 동반한다. 다시 말하면 기다림에는 피해자의 자유를 존중해야 할 의무가 포함되어 있다.

1. 피해자의 자유

어떤 가해자는 그리스도인의 용서를 구실 삼아, 회개를 전제로 '무죄 선언'을 강요하기도 한다. 그는 피해자가 용서할 때 겪는 어려움을 받아들이지 않는다. 그는 자신의 허물을 자백하지만 양심의 가책을 느끼지 않는다. 반면 그로 인해 상처 받은 피해자는 가슴이 찢어지는 아픔을 느끼고 영적 고통을 당하게 된다. 가해자가 이처럼 무감각하다는 것은 그의 회개가 피상적임을 증명해 준다. 그는 자신이 초래한 고통을 헤아리지 못한다. 진정으로 회개하면 용서가 베풀어지길 갈망하게 되는데, 그것은 바라는 것이지 요구해서 이루어지는 것이 아니다. 사도 베드로는 세 번에 걸쳐 "내가 주님을 사랑하는 줄 주께서 아시나이다." 라고 대답하면서 자신을 주님께 맡겼다. 그는 주님의 판단과 선한 뜻에 자신을 같긴 것이다, 이런 자세는 그가 진실로 회개했음을 증명한다.

하지만 가해자가 진정으로 회개해도, 어떤 피해자는 용서하기를 거절하는 경우가 발생한다. 이는 어떤 의미에서 그의 권리일 수도 있다. 용서란 은혜, 즉 값없이 주어지는 사랑의 행위인 까닭이다. 어느 누구도 남에게 용서를 강요할 수 없다. 그렇지만 용서를 베풀지 않는 처신은 잘못된 것이다. 하나님께서 그런 자의 태도를 어떻게 여기실 것인가를 우리는 잘 안다. 앞의 제3장에서 밝힌 것처럼, 우리의 용서는 하나님의 용서를 얻는 조건이자 기준이다. 용서한다는 것은 우리 자신도 하나님의 용서가 필요하다는 것을 말해 준다. 그러나 용서하는 것을 거절하면, 하나님이 베푸시는 용서 없이도 살 수 있다고 주장하는 것과 같다.

탕자 비유에 나오는 형은 아버지가 회개한 동생에게 베푼 은혜를 배우고자 하지 않았다. 그의 그러한 반응은 즉흥적인 것이 아니라, 평소에 지닌 골 깊은 분노의 열매이다. 그는 아버지가 동생에게 베푼 은혜를 전혀 이해하지 못했다. 아버지가 주시는 것을 자신이 한 노동의 대가로 여긴 것이다. 그렇다면 사랑받을 자격이 없는 자를 사랑하는 것을 어떻게 그가 이해하고 받아들일 수 있겠는가?

아버지께 대답하여 이르되 내가 여러 해 아버지를 섬겨 명을 어김이 없거늘 내게는 염소 새끼라도 주어 나와 내 벗으로 즐기게 하신 일이 없더니 아버지의 살림을 창녀들과 함께 삼켜 버린 이 아들이 돌아오매 이를 위하여 살진 송아지를 잡으셨나이다 아버지가 이르되 얘 너는 항상 나와 함께 있으니 내 것이 다 네 것이로되 얘 네 동생은 죽었다가 살아났으며 내가 잃었다가 얻었기로 우리가 즐거워하고 기뻐하는 것이 마땅하다 하니라(눅 15:29-32).

예수께 사죄의 은총을 덧입은 한 창녀가 바리새인 시몬의 집에 식사 초대를 받으신 주님의 발을 눈물로 닦으며 자신의 사랑을 표현하였다. 탕자의 형과는 달리, 그녀는 자신의 많은 죄가 사하여 진 것을 알았기 때문이다(참조, 눅 7:36-50).[32]

본인은 회개했더라도 피해자의 용서를 받지 못한 가해자는 피해자에게 용서를 강요할 수 없다. 그렇지만 가해자는 하나님은 회개한 자를 용서하신다는 것을 알아야 한다. 사실 피해자는 자신의 입장을 정당화하려고 상대방을 모함하는 경우가 자주 발생한다. 피해자가 역으로 가해자가 되는 것이다. 이 때 교회가 간섭하여 그의 죄를 책망하여야 한다.

2. 용서의 판결 형식

용서의 판결 형식은 가해자와 피해자 사이에 존재하는 관계에 따라 달라진다. 길거리에서 당신을 폭행한 이름 모를 낯선 사람과 당신을 배반한 친구를 같은 방식으로 용서할 수는 없다. 전자의 경우, 감옥을 찾아가 면회 시간 중에 또는 법원의 공개 재판에서 '나는 당신을 용서합니다.'라고 말하면 용서가 된다. 후자의 경우, 함께 식사할 것을 제안하면서 용서를 베풀 수 있다. 즉 깨어진 관계를 회복하려는 의미를 전달하는 것이다. 용서를 베풀면 화해의 길이 열린다. 용서는 가해자를 업신여기거나, 복수하려고 거만한 자세로 위에서 내려다 보는 것이 아니다. 용서는 가해자와 관계를 회복하기 위해 빚을 탕감해 주는 것이다.[33] 예수님은 베드로에게 용서하신다는 표현을 분명하게 하지 않았지만, "요한의 아들, 시몬"에게 "내 어린 양을 먹이라"(요 20:15; 참조, 16, 19절)고 말씀하시면서, 그를 목자로 복권시키시고 은연중에 용서하셨다.

용서의 질

1. 전적인 용서

우리가 용서를 '법률적' 방식으로 접근할 때, 용서의 질에 관하여 다음과 같은 문제를 제기할 수 있다. 반쪽 또는 조건부 용서도 용서인가? 즉 '네가 다시 하지 않는 조건에서' 용서하거나, 혹은

'네가 증거를 보여 주는 조건에서' 용서하는 것이 가능한가?

범죄자에게 무죄 선고를 부분적으로 내릴 수 있을까? 잘못한 것의 삼분의 일만 또는 사분의 일만 눈감아 줄 수 있을까? 대답은 전적으로 용서하든가 아니면 전혀 용서하지 않든가 둘 중의 하나이다. 예수께서 제자에게 허용한 유일한 용서는 '마음으로부터' 하는 용서이다(마 18:35). 하나님의 용서는 전적이며 완전하다. 여호와께서는 "우리의 모든 죄악을 사하신다"(시 103:3; 130:8). 여호와께서는 "우리의 죄악을 발로 밟으시고 우리의 모든 죄를 깊은 바다에 던지신다"(미 7:19). 하나님의 용서는 이스라엘이 홍해를 건널 때 애굽의 속박에서 해방된 것처럼 우리를 죄에서 해방시키신다(참조, 미 7:15). 하나님이 우리를 의롭다 하실 때, 우리가 전적으로 무죄하다고 선언하시는 것이다. 용서를 원한의 감정에서 해방되는 정도로만 여기는 신자는 용서가 이처럼 높은 질적 수준을 요구하는 것을 보고 매우 당혹스럽게 생각할 것이다. 우리의 경험에 따르면, 용서할 때 대부분의 경우 ("그가 다시 시작하지 않을까?", "내가 정말로 그를 신뢰할 수 있을까?" 등) 두려움과 불신이 따라 다닌다. 쓰라린 상처는 이미 용서한 가해를 기억할 때 다시 회생되기도 한다. 이런 감정이 자신에게 여전히 남아 있음을 발견하게 되면, 우리는 우리의 용서가 진실된 것인지를 의심하게 될 것이다. 그리고 자신의 감정을 억누르려고 할 것이며, 가해자에게 형식적인 신뢰감을 주려고 하거나, 의무감에서 사랑하려고 할 것이다. 이와는 반대로, 용서는 죄인에게 무죄를 선고하는 것임을 아는 그리스도인은 명철을 잃지 않고 온전한 용서를 할 수 있을 것이다.

2. 명철한 용서

가해자의 허물을 모두 용서하고 품은 원한도 부인할 수 있지만, 가해자에 대한 감정이 작은 부분에서 여전히 남아 있을 수 있다. 오직 시간이 흘러야 그런 감정들이 진정될 수 있을 것이다. 하나님은 우리에게, 어느 정도 이런 방법으로 행하신다. 하나님의 용서는 항상 완전하고 절대적이다. 하지만 그의 사랑은 결코 '맹목적'이지 않다. 하나님은 '통찰력'을 가지고 계신다. 바울이 교회의 장로를 선택하기 위해 디모데에게 주었던 권면에서 영적 통찰력이 무엇인지를 배울 수 있다. "새로 입교한 자도 말지니 교만하여져서 마귀를 정죄하는 그 정죄에 빠질까 함이요"(딤전 3:6).

바울과 바나바는 그들의 첫 선교여행을 위해 안디옥을 출발하면서, 바나바의 생질 마가(골 4:10)로 불리우는 요한을 데리고 갔다(행 12:25; 13:5). 그들은 구브로를 거쳐 밤빌리아에 이르렀고 선교여행 사명이 어렵다는 것을 깨달은 마가는 그들을 떠나 예루살렘으로 되돌아 갔다(13:13). 바울은 마가가 여행을 포기한 것에 대해 용서했음이 분명하다. 그 이유는 그 후에 골로새 성도들에게 마가를 영접하도록 바울이 추천하였기 때문이다(골 4:10). 하지만 바나바가 그들과 함께 두 번째 선교여행을 떠나고자 할 때, 바울은 심히 반대했다.

바울은 밤빌리아에서 자기들을 떠나 함께 일하러 가지 아니한 자를 데리고 가는 것이 옳지 않다 하여 서로 심히 다투어 피차 갈라서니 바나바는 마가를 데리고 배 타고 구브로로 가고 바울은 실라를 택한 후에 형제들에게 주의 은혜에 부탁함을 받고 떠나(행 15:38-40).

바울의 용서는 맹목적인 것이 아니었다. 안디옥 교회는 바울이 옳았다고 본 것 같다. 그래서 바나바가 아닌 바울을 주님의 은혜 가운데 추천하였다. 용서는 망각하는 것이 아니다. 물론 성경에서 하나님은 우리의 죄를 용서하시되 기억하지도 않는다고 선언하신다(참조, 사 43:25; 렘 31:34). 하지만 기억하지 않는다는 것은 '기억의 공백'이나 기억상실 증세, 또는 기억의 '억누름'을 의미하지 않는다. 진정한 의미는 하나님께서 우리의 죄를 '더 이상 고려하지 않는다.' 그리고 '더 이상 거론하지 않는다.'는 뜻이다. 하나님이 누구를(또는 그의 언약을) '기억하신다'는 것은, 하나님이 약속대로 누구를 위해 행하시거나, 혹은 하나님이 경고대로 누구를 대적하신다는 것을 의미한다.[34] 우리는 회개한 자를 용서하면서, 그가 행한 일을 "더 이상 고려하지 않는다."고 다짐하고 약속하는 것이다. 우리는 그 자를 있는 모습대로 사랑하며, 가능하다면 그와의 관계를 회복하는 것이다. 그런데 만약 가해자가 그리스도인이지만 회개하기를 거부하는 경우, 어떻게 해야 하는가?

메시아 공동체의 '규칙'

교회와 쿰란 '종파'의 '규칙'

마태복음 18장에서 주님은 자신을 중심으로 모인 메시아 공동체, 즉 교회[35]의 삶에 관한 본질적인 것을 가르치신다. 여러 전문가들은 이 그리스도의 가르침과 쿰란 에세네파 유대인 공동체에서 회원들의 행동을 규제했던 훈련 교재의 가르침[36] 사이에 존재하는 상호관계에 의미를 둔다. 하지만 쿰란 공동체 규칙의 특징은 '철저한 엄격성'[37]에 있으며, 각 회원이 갖고 있는 '위치'[38]를 고려한 메시아 공동체 규칙과는 대조가 된다. 쿰란 공동체의 규칙은 회원을 완전케 하는 것에 목적을 두고 있지만, 예수님의 가르침은 용서를 강조한다(참조, 마 18:15-18, 21-35). 회개하기를 거절하는 신자에 대해 우리는 '하늘에 계신 우리 아버지'의 뜻을 따라 상대하여야 한다.

하나님은 그를 '믿는' "이 작은 자 중의 하나라도 잃는 것을 원하지 않으신다"(마 18:14, 6). 우리의 관심은 '징계'보다는 '목회적 돌봄'에 있다. 주님은 마태복음 18장 15-18절에서 우리가 취하여야 할 절차를 말씀하신다.

(15)네 형제가 죄를 범하거든 가서 너와 그 사람과만 상대하여 권고하라 만일 들으면 네가 네 형제를 얻은 것이요 (16)만일 듣지 않거든 한두 사람을 데리고 가서 두세 증인의 입으로 말마다 확증하게 하라 (17)만일 그들의 말도 듣지 않거든 교회에 말하고 교회의 말도 듣지 않거든 이방인과 세리와 같이 여기라 (18)진실로 너희에게 이르노니 무엇이든지 너희가 땅에서 매면 하늘에서도 매일 것이요 무엇이든지 땅에서 풀면 하늘에서도 풀리리라.

기독교적 절차

기독교적 절차에 따르면, 회개하지 않는 가해자에 대해서는 다음과 같은 네 가지 조치에 따라 순차적으로 대응하도록 요구된다.

첫째는 단 둘이서 화해를 시도하는 것이다. 둘째는 사건을 신중하게 해결하기 위해 한두 사람과 협력하여 합의하는 방식을 취하는 것이다. 셋째는 엄중하게 교회의 판단에 맡기는 것이다. 넷째는 가해자와 다른 관계를 갖는 것이다. 즉 그를 이방인과 세리에 관하여 규정된 기독교 방식대로 취급하는 것이다.[39]

첫째 조치에 대해서는 이미 앞에서 살펴보았다. 보통 사람들이 생각하는 것과는 달리, 나머지 세 조치들은 모두 동일하게 가해자를 '얻고자' 하는 의도 속에서 행해져야 한다. 가해자가 회개하기를 거절하는 이유를 고려하면서, 그를 징계하기보다는 회복시키기 위해 돕는 것이다.[40]

교회의 '징계'가 불필요한 몇 가지 예를 들어보자. 마가는 간음에 빠졌다. 그는 기혼 여성과 오직 단 한번 성관계를 맺었을 뿐이다. 그는 죄로 인해 괴로워했으며 한 친구에게 고백했다. 그들은 이 문제에 대해 서로 논의하면서 함께 기도하였다. 마가는 하나님이 그를 용서하셨음을 알았다. 그렇지만 그는 기필코 교회의 지도자들에게 그 문제를 고백하길 원했다. 교회 지도자들은, 마가의 회개에도 불구하고, 율법적으로 그에게 일정 기간 성찬례 참여를 금했다. 죄로 인해 이미 흔들리고 있었던 마가의 내면은 이 징계 조치 앞에서 무너지고 말았다. 그의 상태는 정신병원에서 얼마간 입원할 정도로 심각했었다. 세월이 흐른 지금, 그는 다른 지역교회에서 중요한 사역을 섬기며 신앙생활을 하고 있다.

둘째 조치는 보다 신중한 것으로 제 삼자의 개입을 필요로 한다. 그들의 역할은 '피해자 측의 증인'으로서 교회를 대표하는 것이 아니라, 피해자를 도우며 그가 가해자와 면담할 때 '증인'이 되어 주는 것이다(16절). 경우에 따라서는 피해자와 가해자 사이에서 중재자 역할을 하게 된다. 따라서 제 삼자는 피해자로부터 신뢰를 얻는 것이 필요하다.

> 교회 징계는 형제 간에, 또는 자매 간에 일어난 사건에 관한 것이다… 교회 징계 절차는 가끔 실패에 봉착하기도 하는데, 그 이유는 관련된 자들이 서로 알지 못하기 때문이다.[41]

가해자가 여전히 완강하게 고집할 때, 주님은 가해 사건을 교회에 고하라고 말씀하신다. 교회가 가해자에게 회개를 최종적으로 요구한 후에도, 그가 죄를 인정하지 않으면 공동체에서 그를 '출교' 해야 한다. 이런 배경 하에서, 성경이 말하는 '매다', '풀다' 라는 단어의 뜻을 이해해야 한다(18절). 이 단어는 그 당시의 랍비들이 사용하던 언어이기도 하며, 쿰란 '종파'에서 행하던 관례를 상기시킨다.[42] 우리는 그가 출교가 되면, 그를 "이방인과 세리와 같이 여겨야 한다"(17절). 이 넷째 조치를 통해, 교회는 가해자가 고의로 회개를 거절한 사실을 확인하고 그가 보인 태도에 따라 보응하는 것이다. 하지만 그를 '이방인'과 '세리' 처럼 여긴다고 해서, 그런 슬픈 운명으로 그를 포기하라는 뜻이 아니다. 다만 교회는 그를 더 이상 '얻어야' 할 형제가 아니라, '이방인과 세리'에게 나타내 보이신 예수님의 본을 따라 전도해야 할 죄인임을 선언해야 한다는 것이다. 가해에 대해 교회가 취하는 징계 조치는 용서를 원하시는 하나님의 뜻에 충실해야 할 것이다.

　로랑은 한 복음주의 교회에 출석하는 열성적인 기독교 신자이다. 그는 기독교 교리에서 중요성이 덜한 부차적인 내용에 대해서 나름대로 매우 확고한 신념을 가지고 있었다. 그래서 그는 교회 지도자들이 신학적 논쟁의 여지가 있는 주제에 대해 입장을 달리하는 강사 초청에 선뜻 동의할 수 없었다. 그는 공동체에서 벌어지는 이런 '실수'에 대해 대응해야 한다고 느꼈기 때문에, 예배 후에 교인들에게 자신이 준비한 팸플릿을 나누어 주었다. 목사와 다른 지도자들이 그를 만나 대화하려고 했지만, 그는 그들을 경청하지 않았다. 그리고 공동체의 일부 교인들의 의견을 공격하면서 자신의 입장만 완강하게 주장하였다. 이로 인해 여러 교인들이 혼란에 빠지게 되었다. 로랑은 교회의 한 모임에서 이 사건에 대해 해명하도록 소환되었다. 교인들은 그가 교회 지도자들을 향해 사랑 없이 공개적으로 한 비판과 교만한 태도에 대해 회개하도록 권고하였다. 모임은 세 시간이나 지속되었지만, 로랑은 결국 자신의 죄를 인정하려고 하지 않았다. 교회는 그를 공동체에서 출교할 수밖에 없었다. 그리스도 안에서 형제 자매된 자들과 헤어진 후 비로소 로랑은 자신의 행위가 끼친 영향을 숙고하기 시작했다. 삼 개월이 지난 후, 교회의 다른 모임에서 그는 자신의 죄를 고백하였고 교인들은 하나님이 그의 삶 속에서 이루신 일로 인해 기뻐하였다.

만약 가해자가 그리스도인이 아니라면?

만약 가해자가 그리스도인이 아니라면 어떻게 할 것인가? 자신의 잘못을 인정하더라도 하나님에게 회심하지 못한 자에게 우리는 용서할 권한이 있는가? 우리의 용서가 하나님의 용서에 기초를 둔 것이 아니라면 결국 환상에 불과한 것이 아닌가? 우리가 이 장의 서두에서 언급한 바와 같이, 오직 하나님만이 죄를 사하실 수 있다. 우리의 용서는 하나님의 용서에 비하면 비유에 불과하다. 그리스도께서 재림하신 후에, 우리는 하나님께서 용서하지 않으신 자는 용서될 수 없다는 것을 확실히 알게 될 것이다. 현재 우리는 용서를 원하시는 하나님의 뜻이 임한 '은혜의 시기'에 살고 있다. 어떻게 우리가 용서를 구하는 불신자에게, 혹 언젠가 주님께서 혹시 은혜를 베푸실지도 모르는 불신자에게, 은혜 베풀기를 거절할 수 있겠는가?

하나님은 우리를 용서하시면서 우리의 '빚'을 탕감하셨고 우리의 허물을 덮어 주셨다. 주님의 용서로 인해, 우리는 주님과 새로운 삶, 즉 화해의 삶을 살게 된 것이다. 그러므로 우리도 용서할 때, 화해까지 이루어지도록 노력해야 할 것이다.

chapter 5
화해

그리스도인이 가해를 당해 상처를 입게 되면 그의 신앙도 불안정해질 수 있다. 이를 치유하는 방법은 하나님께 자신의 억울함을 맡기고 용서하려는 마음을 갖는 것이다. 가해는 '빚'을 지게 만든다. 다시 말하면 정신적으로 '소송'을 제기하게 만든다. 가해자가 회개하는 경우 피해자는 그의 빚을 탕감하고 용서할 수 있다. 하지만 가해는 서로의 관계를 훼손시켜 그 결과로 반감을 가지게 하며 가끔은 피해자와 가해자 사이가 원수지간이 되기도 한다. 서로 간의 관계를 회복하는 일은 용서가 베풀어진 후 이루어지는 화해를 통해 나타난다.

용서와 화해

용서와 화해를 혼돈하는 위험

오늘날 용서와 화해를 자주 혼돈하는 경향이 있다. '진정한 화해의 삶을 살기'위하여 '그리스도 안에서 극복해야 할 갈등' 문제를 다룰 때 그러한 혼돈이 야기되곤 한다. 화해와 용서를 혼돈하는 유사한 논지는 인종 간 또는 계급 간 관계를 다루는 '정치 신학'에서 자주 표현된다. 교회연합운동 모임이나 이상주의적 공동체 삶을 피력하는 많은 그리스도인들에게서도 그런 경향을 찾아볼 수 있다.

하지만 성경에서는 용서와 화해를 분명하게 구별하고 있다. 용서가 잘못을 지우는 것이라면, 화해는 반목을 제거하는 것이다. 용서는 형법 또는 법률적 개념이며, 이신칭의에 가깝다. 반면 화해는 관계의 개념이다.

이 두 현실을 혼돈하게 되면 잘못을 해결하기보다는 잊어버림으로써 싸구려 화해를 하게 될 유혹을 받게 된다. 관계를 파괴시키는 직접적인 요인이나 원인을 찾지 않고 관계 회복에만 전념을 한다면, 이는 마치 "화해와 관계 회복이라는 일반적 개념 속에 용서라는 물고기를 익사시키는 것과 같다."[1]

결국 화해는 진실된 것이 아니라고 판명되고 말 것이다. 이런 화해는(가해자와 친히 대면해 보지도 않은) 비겁함과(마치 아무런 일도 일어나지 않은 것처럼 행하는) 위선이 혼합된 것에 불과한 것이다.

이런 화해는 흔히 힘의 역학 관계 속에서 이루어진다. 피해자가 조직상 '부하 직원'인 경우 상사인 가해자에게 마음 같아선 책망하고 싶지만 두려워서 하지 못하는 경우이다. 그들의 관계는 직업상 또는 인정상 마지 못해 유지된다. 그런 관계 속에는 자유함과 진실함이 없다.

많은 부부들이 이와 유사한 상황 속에서 고통하고 있다. 예를 들면, 집안에서 가사만 돌보도록 요구하는 남편 때문에 속앓이를 하는 여인의 경우를 살펴보자. 이 여인은 남편에게 자신이 원하는 것을 말할 용기가 없다. 남편에 대한 그녀의 사랑은 조금씩 식어가고 있다. 그들은 부부로 함께 살고 있지만, 그것은 자녀들 때문이거나, 감정상 의존이 남아 있어 '그냥 그렇게 사는 것'이다.

수많은 가정이 유사한 비극을 경험하고 있다. 자녀들은 부모의 권위를 두려워하여 부모가 그들에게 저지른 잘못을 애써 지적하기보다는 입다물고 말없이 살아가기도 한다. 하지만 그 정도가 지나치면, 그들의 문제는 언젠가 터지고 만다.

가해로 입은 피해를 보상하기 위해서는 용서와 화해라는 두 과정이 필요하다. 이 두 과정은 서로 밀접하게 연관되어 있지만, 분명하게 구분되어야 한다.

용서와 화해를 서로 연결할 필요성

1. 하나님이 보여 주신 예

천주교 신학자들은 개신교가 하나님이 하시는 용서를 '단순한 법률적 가상 이야기(fiction)'[2]로 축소 해석한다고 지적하곤 한다. 사실 개신교에서 전하는 설교가 이신칭의 선포에 집중되어 있어 죄인의 죄를 사하는 선언이 하나님과 새로운 관계로 맺어지는 점을 덜 강조할 수도 있다. 이신칭의를 외친 사도 바울은 죄의식에서의 해방과, 하나님과의 화목된 관계를 강조하고 있다.

(8)우리가 아직 죄인 되었을 때에 그리스도께서 우리를 위하여 죽으심으로 하나님께서 우리에 대한 자기의 사랑을 확증하셨느니라 (9)그러면 이제 우리가 그의 피로 말미암아 의롭다 하심을 받았으니 더욱 그로 말미암아 진노하심에서 구원을 받을 것이니 (10)곧 우리가 원수 되었을 때에 그의 아들의 죽으심으로 말미암아 하나님과 화목하게 되었은즉 화목하게 된 자로서는 더욱 그의 살아나심으로 말미암아 구원을 받을 것이니라 (11)그뿐 아니라 이제 우리로 화목하게 하신 우리 주 예수 그리스도로 말미암아 하나님 안에서 또한 즐거워 하느니라(롬 5:8-11).

바울은 8-9절과 10절을 병행하여 기록하고 있다. 이 병행체의 첫 부분(8-9절)에서 그는 '죄인', '의롭다 하심', '진노'라는 단어들을 연결하면서 구원에 대한 법률적인 맥락을 풀어가고 있다. 둘째 부분(10절)에서는 '원수', '화목하게 됨'의 단어들이 암시하듯이 구원을 관계 차원에서 기록하고 있다. 그리스도께서 스스로 희생하심으로써 우리가 죄사함을 얻고 하나님과 화목되었음을 확증하셨다. 주님이 우리를 용서하신 목적은 우리와 새로운 관계를 맺기 위한 것이다. 그가 베푸신 용서는 '허공에 걸어 놓은' 것같이 어중간한 것이 아니다. 그의 용서는 결국 하나님과 신자 간의 화목된 관계로 이어지는 것이다. 우리의 용서도 관계 차원에서 가해자를 동일한 결과로 이끌어야 하지 않겠는가?

2. 용서에서 화해로

마태복음 18장에 기록된 메시아 공동체의 '규례'에 관한 연구에서, "많은 주석가들은 본문에서 19절을 생략해야 한다고 주장한다. 그 이유는 마태가 본문 배경과는 전혀 관련이 없는 기도에 관한 가르침을 삽입했다고 보고 있기 때문이다."[3]

진실로 다시 너희에게 이르노니 너희 중의 두 사람이 땅에서 합심하여 무엇이든지 구하면 하늘에 계신 내 아버지께서 그들을 위하여 이루게 하시리라 두세 사람이 내 이름으로 모인 곳에는 나도 그들 중에 있느니라(마 18:19-20).

예수께서 하신 이 말씀은 회개하지 않는 형제에게 적용될 네 단계의 절차를 설명하신 후에 주신 것이다. 때문에 이 말씀이 본문의 배경과 동떨어진 것이 아니라고 본다. 사람들이 흔히 이해하는 것과는 달리, 이 말씀은 신자들의 기도 모임 속에서 주님의 임재를 강조하는 것이 아니다.

이 말씀은 가해자가 회개할 때 우리가 해야 할 일을 보여 주고 있는 것이다. 사실 '무엇이든지'라고 번역된 헬라어 단어 프라그마 (*pragma*)는 신약에서 10회 정도 사용되고 있는데, 이 단어는 '사건'[4], '처신'[5] 심지어 '분쟁'[6]과 관련해 사용되고 있다. 이 성경 구절에서, 예수께서는 분쟁으로 대립하는 '두' 명의 신자들을 겨냥하고 있다(참조, 15절). 두 사람은 서로 해명을 했고, 가해자가 회개함으로 그를 '얻은' 것이다(15절). 그들을 서로 갈라지게 만든 과거의 사건에 대해 서로 '합의하고' 지금 '합심하여' 하나님 앞에서 '사건'에 대한 종결을 짓기 위해 기도하는 것이다. 주님의 이름으로 모인 이 두세 사람에게 예수님은 기도 응답을 약속하신 것이다.

우리의 용서는 화해로 종결되어야 한다. 관계를 회복하려는 의지가 없다는 것은 우리 스스로가 '마음으로' 용서하지 않았다는 것을 증명하는 것이다(참조, 마 18:35). 부언하면, 용서를 반감에서 해방되는 일종의 '카타르시스'(catharsis)[7]와 혼돈할 때 위험이 도사린다. 그것은 바로 자신을 가해한 자를 '찾아가' 맡하지 않고서도 용서했다는 착각 속에 빠지는 위험이다(참조, 마 18:15). 진정한 용서는 역동적인 행위이다. 즉 가해자에게 용서를 베풀 뿐만 아니라, 그가 죄의 희생자임을 알도록 그를 도와주는 것이다.

고린도에 머무는 동안, 사도 바울은 교회에서 그를 심하게 대적하는 한 성도로부터 모욕을 당한 적이 있었다. 그곳을 떠난 후 바울은 엄한 편지를 교회에 보냈었다.[8] 이 서신은 우리에게 더 이상 전달되지 않는다. 바울은 편지를 통해서 자신의 사도적 권위를 노골적으로 의심했던 자를 책망하였다(참조: 고후 2:3; 7:8-12). 고린도교회는 공식적으로 그 형제를 더 이상 교인으로 인정하지 않았는데, 그 후 그는 회개를 하였다(참조, 7:11-12). 마게도냐에서 디도가 바울에게 이 형제의 회개 사실을 전했을 때(참조, 7:5-7, 13), 바울 사도는 기뻐하였고 그 내용을 고린도후서에 썼다. 이 편지에서 바울은 성도들이 그 죄인을 용서하고, 더 나아가 그를 위로하고 보살필 것을 부탁한다.

> 이러한 사람은 많은 사람에게서 벌 받는 것이 마땅하도다 그런즉 너희는 차라리 그를 용서하고 위로할 것이니 그가 너무 많은 근심에 잠길까 두려워하노라 그러므로 너희를 권하노니 사랑을 그들에게 나타내라(고후 2:6-8).

용서는 궁극적으로 화해하는 것을 지향한다. 그러므로 화해에 대한 본질을 보다 명확히 살펴보는 것이 필요하다.

화해의 본질

반목의 종말

바울이 화해를 지칭하기 위해 사용한 헬라어에는 교환과 상호성[9]의 개념이 함축되어 있다. 이는 반감으로 얼룩진 관계[10]에 필요하다. 바울이 하나님과 사람 사이의 화목을 말할 때, 그 둘 사이를 갈라놓는 반목에 주목하고 있다. 로마서 5장 10절에서, 바울은 "우리가(하나님과) 원수되었을 때에 그의 아들의 죽으심으로 말미암아 하나님과 화목하게 되었다."고 확언한다. 그는 같은 주제를 골로새서 1장 21-22절 전반부에서 다시 다루고 있다. "전에 악한 행실로 멀리 떠나 마음으로 원수가 되었던 너희를 이제는 그의 육체의 죽음으로 말미암아 화목하게 하사."

어려운 성경 본문 중의 하나인 에베소서 2장 11-18절에서, 사도는 예수 그리스도의 희생을 통해 유대인과 이방인 사이를 갈라놓는 것, 즉 '원수된 것'이 소멸되고, 이로 인해 하나님과 화평하게 되었고 또 그들 간에도 서로 화해하게 되었다고 가르친다.

법조문으로 된 계명의 율법을 폐하셨으니 이는 이 둘로 자기 안에서 한 새 사람을 지어 화평하게 하시고 또 십자가로 이 둘을 한 몸으로 하나님과 화목하게 하려 하심이라 원수된 것을 십자가로 소멸하시고(15-16절).

고린도후서 5장 11-21절에서 바울은 하나님께서 새 언약의 사신인 사도들에게 "화목하게 하는 직분"(18절)을 맡기신 사실을 상기시킨다(20절).[11]

곧 하나님께서 그리스도 안에 계시사 세상을 자기와 화목하게 하시며 그들의 죄를 그들에게 돌리지 아니하시고 화목하게 하는 말씀을 우리에게 부탁하셨느니라 그러므로 우리가 그리스도를 대신하여 사신이 되어 하나님이 우리를 통하여 너희를 권면하시는 것같이 그리스도를 대신하여 간청하노니 너희는 하나님과 화목하라 하나님이 죄를 알지도 못하신 이를 우리를 대신하여 죄로 삼으신 것은 우리로 하여금 그 안에서 하나님의 의가 되게 하려 하심이라(고후 5:19-21).

이 말씀에는 하나님과 사람들 간에 원수된 것이 언급되어 있지 않다. 하지만 하나님이 사람들의 죄를 그들에게 돌리지 않으셨음을 지적하면서 그 사실을 암시하고 있다. 사도들이 열정적으로 전하는 복음 메시지에도 화목이 핵심적인 주제가 되고 있다. 바울은 이 사실을 강조하기 위해 사도들도 자신들이 수행한 임무에 따라 마땅한 보응을 받기 위해 "그리스도의 심판대 앞에 나타나게 된다."고 말한다(9-11절). 화목은 죄로 말미암아 원수되어 깨어진 관계를 회복하는 것이다. 그러면 가해자와 피해자 중 어느 쪽이 화해를 위해 노력해야 하는가?

피해자 진정시키기

우리는 흔히 화해에 관해 말할 때, 먼저 가해자가 피해자에게 보인 자신의 반감을 버리고 서로의 관계 회복에 힘쓰는 것으로 생각한다. 그런데 "신약에 사용된 헬라어 동사의 사용 관례는 우리가 상상하는 것과 사뭇 다른 사실을 함축하고 있다. 즉 화해의 핵심은 피해자에게 있고 그를 진정시키는 데 있다는 것이다."[12] 여기서 강조되는 것은 관계 회복을 위해서 먼저 피해자의 분노가 진정되어야 한다는 점이다.

앞서 인용된 로마서 5장 9-10절은, "우리가… 그의 아들의 죽으심으로 말미암아 하나님과 화목하게 되었다."(10절)고 기록하고 있다. 즉 우리를 대신하여 정죄받으신 예수께서 하나님의 '진노하심'(9절)을 진정시키신 것이다. 이를 통해 그리스도께서 "전에 악한 행실로 멀리 떠나 마음으로 원수가 되었던 우리를"(골 1:21) "하나님과 화목하게 하신" 것이다. 바울은 이 사실을 확언하면서, 우리가 하나님을 '대적'했던 사실보다는, 하나님이 우리 죄를 책망하신 점을 강조한다. 즉 우리가 율법에 의해 정죄받아 '저주' 아래 있었다는 점을 강조하고 있다(갈 3:13). 에베소서 2장 11-18절에 의하면, 그리스도께서 '십자가를 통해' '원수된 것'(16절)을 소멸시킨 것은 우리가 하나님을 대적한 것이 아니라, 하나님이 우리를 대적한 것을 소멸시킨 것을 의미한다. 우리 죄 때문에 "법조문으로 된 계명의 율법"은 하나님을 진노시킬 수밖에 없었다.[13] 예수께서도 산상수훈에서 화해는 피해자를 진정시키는 것임을 강조하신다.

> 그러므로 예물을 제단에 드리려다가 거기서 네 형제에게 원망들을 만한 일이 있는 것이 생각나거든 예물을 제단 앞에 두고 먼저 가서 형제와 화목하고 그 후에 와서 예물을 드리라(마 5:23-24).

화해는 가해자와 피해자 간의 관계 회복을 반영하는 것이며 피해자를 진정시킴으로써 시작된다. 이것이 가능하려면, 가해자의 회개와 피해자의 용서에 관련해 몇 가지 화해 요인들이 수반되어야 한다. 부언하면, 허물을 보상하는 것과 그 허물을 '기억하지 않는 것', 재범하지 않겠다는 약속과 그 약속을 신뢰하는 일 등이 순차적으로 뒤따라야 한다.

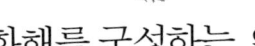

화해를 구성하는 요인

허물에 대한 보상과 '기억하지 않음'

관계 회복에 필요한 화해를 구성하는 첫번째 요인은 가해자가 보상하는 일이며 피해자는 허물을 기억하지 않는 일이다.

1. 보상

진정한 회개는 피해 입힌 것을 보상하고 치유하려는 마음을 갖게 한다. 삭개오는 그 당시 여리고의 세리장이었는데, 아마도 오늘날의 세리보다도 더 안 좋은 평판을 받았을 것이다. "그는 부자였다!"(눅 19:2) 예수께서 여리고를 지나가실 때, 삭개오는 예수님이 어떠한 분인지를 꼭 보고 싶었다. 그런데 그는 키가 작아 밀려드는 무리 속에 파묻혀 주님이 지나 가시는 모습을 볼 수 없었다. 그래서 그는 예수님을 보려고 돌무화과나무 위로 올라갔다.

예수께서 그곳에 이르사 쳐다보시고 이르시되 삭개오야 속히 내려오라 내가 오늘 네 집에 유하여야 하겠다 하시니 급히 내려와 즐거워하며 영접하거늘 뭇 사람이 보고 수군거려 이르되 저가 죄인의 집에 유하러 들어갔도다 하더라 삭개오가 서서 주께 여짜오되 주여 보시옵소서 내 소유의 절반을 가난한 자들에게 주겠사오며 만일 누구의 것을 속여 빼앗은 일이 있으면 네 갑절이나 갚겠나이다 예수께서 이르시되 오늘 구원이 이 집에 이르렀으니 이 사람도 아브라함의 자손임이로다 인자가 온 것은 잃어버린 자를 찾아 구원하려 함이니라(눅 19:5-10).

삭개오는 예수님의 사랑으로 인해 감동받았다. 왜냐하면 자신을 로마 제국주의의 협력자로 멸시하는 자기 동족과는 달리 예수께서는 '죄인'의 집에 유하기로 결정하셨기 때문이다.

이로 인해 그는 깊이 회개하였고, 회개의 열매로 가난한 자에게 자선을 베풀고, 자신으로 인해 피해를 당한 자에게 보상하는 자세를 보였다. 그는 자신이 남을 속여 빼앗은 일이 있으면 네 배를 갚겠다고 맹세하였다. 이런 자세는 유대법의 요구 수준을 넘어선 것이다.

삭개오가 하려는 보상은 로마법 기준에 의해 명백한 절도행위에 부과하는 형벌인 것이다.[14] 그가 보여 준 자세는 보상의 중요성을 강조하는 하나님 말씀과 일치한다.

남자나 여자나 사람들이 범하는 죄를 범하여 여호와께 거역함으로 죄를 지으면 그 지은 죄를 자복하고 그 죗값을 온전히 갚되 오분의 일을 더하여 그가 죄를 지었던 그 사람에게 돌려줄 것이요(민 5:6-7).

보상의 방법은 물론 가해에 따라 달라진다. 도둑질(출 22:3-15), 성범죄(22:16-17; 참조, 신 22:28-29), 중상 모함(피해자의 명예를 회복시켜야 되지 않는가?) 등에 따라 보상 방법이 달라진다. 보상의 목적은 용서를 사는 것이 아니라, 의를 세우는 것이며 가능하다면 신뢰도 얻는 것이다. 매우 진실된 용서라도 가끔 불신감을 면할 수 없는 경우가 있다. 이런 불신감은 가해 사건이 반복될수록 더욱 더 커지게 된다. 가해자는 자신의 잘못을 보상하려는 의지를 보임으로써, 자신이 신뢰할 만한 자이며, 관계 회복이 결코 피해자에게 또 다른 함정이 되지 않음을 증명해야 한다.

그런데 가끔 피해자의 요구가 과장되기도 하는데 그것은 사랑이 결여되어 있기 때문이다. 용서는 베푸는 은총이지 요구해서 얻는 호의가 아니다. 즉 용서란 '(허물이) 없던 것으로 잊겠다는' 약속이다.

2. 기억하지 않음

앞서 말한 바와 같이[15], 하나님이 우리 죄를 "기억하지 아니함"(참조, 사 43:25; 렘 31:34)은 어떤 기억상실 증상을 뜻하는 것이 아니다. 이는 우리의 죄를 더 이상 '고려하지' 않으며, 더 이상 '말하지' 않을 것을 약속하는 것이다.[16] 가해자의 회개가 '보상' 하려는 의지로 표현되어야 하듯이, 피해자의 용서에는 '(가해자의 허물을) 없던 것으로 잊는' 결단이 뒤따라야 한다.

허물을 덮어 주는 자는 사랑을 구하는 자요 그것을 거듭 말하는 자는 친한 벗을 이간하는 자니라. 우정을 구하는 자는 잘못을 잊지만, 지난 일을 끄집어 내면 친구를 갈라 놓는다(잠 17:9).

결혼한 부부, 심지어 그리스도인 부부들을 상담하다 보면, 놀랍게도 수년 전에 품었던 원망을 다시 떠올려 되새기는 것을 보게 된다. 부부 중 한 사람이라도 쓰라린 과거를 남몰래 기억하고 있다면, 설사 배우자가 합당한 이유로 책망하더라도 자신의 원망이 다시금 폭발될 수 있는 탄약고가 된다. 과거에 향한 가해가 적절하게 처리되지 못했기 때문이다. 당사자 간에 그 문제에 대해 대화가 없었기 때문이다. 아무런 고백도 없었고 용서한 것도 없었던 것이다. 모든 것이 해결하지 않은 채 그냥 덮어 버린 것이다. 가해자와 피해자 사이의 화해가 이루어지려면, 가해에 대한 적절한 보상 절차가 논의되어야 한다. 물론 이 경우는 보상이 명백하게 규정이 되고 지급될 수 있는 경우이다. 이런 과정이 이루어지면, 피해자에게 받은 가해를 '잊는데' 도움을 주며, 가해자는 자신이 저지른 피해에 대해 책임을 지겠다는 자세를 입증해 주게 된다. 화해를 이루게 만드는 두 요인, 즉 잘못을 보상하고 '(허물을) 잊는 것'은 과거에 관련된 것이다. 반면 다시는 상처를 입히지 않을 것을 가해자가 약속하고, 이 약속을 피해자가 믿는 것은 미래에 관련된 것이다.

가해자의 약속과 피해자의 믿음

1. 가해자의 약속

가해자가 과거에 피해자와 가깝게 지냈던 관계일수록, 그가 다시 침해하지 않겠다는 약속을 하는 것이 중요하다. 주님 앞에서 하는 우리의 회개는 '하나님 앞에서 하는 맹세'이다(벧전 3:21). 디베랴 호숫가에서 예수님과 대화를 마친 후, 베드로는 스승을 '따라 갔으며', 그가 자신이 원치 않는 곳으로 데려갈지라도 이를 받아들이겠다고 표현한 것이다(요 21:18-19). 이런 약속은 화해를 가능하게 만든다. 가해자가 하는 약속은 피해자의 분노를 진정시키기 위해 자신의 진실성을 보여 주는 최후의 보증이다. 피해자는 가해자에게 그 이상을 요구할 수 없다. 오직 앞날은 주님만이 아시고, 사람은 예외 없이 과오를 범할 수 있기 때문이다. 피해자가 이처럼 가해자에게 최후의 요구를 하는 것은 그가 가해자를 신뢰하게 만드는데 도움이 된다. 이를 통해 가해자와 피해자는 그들이 서로 원하는 교제를 할 수 있는 인간관계를 회복하게 된다.

2. 피해자의 믿음

베드로는 자신에게 질문하시는 주님께 "내가 주님을 사랑하는 줄 주님께서 아시나이다." 라고 세 번 대답하였다(요 21:15, 16, 17). 그는 이를 통해 자신을 주님의 판단에 맡긴 것이다. 모든 화해에 있어서,

가해자가 다시는 해를 끼치지 않겠다는 자신의 약속을 믿는 피해자에게 '자신을 맡기는' 일이 생긴다. 피해자가 가해자의 약속을 믿는 이 믿음의 행위는 화해를 인치는 것이다. 이는 마치 그가 다음과 같이 말하는 것과 같다. "당신이 저지른 일은 심각한 것이고 나는 그것을 받아들일 수 없다. 나는 너무나 깊은 상처를 받았기 때문이다. 하지만 이제 당신이 자신의 잘못을 인정하니 나 역시 당신을 용서한다. 당신이 보상을 하고자 하니 믿음이 간다. 나는 더 이상 당신의 죄를 기억하지 않을 것이다. 당신이 다시는 침해하지 않겠다고 한 약속을 나는 믿는다. 우리 사이의 관계를 다시 시작하자."

남이 한 말을 신뢰하는 것은 인간관계를 이루는 본질적인 차원이다. 혹시 거짓말이 아닌가 의심하는 것은 단절을 야기할 뿐이다. 피해자가 '속고 있다' 라는 느낌을 갖는다면 모든 화해는 불가능하다. 예수께서는 베드로의 말을 믿으셨다. 우리는 예수께서 그런 신뢰를 보여 주신 것에 다만 감탄할 뿐이다. 시몬이 "이 사람들보다" (요 21:15)라고 말하면서, 예수님에 대한 사랑을 다른 사람과 비교하는 버릇을 회개했지만, 그는 또 다시 자신의 나쁜 그 버릇에 빠졌고, 주님은 그를 책망할 수밖에 없었다.

이 말씀을 하시고 베드로에게 이르시되 나를 따르라 하시니 베드로가 돌이켜 예수께서 사랑하시는 그 제자가 따르는 것을 보니 그는 만찬석에서 예수의 품에 의지하여 주님 주님을 파는 자가 누구오니이까 묻던 자더라 이에 베드로가 그를 보고 예수께 여짜오되 주님 이 사람은 어떻게 되겠사옵나이까 예수께서 이르시되 내가 올 때까지 그를 머물게 하고자 할지라도 네게 무슨 상관이냐 너는 나를 따르라 하시더라(요 21:19-22).

성경은 우리에게 가해자에 대해 온전히 용서하고 원한까지 제거하라고 권면한다. 그리고 화해를 통해 가해자와 진솔한 관계를 다시 맺도록 격려한다. 어떤 경우에는, 새로 맺어지는 관계가 예전의 관계보다도 더 돈독해질 수 있다. 하지만 양자 간의 관계는 신중하고 현실적이어야 하며, 또 실제적인 문제로 인해 제한받을 수도 있다.

화해의 한계

신중성과 현실성

시어머니가 가사 일에 너무 간섭하기 때문에 견디기 힘들어 하는 며느리가, 성격 상의 이유로 집에서 시어머니와 더 이상 대면하길 원치 않았다. 이런 상황에서 그녀가 시어머니를 진실하게 성경적으로 용서할 수 있었을까? 아마도 많은 사람들은 며느리가 진정으로 시어머니를 용서하지 않았다고 생각할 것이다. 하지만 나는 그녀의 용서를 믿고 싶다. 그 이유는, 용서의 효력이 사라지지 않는 한, 그녀는(인간적 약점 때문에) 신중하고 현실적이길 원했고, 그런 이유로 시어머니와 일정한 거리를 유지할 필요가 있었기 때문이다.[17]

아브람은 가나안 땅 벧엘에 정착했다. 조카 롯이 그를 따라갔다. 아브람과 롯은 모두 많은 무리의 가축을 소유하고 있었다. 그들은 소가족 단위로 장막들을 가지고 있었다. 하지만 장막과 가축이 너무 많았기 때문에, 그들이 함께 살기에는 땅이 너무나 작았다. 더군다나 그 땅에는 가나안 사람들과 브리스 사람들이 살고 있었다. 아브람의 목자들과 롯의 목자들 사이에 다툼이 일어나기 시작했다. 그래서 아브람이 롯에게 말했다.

아브람이 롯에게 이르되 우리는 한 친족이라 나나 너나 내 목자나 네 목자나 서로 다투게 하지 말자 네 앞에 온 땅이 있지 아니하냐 나를 떠나가라 네가 좌하면 나는 우하고 네가 우하면 나는 좌하리라 이에 롯이 눈을 들어 요단 지역을 바라본즉 소알까지 온 땅에 물이 넉넉하니 여호와께서 소돔과 고모라를 멸하시기 전이었으므로 여호와의 동산같고 애굽 땅과 같았더라 그러므로 롯이 요단 온 지역을 택하고 동으로 옮기니 그들이 서로 떠난지라 아브람은 가나안 땅에 거주하였고 롯은 그 지역의 도시들에 머무르며 그 장막을 옮겨 소돔까지 이르렀더라(창 13:8-12).

아브람과 롯은 악화된 상황, 즉 목자들 간의 다툼이 부족 간 싸움으로 확대되기 전에 그들의 영토 분할 문제를 해결했다. 그들은 분쟁을 해결하기 위해 사랑과 은혜에 기초하여 문제를 풀어 나갔다. 아브람은 손윗사람으로서 우선권을 포기하면서 롯에게 가장 좋은 땅을 우선적으로 선택하도록 허용했다. 그들이 경험한 '화해'는, 서로에게 적대감 없이, 현실적으로 그리고 신중하게 이루어진 것이 특징이다. 다시 말하면 그들은 목자들과 가축들을 위해 일정 공간이 반드시 필요했기에 서로 헤어진 것이다.

애정과 관계로 얽힌 우리 삶 속에서도 이런 공간은 반드시 필요하다. 서로 용서하고 은혜롭게 화해를 했다 하더라도 경우에 따라서 가해자와 좀 거리를 두고 사는 것이 필요할 때가 있다. "자라 보고 놀란 가슴 솥뚜껑 보고 놀란다!"[18]라는 속담이 암시하듯이, 가해자를 피해자와 다른 교회를 다니도록 권고하여 피해자에게 '숨을 돌리도록' 하는 것이 지혜로울 수도 있다. 또 부모와 자식 간의 관계가 치정이나 갈등으로 얽혀져 있는 가정에서는, 용서와 화해 후에도 피차 일정한 거리를 두고 지내는 것이 보다 잘 살 수 있는 방안이 될 것이다.

이러한 이유로 거리를 두는 경우, 부모와 성년이 된 자식 간의 가족 관계를 이전의 복잡한 집안 분위기에서 독립시켜 보호할 수 있다. 그리고 다른 사람들(배우자와 손자들)이 그런 갈등 관계에 의해 영향을 받지 않고 정상적인 가족 참여를 할 수 있을 것이다. 피해자와 가해자 사이에 존재하는 거리감은 한시적일 수 있다. 즉 가해자가 더 이상 침해하지 않겠다는 단호한 약속이 증명될 때까지, 또는 피해자가 그에게 믿음을 줄 수 있을 때까지만 거리를 두는 것이다. 사실 부부 관계나 친구 사이에서 죄와 용서 문제로 인해 위기가 발생한 후 적절한 처리가 없다면 원한 관계로까지 증폭될 수 있다.

그렇다고 신중하기 위해 또는 현실적이 된다는 핑계로 우리의 증오심을 정당화시켜서는 안 된다. 비난의 화살을 받고 있는 사람과 최소한의 접촉도 원치 않고 그를 피하는 것은 반목한다는 증거이다. "사람들이 상종도 하지 않고 심지어 가족 잔치에서 부딪히는 것도 꺼려하는 것은 문제가 진실로 해결되지 않았다는 것을 말해 준다. 관계 악화를 막는 적절한 완충 거리를 설정할 수는 있지만, 더 이상 상종하지 않는 것은 또 다른 문제인 것이다."[19]

혹자는 일단 화해를 하면 가해 사건 이전의 관계로 전부 회복되어야 하며, 현실성이나 신중성을 논하는 것은 영성이 부족한 탓이라고 판단할지도 모른다. 하지만 예수께서도 경우에 따라서 자신을 믿는 자들과 관계를 맺는데 현실성과 신중성을 고려했다는 증거를 보여 주셨다.

유월절에 예수께서 예루살렘에 계시니 많은 사람이 그의 행하시는 표적을 보고 그의 이름을 믿었으나 예수는 그의 몸을 그들에게 의탁하지 아니하셨으니 이는 친히 모든 사람을 아심이요 또 사람에 대하여 누구의 증언도 받으실 필요가 없었으니 이는 그가 친히 사람의 속에 있는 것을 아셨음이니라(요 2:23-25).

그러나 예수님이 보이신 현실성과 신중성은 우리의 것과 구별되어야 한다. 예수님의 이런 태도는 사람의 연약함을 아시는 그분만이 갖고 계시는 지식에서 나오는 것이기 때문이다. 또 예수님은 자기 스스로를 전적으로 신뢰할 수 있기 때문이다. 오직 하나님만이 우리에게 실망을 주지 않으신다. 우리의 신중성과 현실성은 우리 자신의 연약함과 관련되어 있다. 우리는 은혜 베풀기를 힘들어 하며, 우리의 미움은 되살아나기가 쉽다. 예수께서 베드로에게 "일곱 번을 일흔 번까지라도"(마 18:22) 용서하라고 말씀하실 때, 이는 사실 예수님이 아니고서는 불가능한 것을 베드로가 하도록 가르치신 것이다.

사실의 진상

화해는 시간과 환경이란 가혹한 상황 변수를 피해갈 수 없다. 시간이 약이 되어 화해가 이루어지기도 하기 때문이다. 심지어 양자 합의로 이루어진 기적과 같은 용서로도 만들 수 없는 화해를 시간은 가능하게 만들어 주는 힘이 있다. 우리는 과거에 보다 행복했던 시절로 임의로 되돌아갈 수 없다. 또 관계가 끊어진 후 화해가 완성되기까지 지내온 세월들을 생략해 버릴 수도 없다. 친구에게 용서를 베풀고, 그에게 다시 화해의 손을 내밀었다고 그와 우리의 삶 속에 임했던 모든 변화를 지울 수는 없다. 우리는 현실의 조건과 상태를 그대로 인정하는 현실주의자가 될 필요가 있으며, 헤어져 불화 속에 지내는 동안 우리에게 생긴 변화를 인정하고 고려해야 한다.[20]

야곱은 에서를 속여서 아버지 이삭의 축복을 가로챘다. 에서는 야곱을 심중에서 미워하여 그를 죽이고자 하였다(참조, 창 27:41-42).[21] 형의 분노를 피하여 도망을 쳤던 야곱은 수년이 지난 후 고향에 다시 돌아왔고, 그 여행 도중에 에서를 다시 만났다. "에서가 달려와서 그를 맞이하여 안고 목을 어긋맞추어 그와 입맞추고 서로 우니라" (창 33:4). 이름이 '속이는 자', '사기꾼'[22]이란 뜻을 가진 야곱은 자기와 화해하기 위해 분노를 포기한 에서에게 은혜를 덧입었다. 하지만 야곱은 에서가 세일에 소재한 자기의 집에 정착하도록 줄기차게 요청했지만 이를 거절한다(창 33:12-16). 야곱은 숙곳(Soukkoth)에 이른 후 가나안 땅 세겜에 이르렀다(창 33:17-20).

왜 야곱은 에서와 보다 친한 관계 맺기를 완강하게[23] 거절한 것일까? 그의 행동은 확실히 신중하고 현실적인 자세에서 나온 것이었다. 화해에 대한 열정이 식고, 생활 속에 어려운 일이 생기면 또 다른 새로운 문제가 야기될 것은 뻔하다. 야곱은 가족과 가축을 매우 많이 소유하고 있었다. 아브람과 롯을 갈라지게 했던 동일한 문제가 에서와 더불어 또 생길 수도 있었을 것이다(참조, 창 36:6-7). 더군다나 야곱은 에서를 믿고 모든 것을 맡기는 것을 결코 현명하다고 생각하지 않았을 것이다. 또 그의 태도는 '인생'이 그들의 운명을 갈라 놓은 것에 기인하기도 한다.

에서는 자기의 삶을 세일에서 보내면서, 에돔인의 조상이 되었다(참조, 창 36:1 하). 야곱은 하나님이 그에게 말씀하신 대로 자신의 앞날을 가나안 땅에서 꾸려 나갔다(창 31:3). 에서와 재회하기 바로 전, 여호와의 천사와 씨름을 한 사실은 이것을 확인해 준다(참조, 창 32:25-33). 야곱과 에서는 여생 동안 좋은 관계를 유지했던 것으로 보인다(참조, 창 35:28-29). 하지만 그들의 관계는 일정한 거리를 두고 유지되었고 서로 다른 길을 걸었음을 알 수 있다(참조, 창 36:6-7).

어떤 부부는 불륜 사건이 생겼었지만, 잘못을 범한 후 회개한 배우자를 용서하면서, 행복한 결론을 맺기도 한다. 부부 간의 화해가 (참조, 고전 7:11) 분명하고 심도있게 이루어진 것이라면, 아마 이전보다 더 깊고 행복한 부부관계를 만들 것이다. 하지만 피해자 입장에서 의구심과 치욕감이 지속적으로 남아 있을 수도 있다. 양자 간의 관계가 새롭고 자유로워지려면 시간이 필요한 것이다. 반대로, 어떤 불륜 사건의 경우에는, 죄 지은 자가 회개하지 않거나 피해 당한 배우자가 너무나 고통스러워서 결국 이혼에 이르고 만다. 회개한 배우자를 용서하고 그와 화해했다 하더라도 대부분의 경우 서로 간에 거리감이 생기게 된다. 이때 흔히 자녀들이 다리가 되어 둘 사이를 연결하는 역할을 하기도 한다.

용서는 하나님 나라를 세우는 초석이 된다. 하나님과 사람 사이에 이루어진 화해가 사람과 사람 사이의 화해를 조성하는 수단이 된다. 이 두 종류의 화해는 이런 순서로 서로 연관되어 있다. 하지만 사람들은 이 사실을 무시하고, 모퉁이 돌 되신 예수 그리스도를 배척하면서, 낙관적인 내일을 건설하고자 시도한다. 후자의 화해는 전자의 화해가 이루어졌을 때 비로소 가능한 것이다, 또 전자의 화해는 이를 본받아 후자의 화해가 이루어질 때 비로소 그 실제성이 입증이 된다. 후자의 화해를 무시하는 것이 어불성설인 것처럼, 전자의 화해를 확신하지 못한 채 후자의 화해를 시도하는 것은 헛된 것이다. 이는 교회가 신실하지 못하면, 세상이 혼돈해지는 것과 같은 맥락이라고 볼 수 있다.[24]

용서한 후 화해에 이르는 것은 은혜의 길이라고 말할 수 있다. 우리는 가해 앞에서 '중도 하차' 할 수 없다. 만약에 하나님께서 그렇게 하셨더라면 우리는 도대체 어떤 존재가 되었겠는가? 성경은 "모든 사람과 더불어 화평함을 따르라."(히 12:14)고 권면한다. 우리는 우리의 이웃과 함께 최선의 관계를 갖도록 노력해야 하며, 그들과 더불어 화평하게 살도록 힘써야 한다. 이 화평은 휴전 상태의 화평이 아니라, 주님이 허락하신 위대한 화목이 우리의 삶 속에서 반영되는 화평이 되어야 할 것이다.

chapter 6
가해자

지금까지 우리는 대부분의 경우, 피해자의 입장에서 그에게 '이로운 역할'을 해 왔다. 그러나 성경은 우리가 취해야 할 가장 '자연스러운 본래의' 입장은 다름 아닌 가해자의 입장임을 상기시킨다.

만일 우리가 죄가 없다고 말하면 스스로 속이고 또 진리가 우리 속에 있지 아니할 것이요… 만일 우리가 범죄하지 아니하였다 하면 하나님을 거짓말하는 이로 만드는 것이니 또한 그의 말씀이 우리 속에 있지 아니하니라(요일 1:8, 10).

우리는 성령의 감동으로 쓰여진 이 진리를 피해갈 수 없다. 우리는 이 책을 거꾸로 읽어야 할 것이다. 피해자의 선한 양심을 잊어버리고 죄로 인해 괴로워하는 가해자를 생각해야 할 것이다. 그 이유는 죄의 심각성은 아무리 강조해도 지나치지 않기 때문이다.

죄의 심각성

기독 공동체 '규율'에 관하여, 예수님은 피해자의 입장을 다루기 전에(마 18:15-35), 죄의 심각성을 고발한다(마 18:6-7).

누구든지 나를 믿는 이 작은 자 중 하나를 실족하게 하면 차라리 연자 맷돌이 그 목에 달려서 깊은 바다에 빠뜨려지는 것이 나으니라 실족하게 하는 일들이 있음으로 말미암아 세상에 화가 있도다 실족하게 하는 일이 없을 수는 없으나 실족하게 하는 그 사람에게는 화가 있도다(마 18:6-7).

이 성경 구절은 우리가 지은 가해의 '심각성'에 대해 심사숙고하게 만든다. 우리는 피해자로서 당한 상처에 대해서 예민하게 반응하지만, 반대로 우리가 가해자가 되어 입게 될 손해에 대해서는 별로 개의치 않는 경향이 있다. 우리는 자신의 행동을 설명하거나 정당화하는 데는 기가 막힐 정도의 능력을 발휘한다. 우리는 거의 맹목적일 정도로, 변명하는 데 일등이다. 하지만 왜 남들은 그만큼 하지 않는지를 이해하지 못한다. 우리가 저지른 가해가 어쩔 수 없었던 것처럼 논리적으로 변명한다. 하지만 주님께서 우리가 한 가해에 대해 추궁하시고, 주님의 논리와 진리 앞에 우리를 숨김없이 드러내실 때 비로소 우리는 저지른 가해의 심각성을 인식하게 될 것이다. 우리는 '회심'해야 하며 아버지를 의지하는 '어린아이들과 같이' 되어야 한다(마 18:2-3). 가해자로 우리는 겸손함을 배워야 한다(4절). 이 겸손은 우리가 우리의 죄를 자백하도록 도와줄 것이다.

가해자가 피해자에게 하는 자백

자백의 시급성

성경은 가해 사건과 관련하여 두 가지 처리 방식이 있다고 말하고 있다. 하나는 피해자가 하는 방식이요, 다른 하나는 가해자가 하는 방식이다. 전자는 우리가 이미 분석한 것으로' 가해자가 자신의 죄를 인정하지 않거나 인식하지 못할 때 필요한 조치이다. 후자의 경우는 가해자가 자신이 범한 죄를 인식하면서 취하는 행동을 말한다.

그러므로 예물을 제단에 드리려다가 거기서 네 형제에게 원망들을 만한 일이 있는 것이 생각나거든 예물을 제단 앞에 두고 먼저 가서 형제와 화목하고 그 후에 와서 예물을 드리라(마 5:23-24).

우리가 맺고 있는 하나님과의 관계와 이웃과의 관계는 서로 밀접한 관련이 있다.

이 마태복음 구절은 하나님께 드리는 예물이 형제 사랑보다 덜 중요하다는 것을 암시하는 것이 결코 아니다. 이 말씀은 예물을 매우 심각하게 생각하여야 한다는 것이다. 예수께서 다음과 같이 선언하시는 것이다. "만약에 네 형제가 너에게 원망을 갖고 있거든, 너는 하나님 앞에 네 예물을 가지고 나올 수 없다, 즉 용서를 구할 수 없다."[2]

어떻게 우리는 우리 때문에 피해 당한 자에게 죄 자백하길 더디 할 수 있겠는가? 우리는 즉시 그에게 가서 용서를 빌고 그가 우리와 화해하도록 간청해야 할 것이다. 예수께서 보여 주시는 사례는 죄를 자백하는 것이 무엇보다 시급한 것임을 분명하게 보여 준다. 구약시대의 예물이란 피 흘리는 희생 동물이었다. 예물을 드릴 때에만 일반 신자는 제단이 있는 제사장의 뜰에 들어올 수 있었다. 그런데 "그런 엄숙한 종교 행위를 중단할 정도라면 무슨 중요한 이유가 있어야 한다."³ 하지만 실제로 해결하기 매우 어려운 문제가 자주 제기되곤 한다. 그것은 자백하고 시인해야 할 죄의 본질에 관한 것이다.

무슨 죄를 자백해야 하는가?

성경은 우리가 인식하는 모든 죄를 예수 그리스도 안에서 용서를 허락하신 하나님에게 고백하도록 권면한다. "만일 우리가 우리 죄를 자백하면 그 (하나님)는 미쁘시고 의로우사 우리 죄를 사하시며 우리를 모든 불의에서 깨끗하게 하실 것이요"(요일 1:9). 하나님 아버지를 단순히 믿고 죄를 자백하는 것은 교회에 죄사함의 권세를 부여하는 고해성사와는 확연히 구별되는 것이다. 오직 주님만이 죄 사할 권세가 있으시기 때문이다.⁴ 하지만 동시에 예수께서는 우리가 이웃과 더불어 만든 분쟁을 해결하도록 요구하신다. 요한은 예수님과 같이 "빛 가운데 행하라"고 우리를 권면한다(요일 1:7). 이 권면은 어떤 현실을 뜻하는 것일까? 혹자는 이상적인 공동체 생활을 위하여 감정적으로 솔직해지라는 격려가 그 안에 있다고 본다. 우리가 형제에 대해 품었던 나쁜 생각을 그에게 자백하고 아주 경미한 것이라도 그를 향해 품었던 분노를 다 자백해야 된다는 것이다. '각성'이 치러야 할 값이라는 것이다!

　아주 오래 전에 한 그리스도인에게 우리가 그를 사랑하기 너무 힘들다고 속마음을 털어 놓은 적이 있었다. 이런 종류의 자백은 사랑을 잘못 이해한 결과이며, 이웃을 희생하더라도 자신에게 좋은 일을 하자는 것이다. 자신의 불쾌한 감정을 쫓아내려고 그런 감정을 갖고 있지 않은 남에게 문제(고민, 죄의식)를 전가시키는 것이다. 그것은 사랑이 없는 행위이다. 성경은 우리에게 이런 식으로 감정을 자백하라고 권면하지 않는다. 반대로 성경은 아무리 향기를 풍기고, 외모 또는 목소리로 자신을 드러내기를 좋아하는 자라도 '감당하고 격려하라'고 우리를 권면한다.[5]

우리는 형제에게 원한 살 만한 것이 있을 때 비로소 그 형제를 찾아가 화해를 청하게 된다. 이는 우리가 그 형제에게 상처를 주고 관계를 파괴시킨 가해, 즉 '객관적' 죄, '빚'을 취급하기 위한 것이다. 자신의 모든 불안한 감정을 자백하면 감정적으로 일시적 위안을 얻을 수는 있겠지만, 이는 죄를 나누어 주는 꼴이 된다. 반대로 화해를 위해 죄를 자백하는 자는 자신의 감정을 '절제한다.' 앞으로 그 사건에 대해 더 이상 말하지 않기 위해 말하는 것이기 때문이다.

하지만 실제로 한계에 부닥치는 경우에는 어떻게 해야 하는가? 예를 들면 출장 기간에 배우자 모르게 단지 일회적으로 외도한 남편에게 무슨 조언을 할 수 있는가? 아내에게 자신의 불륜을 다 자백해야 하는가? 그렇게 하는 것이 아내에게 오히려 '빚'을 지게 만드는 것은 아닌가? 아내에게 자신의 죄를 자백하면 불필요한 상처를 주고 그들이 지키고자 한 결혼마저 파혼으로 치닫게 할 위험이 있지는 않은가? 어느 누가 이런 문제를 쉽게 해결할 수 있다고 감히 말할 수 있으며, 또 성경에서 단정적인 해결책을 주고 있다고 감히 말할 수 있는가? 어떤 태도를 취해야 옳은지는 경우에 따라 다를 것이다. 하지만 몇 가지 원칙이 있어야 한다고 생각한다.

- 잘못을 범한 남편 또는 아내는 하나님 앞에서 진정한 회개를 했다는 증거를 보여야 한다. 여기에는 자신의 아내 또는 남편에게 충실할 것을 재삼 다짐하는 약속이 동반되어야 한다. "자기의 죄를 숨기는 자는 형통하지 못하나 죄를 자복하고 버리는 자는 불쌍히 여김을 받으리라"(잠 28: 13). 오늘날 성적 불륜을 너무 가볍게 다루는 경향이 있다. 성경은 이렇게 말한다. "음행을 피하라 사람이 범하는 죄마다 몸 밖에 있거니와 음행하는 자는 자기 몸에 죄를 범하느니라"(고전 6:18). 이 구절에서 바울은 음행이 다른 죄보다도 더 심각하다고 말하는 것이 아니다. 다만 성적 죄에 대한 특별한 성격을 상기시키고 있다. 이런 죄는 우리의 본성으로 말미암아(참조, 16절) 우리의 모든 인격에 각별한 영향을 주기 때문이다.[6] 육체에서 시작하여, 상상의 매개를 통해, 자신의 모든 존재를 침범하게 된다(19절). 잘못을 범한 남편이나 아내가 속임 당한 배우자에게 취한 태도가 어떠한 형태라 할지라도, 그의

태도는 죄의 심각성을 인식하는 것에서 출발해야 한다. 또 직접 관련된 제 삼자, 즉 외도의 대상이었던 자에게도 직접 자백해야 한다.

- 모든 불륜은 죄이다. 하지만 일시적으로 '빠진' 타락이나 유혹을 받아 한시적으로 과오를 범한 경우와 지속적인 관계 속에 '안주하여' 즐기는 경우는 구별되어야 한다. 지속적인 불륜 관계는 공공연한 성격을 가지며, 가해자는 배우자에게 끊임없는 '술책'(거짓말, 집안 돈 횡령 등)을 꾸미게 된다. 이런 관계가 지속되면 심리적으로 뿌리 깊게 자리를 잡게 되지만, '한시적'인 타락 경우에는 심리적 현상은 확연히 단축될 것이다. 불륜의 관계가 지속되는 대부분의 경우에는 부부 간의 중대한 문제가 항상 감추어져 있다. 하지만 어느 날 저녁 잠시 범한 외도는 부부 사이가 '행복함'에도 불구하고 발생될 수 있다. 죄를 자백해야 한다는 사실에만 집착하다 보면, 앞의 두 경우에서 경미한 외도 문제를 불륜과 같은 방법으로 취급하여 오히려 부부의 본질을 그릇되게 건드릴 위험이 있다.

- 개인과 마찬가지로 부부도 나름대로의 심리적 영적 '균형'을 가지고 있다. 일시적인 외도의 경우, 잘못을 범한 자는 '타락' 후 스스로 '회복'하는 것이 바람직하기도 하며, 그 외도를 단도직입적으로 자백하지 않는 것이 바람직할 때가 가끔 있다. 하지만 즉시 죄를 자

백하는 것이 보다 빠른 용서를 얻는 경우도 있다. 어떤 형태이든지 간에, 자백 속에는 하나님의 말씀이 가르치는 행복한 부부의 삶을 되찾고자 하는 진지한 소원이 표현되어야 할 것이다.

- 일시적인 외도라 할지라도 그 비밀을 비록 한시라도 자신을 위해 은폐하는 것은 무거운 짐이 된다. 서로 죄를 고백하고 낫기를 위하여 서로 기도하라는 야고보의 가르침처럼(약 5:16), 경륜이 있고 현실 감각이 있으며 신뢰할 수 있는 자에게 죄를 고백하는 것이 좋지 않은가? 이런 고백을 하는 목적은 속아 온 배우자에게 아무 말도 하지 않는 것을 정당화시키기 위함이 아니다. 그보다는 배우자에게 말하기 전에(성서적) '인치심'과 영감을 되찾기 위한 것이다. 고백을 듣는 자는 그리스도 안에서 형제 또는 자매 된 자를 '보살필' 수 있으며, 필요한 경우 언젠가 그가 회개했음을 보증해 줄 수 있을 것이다.

- 부부의 삶은 일종의 모험이다. 사랑은 '서로 만들어 가는' 것이다. 죄를 자백함으로써 이에 기여할 수도 있다. 회개한 남편 또는 부인은 자신의 결혼과 배우자와의 관계를 위해 '노력해야' 한다.

가해자로서 우리는 피해자의 이익을 추구해야 한다. 심지어 우리는 죄 가운데에서도 사랑하는 것을 배워야 한다. 다시 말하면 우리가 범한 죄를 인정하고, 피해자가 회복되길 바라며, 그의 명예를 공개적으로 지켜주기 위해 우리의 죄를 자백하는 것이다. 이를 통해 우리는 용서와 화해가 주는 기쁨을 알게 되며, 우리가 남에게 상처를 받을 때 우리도 용서할 수 있는 준비를 할 수 있게 된다.

용서와 기억하지 않음

부활하신 예수께서 제자들이 모인 자리에 나타나실 때, 도마는 그 자리에 없었다. 예수께서는 의심하는 그 제자를 불러 자신의 손과 옆구리를 만져보도록 하였다. 그의 몸에는 십자가의 못과 옆구리를 찌른 창 자국이 남아 있었다(요 20:26-29).

자신의 신앙 때문에 노년에 밧모섬에 귀양 보내진 요한은 하늘이 열리며 죽임을 당한 어린 양이 일곱 개 인봉이 붙은 두루마리를 가지시기 위해 하나님의 보좌에 이르시는 것을 보았다(계 5장).

성육신하신 독생자께서는 자신의 부활한 몸에 우리 죄를 구속하시기 위해 인치신 흔적을 지니고 계신다. 어린 양 주위에 모여 우리를 죄에서 구속하신 그분께 찬양드릴 때(참조, 계 5장, 14장), 우리는 자신의 죄를 기억하면서 감사가 넘쳐 흐르는 경배를 드리게 될 것이다. 용서는 기억하지 않기 위해 기억하는 것이다. 용서는 과거에 있었던 일을 미래에서는 더 이상 고려하지 않기 위해 기억하는 것이다. 하나님은 우리를 이와 같은 방법으로 용서하셨다. 새 하늘과 새 땅에서는 죄의 추억은 있겠지만, 죄의 흔적은 더 이상 존재하지 않을 것이다!

우리를 용서하신 분을 본 받는 것은 우리가 해야 할 일이다.

"서로 용서하기를 하나님이 그리스도 안에서 너희를 용서하심과 같이 하라. 너희는 하나님을 본받는 자가 되라"(엡 4:32-5:1).

부록 _용서와 사회생활

용서는 사람들 사이의 상호관계를 특징짓는다. 하지만 인간관계는 개개인의 만남으로만 국한되지 않는다. 사람들은 조직적인 사회에서 살면서 국가를 형성하고 구조화된 다양한 '구성 단위' – 부부, 가족, 농업, 수공업, 상업, 공업, 협회, 군대, 교회 및 이단 등 – 를 이룬다. 이런 사회 제도는 그리스도인에게 어떤 영향을 미치는가? 특히 용서는 사회적으로 적용될 수 있는 적절성을 가지고 있는가?

그리스도인과 사회 제도

모든 사회는 일정한 제도에 의해서, 또 그 사회의 역사와 시대의 열매인 고유한 운영 방식을 통해 기능을 발휘한다. 하지만 사회는 말할 것도 없고, 이를 구성하는 작은 구성 단위는, 그 다양성에도 불구하고 단순히 사람들에 의해 조작되는 임의적 산물이 아니다. 사회가 존재한다는 것은 하나님의 창조 의도와 밀접한 관련이 있다. 태초에[1] 하나님은 남자가 홀로 있는 것을 해결하시고자 결혼 제도를 만드신 점에서 그 설명을 찾을 수 있다(창 2:18-24). 인간은 본질적으로 사회성을 지니고 있는 데 바로 유일하시고 삼위일체되신 하나님이 누리시던 '사회적' 삶을 반영한다.[2] 영원부터, 심지어 '창세 전부터' 하나님 아버지께서는 그의 아들을 성령 안에서 사랑하셨기 때문이다.[3]

성경이 이 진리를 증거하는 것은 우리의 사회 생활에 대한 성경의 관심이 높다는 것이다. 구약의 율법은 사회 현실에 대해 놀라울 정도로 많은 지침을 담고 있다. 예를 들면 결혼에 대해서, 또 그와 관련한 불륜 관계[4], 이혼[5], 일부다처[6] 및 수혼제[7] 등의 문제를 다루고 있다. 또 가족과 재산, 상속 규칙[8]에 대하여, 농경작과 인부 및 종의 보수[9]에 대하여, 권력과 정의 행사[10]에 대하여, 군대와 전쟁 훈련[11]에 대하여, 예배를 섬기는 제사장과 레위인[12] 등 다양한 분야를 다루고 있다.[13]

구약은 전반에 걸쳐 이러한 사회적 질문과 관심에 대해 답변하고 있다. 사사기의 마지막 다섯 장은 여러 사실을 통해, 하나님 백성의 타락한 사회 생활을 나타내는 무정부 혼란 상태를 고발하고 있다. 이는 반복되는 다음과 같은 후렴에서 엿볼 수 있다. "그 때에는 이스라엘에 왕이 없었으므로 사람마다 자기 소견에 옳은 대로 행하였더라"(삿 17:6; 21:25; 참조, 18:1; 19:1). 사울과 다윗의 역사를 살펴보면 여호와께서 왕을 갖고자 하는 이스라엘의 소원에 전혀 무관심하신 것이 아니었음을 증명해 준다. 지혜서, 즉 잠언과 전도서는 그 시대의 사회적 관습에 관해 신랄한 성찰을 하고 있다. 또 시편에서는 하나님의 백성이 기도하는 동기로서 사회 생활에 대한 배려를 포함시키고 있다.[14] 마지막으로 선지자들은 하나님이 자신의 백성에게 보낸 사신의 자격으로 그들에게 하나님께서 원하시는 사회적 요구 조건을 끊임없이 상기시키며, 또 증인으로서 다음과 같은 불의를 고발한다. 결혼 파기(말 2:14), 재산 횡령과 부동산 투기(왕상 21:17-26; 사 5:8-10), 노동자 착취(렘 22:13; 암 2:6-7) 및 동족 노비에 대한 해방 거절(렘 34:8-16), 사회 정의 추락(사 1:21-23) 및 권력형 부패(겔 22:27; 미 3:11), 전쟁 범죄(암 1:13), 십일조 거부(말 3:10) 및 제사장의 부정(겔 22:26; 미 3:11) 등이다. 선지자들이 메시아의 때로 예고한 미래는 우리가 흔히 생각하는 개인주의적인 성격을 지닌 것이 아니며, 또 이 세상과 관련이 없는 지극히 순수한 성격을 가진 것도 아니다. 물론 하나님의 택정하심은 마음의 거듭남을 통해(렘 31:33; 겔 36:26) "성읍에서 하나와 족속 중에서 둘"(렘 3:14)처럼 각 사람에게 개별적으로 이루어질 것이다. 하지만 마지막 날에 하나님의 모든 자녀는 새 땅에서(사 65:17; 66:22) 죽음 세력에서 해방된 백성이(사 25:6-8) 될 것이며, 최고의 정의로운 사회 생활을 누리게 될 것이다. 이는 구체적으로 예전의 에덴동산 나무들 속에서 인간 사회[15]를 수용할 새 예루살렘(사 60),[16] 선지자들이 그처럼 간절하게 염원해 오던 메시아의 예루살렘의 모습이 아니겠는가?

예수님은 하나님 나라의 좋은 소식을 전파하시기 위해 오셨다. 그리고 선지자들이 예언한 바를 성취하시며, 자기를 믿는 자마다(마 18:3-4, 12) "나를 좇으라"고 부르셨다. 그 뿐만이 아니라, 예수님은 자기를 믿는 자들을 새로운 사회인 메시아 공동체, 즉 그를 머리로 하는 교회로 불러 모으신다(18:17; 참조, 16:18). 사역 초기부터 예수께서는 이처럼 사회적 목적을 가지고 열두 사도를 부르신 사실을 눈여겨 살펴볼 필요가 있다. 이들은 모든 것이 완성되는 시대에(마 19:28)[17] 이스라엘의 '지파'를 대표할 자들이다. 게다가 주님의 행적과 가르침이 사회적으로 미친 영향을 주목하지 않을 수 없다. 주님은 그 시대의 사회 제도를 존중하셨다. 그는 유년 시절에 부모께 순종하였고 "지혜와 키가 자라가며 하나님과 사람에게 더욱 사랑스러워 가셨다(눅 2:52). 또 예수께서는 그 시대의 풍습을 따라 아버지처럼 목수가 되셨다(막 6:3). 예수께서는 공생애 동안 따르는 제자들에 의해 랍비로 알려졌는데, 이는 팔레스타인 서기관들의 '교수법'을 존중하셨기 때문이다. 또 예수님은 결혼 관계가 유지되어야 함을 강조하시면서, 모세의 율법에서 이혼을 허락한 것은 다만 사람의 마음이 완악하여 창조주께서 양보하신 것일 뿐이라고 말씀하신다(마 19:1-12). 예수께서는 어떤 경우에도 대제사장의 권위를 부인하지 않으셨고, 성전에서 드리는 예배를 거절하지 않으셨으며, 이스라엘의 종교 절기를 지키셨다. 4복음서에는 유월절[18], 초막절[19] 그리고 부림절[20]이 언급되고 있다. 예수께서는 죽기 전, 재판을 받으실 때 재판관 빌라도의 권위를 인정하신다(요 19:11). 하지만 예수님은 사회 제도를 존중하되 어떤 일정한 유보 조건과 거리를 두고 계셨다. 실제로 그는 열두 살 때에 부모를 먼저 보낸 후 자신은 예루살렘에 혼자 남아 성전의 서기관들과 토론을 벌였다(눅 2:41-52). 그 이후 예수님은 가족에 대해 새로운 정의를 내리기도 하신다(마 12:46-50). 자신의 삶의 본과 가르침을 통해서 독신 생활의 가치를 그 당시로서는 흔하지 않는 일이지만 인정하셨다(마 19:12).[21] 그 당시 원래 제자들이 스승을 선택하였지만, 예수께서는 자신이 선택한 제자들이 그를 따라오도록 부르셨다.[22] 또 예수께서는 그의 사역 초기와(요 2:13-22) 말기(마 21:12-17), 두 번에 걸쳐 성전 뜰의 장사꾼들을 쫓으시고, 이를 통해 자신의 권세를 보이시며 하나님께 드리는 예배를 왜곡되게 만드는 종교 상업주의를 배척하셨다. 끝으로 예수께서 빌라도의 권한이 위에서 주어진 '은사'인 것을 말씀하시면서(요 19:11) 그의 권한을 인정하시지만 동시에 상대적인 것임을 밝히신다.

반면 예수님이 기존의 사회 제도와 거리를 두실 때마다, 그는 자신의 판단과 태도를 지도하고 결정하는 보다 높은 현실 세계와 관련하여 말씀하신다. 이것은 천부의 권세를 가리킨다(눅 2:49, '내 아버지의 일'; 요 2:16: '내 아버지의 집'; 마 12:50: '내 아버지의 뜻'). 또 이것은 하나님 나라를 가리킨다(마 19:12: "천국을 위하여 스스로 된 고자도 있도다"). 그리고 이것은 결국 자신의 권세를 가리킨다(마 21:13: '내 집'; 요 18:6절: "내 나라는 이 세상에 속한 것이 아니니라"). 예수님은 이처럼 하나님이 원하시는 이 사회 제도가 창조주와 그분의 뜻에 복종해야 함을 지적한 것이 아닐까? 사회 제도는 윤리적 책임이 있는 것이다.

사도들은 천국 메시지를 전파할 때 예수님이 취하신 자세를 신실하게 따르면서 가르쳤다. 특히 권세, 부부, 가정, 종과 노예 등(엡 2:21-6:9; 골 3:18-4:1; 벧전 2:13-3:7)[23] '현실적으로 적용되는 규범'을 가르칠 때 더욱 그러하셨다. 예수께서 사회 제도를 존중하신 것처럼 사도들도 동일한 자세로 사회 제도를 바라본 것을 발견할 수 있다. 사회 제도가 하나님의 뜻을 표현하는 것이기 때문이다(참조, '주를 위하여': 벧전 2:13).[24] '권세'는 '하나님으로부터' 나온 것이며, 하나님께서 '정하신' 것이다(롬 13:1). 바울이 부부 관계를 다루는 성경 구절(엡 5:31)에서 창세기 2장 24절 인용을 통해 증명하듯이, 결혼은 하나님의 창조 의지에 기인한다. 그리고 부모에 대한 존경은 십계명 중 제 오 계명과 관련된다(엡 6:3). 노예 제도에 관한 사도들의 태도에는 여러 가지 뉘앙스가 있다. 그 이유는 사도들이 그 당시 생산 제도의 주축이었던 노예 제도를 존중했지만, 이 제도가 창조 질서나 십계명 중 어느 것에도 기초를 둔 것이 아니었기 때문이다. 특히 사도들은 일이 인간에게 주어진 창조적 소명이라는 점을 분명하게 호소하지는 않지만(창 1:28; 2:15), 다른 여러 성경 구절에서 일에 대한 가치를 부여하며 강조하고 있다.[25] 종이 주인에게 순종하는 이유는 모든 것에서 하나님을 영화롭게 하려는 소원과(엡 6:5-7; 골 3:22-25), 그리스도인으로서 증거하려는 마음(딤전 6:1; 딛 2:9-10), 그리고 그리스도의 섬기는 본(벧전 2:18-25)이 있기 때문이다. 이런 사실들을 통해 사도들은 노예 제도라는 일의 매우 특별한 제도를 은연중에 비판하고 있다고 볼 수 있다.[26]

사실 그런 비판이 존재한다는 사실은 놀라운 것이 아니다. 왜냐하면 사도들은 사회 제도에 대한 순종을 권하면서도, 신자들이 그리스도를 본받아 주님을 향해 가졌던 첫 충성심으로 돌아갈 것을 끊임없이 권하고 있기 때문이다. 이 충성심은 사회 제도 속에서 그들의 생활 양식에 영향을 주었을 뿐만 아니라, 시민, 남편, 아내, 부모 또는 자녀, 주인 또는 종으로서의 역할에 새 방향을 제시하였다. 모든 것이 '주를 위하여'(벧전 2:13) '주 안에서'(엡 6:1) 또는 '주께 하듯'(엡 5:22; 6:7) 하여야 하는 것이다. 이렇게 할 때 주를 섬기게 되며(엡 6:7) 주를 기쁘시게 하는 것이다(골 3:20, 22). 만약에 신자가 주께 대한 순종을 이유로 사회 제도에 저항해야 한다면 그것은 반항이 아닌 순종의 마음으로 해야 하며, 그런 태도로 인해 야기될 고통을 감수

해야 한다(벧전 2:19-20; 참조, 행 4:19).²⁷

성경이 항상 하나님의 권위에 의거하여 사회 제도를 존중하라고 강조하는 것은, 사회 제도 및 사회 전반에 대한 본질을 성서적으로 이해하게 만든다는 점에서, 중요한 의미가 있다. 앞서 설명한 바와 같이, 사회 제도를 존중해야 할 필요성은 그것이 하나님의 창조 계획과 일치하기 때문이다. 성서에 기초하여 건전한 비판 의식을 갖도록 거듭 호소하는 이유는, 이런 제도들이 주님의 궁극적인 권한 아래에 있고, 또 창조주께서 세우신 규범을 존중해야 할 의무가 있기 때문이다. 사회 제도는 관례를 따라 임의적으로 운영되어 나홀로 행하는 '폭군'이 아니며, 윤리와 '법률'에 복종하는 '실체적 존재'이다. 사회 제도는 자신의 행위에 책임을 지는 일종의 '법인'인 것이다.

법인

하나님께서 천지를 창조하실 때 사람을 지으셨을 뿐만 아니라 인류를 만드셨다. 사실 인류는 서로 독립적이고 고립된 개인들의 통합 개념이 아니라, 그들 상호 간에 각 지체들이 연대성을 가지고 한 몸을 이룬 것이다. 우리 모두는 '한 혈통'(행 17:26), 즉 아담에서 시작된 혈통이다. 하나님은 태초에 아담과 언약을(호 6:7)[28] 맺으셨고, 그 언약은 우리에게도 동일한 효력을 준다. 아담이 창조주 하나님께 범죄했을 때(창 3장) 모든 인간은 여호와에게서 분리되었다(롬 5:12-21). 이처럼 인류는 조직화된 실체적 존재이며 모든 인간은 아담을 머리로 하는 언약에 법률적으로 속해 있다. 다시 말하면 법인인 것이다. 이는 어떤 가상적인 이야기를 법률적으로 단순하게 말하는 것이 아니다. 구속 역사가 거기에 달려 있다. 예수께서 우리를 대신하여 십자가에서 정죄받으신 것도 그가 우리를 대표한다는 사실에 근거를 둔다. 아담이 타락했을 때 우리가 그 안에서 하나 된 것처럼, 하나님의 징벌이 새 아담이신 예수께 가해졌을 때 우리는 그리스도 안에서 법률적으로 하나가 된 것이다(롬 5:12-21; 고전 15:22, 45-48).[29]

인류 법인은 그 내부 구조와 함께 사람들의 삶을 조직화하는 다양한 사회 구성 패러다임 또는 모델을 형성한다. 성경에 의하면 부부란 남자와 여자 두 개인이 단순히 병립하여 존재하는 것이 아니다. 부부는 그들의 연합을 결속시키는 나름대로의 구조인 '몸'[30]을 구성하고 있다. 남자와 여자는 평등하지만 서로 다른 역할을 가지고 있다. 남편은 아내의 '머리'가 되어 가장이 되는 책임이 있다(엡 5:22-33). 부모는 가정에서 자녀에 대해 권위를 행사할 수 있지만 동시에 책임도 있다(골 3:20-21). 정부와 같은 권력기관은 사회의 유익을 보전하기 위해 존재한다(롬 13:1, 3-4). 마찬가지로 그리스도인의 사회적 '몸'인³¹ 교회에서는 우선적으로 목사와 장로들에게 책임이 주어진다(엡 4:11; 딤전 3:1-7).

이런 이유로 사람들은 마지막 때에 개인적인 책임만을 지는 행위에 국한하여 심판받지는 않을 것이다. 주님은 사람들이 소속된 다양한 사회적 몸 안에서 수행한 책임의 정도에 따라서도 심판하실 것이다. 어떤 자들은 왕으로서 권세를 행한 것에 대해 책임을 져야 할 것이다. 이에 관련하여 리처드 마우(Richard Mouw)는 이사야 60장 3절, 11절, 14절 주석을 통해 다음과 같이 설명하고 있다.

> 이처럼 세상의 정치 역사 과정 속에서 자행된 죄는 새 예루살렘에서 공개적으로 폭로될 것이다. 하나님은 그런 잔악함을 징계하지 않은 채 내버려 두시지 않을 것이다. 독재자들은 사람들 앞에 이끌려 나올 것이며 감옥에 투옥될 것이다. 왕들과 여왕들은 그들이 핍박한 과부와 고아들 앞에서 무릎을 꿇게 될 것이다. 폭군들은 그들이 순교시킨 자들의 증언을 듣게 될 것이다. 인종 차별을 했던 백인 정치인들은 흑인 자녀들의 시선에 의해 찔림을 받게 될 것이다.³²

바울은 상전들이 종들을 인격적으로 대하도록 초청하면서, 공의로운 심판을 하시는 하나님께서는(참조, 엡 6:8) "사람을 외모로 취하는 일이 없다."는 사실을 그들에게 상기시킨다(엡 6:9). 야고보는 고용된

품꾼을 착취하고 노동 계약을 준수하지 않는 토지 소유자에게 심판을 경고한다(약 5:1-6). 또 성도들에게는 교회에서 서로 경쟁하듯이 선생이 되려고 하지 말라고 권면한다. 그 이유는 선생 된 자들에게는 '더 큰 심판이 있을' 것이기 때문이다(약 3:1).

이처럼 용서의 문제는 개인에게만 국한된 것이 아니다. 사회를 구성하는 법인들도 하나님의 피조물로서 그 책임자들이 우선적으로 법률적 책임을 지게 된다. 부당하게 종업원들을 해고하는 기업, 부정하게 국가 폭력을 행사한 정부, 자식을 학대하는 부모, 순진한 남녀들을 세뇌 교육시키는 이단, 인공 임신 중절 수술을 입법화한 사회 등은 하나님과 피해 입은 자에게 '빚' 즉 죄를 짓게 된다. 이처럼 회사 사장, 대통령 또는 수상, 가장, 정신적 지도자, 국회의원들은 '보다 큰 심판'을 받게 될 것이다.

용서와 법인들

제2차세계대전이 종료된 직후 "독일연방공화국은 이스라엘과 협약하여 나치주의 희생자에 대한 보상조치법을 국회에 통과시켰다. 이로써 독일은 국민의 이름으로 행해진 범죄에 대해 민법상 책임이 있다는 것을 인정하게 되었다."[33] 1910-1945년 동안 일본은 한국에서 매우 가혹한 식민정책을 펼쳐 나갔다. 그 중 하나가 수천 명의 여성들을 일본군 위안부로 강제 징집해 간 것이다. 그런데 2년 전 매우 소극적이지만 일본 정부는 처음으로 그 가증한 죄에 대해 공식적인 유감을 표시한 적이 있다. 그런 입장이 일본이 저지른 역사적 잘못을 진실로 뉘우치고 책임을 지는 단계까지는 아직 아니지만 의미가 있었다.[34] 1988년도에 프랑스 식민지령 뉴칼레도니아의 까나끄(Canaques) 족과 깔도쉬(Caldoches) 족 간에 화해 조약이 끝나고 양측 대표들이 서로 나눈 악수도 우리의 기억에 남아 있다.

16세기 종교개혁 당시 루터교는 다양한 성향을 가진 재세례파 교도들에 대한 핍박을 지지하였다. 재세례파 교도들 중에는 '혁명주의자, 영성주의자, 평화주의자' 들이 있었다. 이 가운데 평화주의자들은 교회가 정부로부터 완전히 독립될 것을 바라며 오직 주님을 따르며 헌신하는 형제 자매들로 구성되었다. 그들은 오직 개인적 신앙을 가진 성년에게만 세례를 베풀었다. 1984년 7월호 월간지 *"Cahiers de Christ Seul"*(오직 그리스도)에 루터교와 재세례교(메노나이트교) 간의 대화(1981-1984년) 내용이 기재되었다. 그 내용 중에는 과거 핍박에 관련된 것이 있다.

    루터교 입장을 대변하는 우리는 역사적으로 볼 때 이런 태도 "아우그스부르그 신앙고백에 나타난 재세례파 교인에 대한 저주[35]"를 이해할 수 있지만 동시에 유감을 표시한다. 우리는 16세기 재세례파에 대한 핍박이 형제들을 분리시킨 죄임을 인정하며 이에 대해 용서를 구한다.

메노나이트교 입장을 대변하는 우리는 성경 중심주의, 평화주의 전통을 지키는 재세례파 운동의 계승자로서 과거 핍박을 뉘우치는 루터교의 입장에 대해 감사하게 여긴다. 우리는 형제 우애 안에서 용서를 허용한다. 이로써 역사의 비극과 그것이 만들어 낸 결과에 대해 우리는 확정적으로 합의한다.[36]

이는 법인의 입장에서 회개와 용서에 접근한 좋은 역사적 사례라고 말할 수 있다. 법인은 한편 그 대표자를 통해 허물을 고백하고 저지른 피해에 대해 보상하며, 다른 한편으로는 용서하는 사회적 절차를 밟는 것이다.

몇해 전부터[37] 가톨릭교회 역시 회개 행위를 하고 있다. 이런 행보는 과거의 관습을 깨는 것으로 신자들로부터 긍정적인 반응을 얻고 있다. 교황 바오로 6세는 바티칸 제2공회 개회 연설에서 "하나님과… 분리된 형제들에게 용서"를 구했다. 이는 과거 역사상 동방정교회 형제들이 서방가톨릭교회로 인해 피해를 입었기 때문이다. 동시에 교황 바오로 6세는 가톨릭교회가 동방정교회에 의해 피해당한 사실에 대해[38] 용서할 준비가 되어 있다고 선언하였다. 이런 회개를 이어받아 보다 광범위하게 적용시킨 교황은 요한 바오로 2

세이다. 1985년부터 그는 흑인노예 매매의 피해자인 아프리카인들에게 용서를 구하였고, 1992년도 미대륙의 인디언 족속들에게도 이와 연관하여 용서를 구했었다.

요한 바오로 2세는 1995년도에 그리스도인들 사이의 분리에 관해서, "우리가 책임져야 할 것에 대해서 나는 용서를 구한다."고 선언하였다. 같은 해 그는 "과거 역사에서 가톨릭 교인이 아닌 자들에게 범한 잘못을 모든 가톨릭교인의 이름으로 용서"를 구하였다. 또 교황이 이스라엘을 방문하고 예루살렘 통곡의 벽에서 한 침묵 기도는 아직도 기억에 생생하다.

하지만 이런 '역사적' 회개와 용서에 관한 다양한 사례는 우리에게 한 가지 질문을 던진다. 즉 과거에 범한 죄가 오늘날의 교회나 사람들과 어떤 연대 관계를 갖고 있는가이다.

앞서 이야기한 것처럼 "우리는 단지 개인적으로 당한 가해 사건에 대해서만 용서할 수 있다. 또 오직 피해자만이 용서할 권한과 책임이 있다."[39] 요한 바오로 2세도 "어느 누구도 그들을 대신하여 회개하거나 그들의 이름으로 용서를 구할 수 없다."[40]는 사실을 강조했다. 그렇기 때문에 교회나 그리스도인에게나 일반 사람에게 그들의 조상이 지은 죄를 대신하여 회개하도록 권면하는 것은 잘못이라고 우리는 생각한다. 실제로 그 후손의 세대가 책임져야 하는 것은 회개하거나 용서를 허용하는 것이 아니라 역사의 기록을 살피고 과거에 범한 행위를 판단을 하여 할 수 있다면 보상하거나 보상을 요구하는 것이다.

　우리는 다음과 같은 사실도 강조해야 할 것이다. 즉 우리 세대에 저지른 범죄와 허물을 인정하지 못하고 거절하는 경우가 너무나 많다는 사실이다. 나치주의에 대한 소송은 비교적 잘 이루어지고 있지만, 공산주의에 의해 저질러진 피해에 대한 소송은 어떤 상태에 있는가?

　예를 들면 유엔이 개최한 캄보디아 미래에 관한 토론에 참여했던 크메르 공산당은 그들이 저지른 집단 학살을 공개적으로 인정한 적이 있는가? 에이즈에 감염된 혈액을 부주의로 수혈한 사건에 대해 책임져야 했던 프랑스 고위 당국자들은 자신의 잘못을 시인하고 있는가? 언론에서 거론되었고 많은 사람들에게 피해를 주었던 정치 및 비즈니스 세계의 스캔들에 대해서 무슨 말을 더 할 수 있는가? 성매매나 마약 거래는 고사하고, 아동학대를 제도적으로 하는 나라가 비일비재하게 많은 것이 부인할 수 없는 현실이다. 어떤 기업은 종업원 해고를 마치 경영 기법으로 남용하기도 한다. 또 이 지구 여러 곳에서는 과격주의자들이 그들의 목표 달성을 위해 사람 죽이는 일도 서슴치 않고 있다.

　하나님께서는 언젠가 우리 사회 제도에서 비밀스럽게 획책한 것들을 백야의 빛 아래 드러낼 것이다.

용서와 정부 당국

성경에 언급된 여러 사회 제도 중 매우 특별한 역할을 하는 제도가 있다. 이 제도는 사회에서 정의가 지켜지도록 관리하는 '정부 당국'이다(롬 13:1-7). 정부 당국의 구체적인 책임으로 행악자를 처벌하는 의무가 있다(4절). 이를 통해 정부 당국은 악한 일에 대하여 하나님의 '진노'를 따라 보응하는 것이다(4절).[41] 정부 당국이 취하는 '보응'은 원한이나 미움으로 생기는 열매와 같은 개인적인 것이 아니며, 이는 하나님께서 금하시는 것이다(롬 12:17-21). 보응은 정의를 이치에 맞게 그리고 신중하게 행사하는 행정 기구에 의해서 실시되어야 한다.

정부 당국은 용서와 관련하여 어떤 책임을 지는가? 지은 범행을 후회하는 모든 행악자에게 용서를 베풀어야 하는가? 그렇지 않다. 그 이유는 정부 당국의 역할이 가해자와의 관계에서 피해자를 대신하는 것이 아니기 때문이다. 우리가 1장에서 강조한 것처럼 오직 피해자만이 용서할 권한이 있다. 정부 당국은 범죄에 대해 형벌을 내리며 피해자의 권리를 보호하고 사회를 지킬 의무가 있을 뿐이다. 오직 피해자만이 회개한 가해자를 무죄로 판단할 수 있다. 정부 당국이 범죄자를 용서하고 무죄로 간주한다면 이는 피해자의 권리

뿐만 아니라 하나님 자신의 권리를 침해하는 것이다. 왜냐하면, 주님만이 합법적으로 용서하시는 유일한 권세를 가지고 계시기 때문이며, 다른 사람에 대한 모든 죄는 결국 주님을 향한 죄이기 때문이다. 마지막 날에 주께서 왕국을 세우시고 새 땅 위에 그의 권세를 확립하실 때, 주님께서는 회개한 죄인을 정식으로 그의 은혜로 용서하실 것이다.

정부 당국의 권한에 속하는 책임을 피해자가 감당하는 책임과 구별하면 다음의 세 가지 점이 강조된다.

사면권과 특사

첫째, 성경에서 말하는 용서와 사면권 또는 특사를 구별하여야 한다. 1958년 10월 4일 제정된 헌법에 의해 대통령에게 부여한 사면권은 용서와는 달리 사면받은 자의 죄를 결코 지우지 못한다. 대통령의 사면권은 형을 선고받은 자에게 복역할 형량의 전체 또는 일부를 면제하거나 감형해 주는 것에 국한한다. 국회에서 의결된 법에 의해 행해지는 특사는 용서하는 것이 아니라 잊는 것이며 범행된 과오가 고백되지 않은 것을 눈감아 주는 것이다(특사가 국회에서 자동 기계처럼 남용되어 베풀어지거나, 인류에 대한 범죄에 대해서 허용이 된다면 빈축을 살 수 있음을 우리는 잘 알고 있다). 대통령 사면과 특사는 관용 조치이지 용서가 아니다. 전자가 인간미를 표현한 것이라면, 후자는 '사회적 평화'[42]를 고무시키기 위한 것이다.

용서와 법적 소송

둘째, 정부 당국과 피해자에게 부여된 각각의 권한을 잘 구별하면, 피해자가 잘못을 회개한 가해자에게 용서를 베풀었다 하더라도, 그것이 반드시 그에 대한 소송 기각을 의미하지 않는다는 점을 이해하게 된다. 사실 프랑스에서는 일단 소송이 진행되면 피해자가 고소를 취하해도 소추를 더 이상 정지시킬 수 없다. "사회는… 범죄로 인해 야기되는 혼란에서 보호받기 위해 처벌이 필요한 것이다."[43] 문제는 그리스도인도 그런 소송을 제기해야 하는가 아니면 하지 말아야 하는가이다. 소송 문제가 대두될 필요가 없는 경우도 가끔 생긴다. 특히 절도나 강도 사건처럼 가해자가 누구인지를 알지 못하는 경우에 더욱 그렇다. 하지만 가해자가 이웃 또는 가족의 일원, 아니면 고용주인 경우, 어떻게 대처해야 하는가? 이 점에 대해서 다음과 같은 세 가지 성경적 가르침이 질문에 적절한 설명을 해 준다.

– 고린도전서 6장 1-11절에서 사도 바울은 고린도 성도들이 그들의 '분쟁'[44](1절)을 해결하기 위해 불신자 재판관에게 거침없이 고소하는 것을 책망한다. 물론 이 성경 구절 때문에 신자는 그리스도 예수 안에서 다른 형제에게 소송을 결코 해서는 안 된다고 추론하면 안 된

다. 사도는 그들이 도가 지나친 것을 책망한 것이다. 고린도 성도들은 구원에 관해 자칭 영지주의에[45] 빠졌기 때문에 기독교 삶에서 사회 생활의 중요성을 충분히 인식하지 못하고 있었다. 심지어 성도 간 소송 사건에도 서로 무관심한 태도를 보인 것이다. 그렇기 때문에 바울은 마태복음 18장이 가르치는 정신으로, 주님과 복음에게 영광이 되지 못하는 그런 행보를 피하도록 권면한 것이다.

- 우리가 이미 강조한 것처럼,[46] 진정한 회개는 보상하려는 의지가 수반된다. 그것은 구약의 율법이 요구하는 것과 일치한다. 구약의 율법은 기본적으로 징계와 보상의 논리에 입각한 것이며, 설득과 명예 회복의 논리는 부차적인 것이다.[47] 다시 말하면 피해자의 운명과 저지른 잘못에 대한 보상이 주된 관심 사항이며, 사회 제도의 기능은 어디까지나 이를 위한 것에 불과하다. 이런 맥락에서 볼 때, 회개와 보상이 이루어진다면, 법적 소송은 취하되는 것이 바람직하게 보인다. 한 청년이 자동차에 설치된 라디오를 훔쳤지만 곧 자신의 잘못을 시인하고 훔친 물건을 보상했다. 그럼에도 불구하고, 그를 고소한다면 그것이 정당한 것이 될 수 있겠는가?

- 하지만 어떤 심각한 경우, 심지어 회개와 보상이 이루어졌다 하더라도 피해자는 용서할 뿐만 아니라, 사회 안전을 위해 공적인 조치를

취해야 할 필요가 생긴다. 예를 들면, 우리는 나치 전범인 뚜비에 (Touvier) 사건을 기억한다. 그의 반유대주의와 그로 인해 저지른 범죄는 공개 재판을 통해 심판되어야 할 필요성이 있다. 또 성폭행 상습자는, 그가 설사 회개했더라도 일정한 격리 치료를 받을 필요가 있으며, 공금을 횡령한 정치인은 공적 임무를 더 이상 행사할 수 없도록 관직을 박탈할 필요가 있는 것이다.

용서를 장려하기

셋째, 정부 당국의 역할은 용서하는 데 있지는 않지만 - 오직 피해자만이 용서할 수 있는 권한이 있기 때문에 - 다양한 방법으로 용서가 이루어지도록 조치를 취할 필요가 있다. 프랑스에서는 수많은 미성년자들의 경범죄 처리가 치안 판사(juges de paix)[48]의 중재로 합의 방식에 의해 해결되고 있다. 사회는 이 제도를 긍정적으로 평가하고 있다. 또 벌금형을 매월 봉급에서 자동 이체하는 방식으로 일정 기간 대체 지불하도록 허용하는 제도가 있다. 이 제도 덕분에 경제적으로 취약한 일부 청소년 범죄자들은 자신이 범한 잘못을 현실적으로 인식하면서 저지른 잘못을 보상하고 있다. 이 제도는 경제적 어려움 때문에, 구류형을 받아 어쩔 수 없이 감방에 구금되는 것을 면하게 도와준다. 또 소송이 제기되는 동안 피고와 원고 사이를 중재해 주는 기구 설치는 용서와 화해를 보다 수월하게 만들어 준다.⁴⁹ 실제로 교회는 전통적으로 교도소 심방 사역을 하면서 수시로 복음 전파를 하고 있다. 이 사역을 통해 처음에는 공격적이고 미움으로 닫혀진 마음이 변화하여 회개와 용서가 이루어지는 희망의 순간들이 만들어지는 것을 체험하게 된다.

성경공부 가이드는 용서의 실천에 관하여 개인 또는 그룹으로 공부할 수 있도록 장별 순서에 따라 구성되어 있다. 그리고 각 질문에 대한 답을 찾거나, 여기에 첨부 수록한 간증을 깊이 생각할 수 있도록 이 책의 본문을 참조해 질문에 대답할 수 있도록 했다.

독자들은 이 성경공부를 통해 가해, 용서, 화해에 대한 분명한 성경적 가르침을 배울 수 있을 것이다. 그리고 각각의 질문들을 통해 우리 개인의 삶을 진솔하게 조명해, 어떻게 구제적으로 관계 속에 적용할지 깨닫게 될 것이다.

I. 가해 chapter 1

아래 두 이야기는 주간지에서 발췌한 것으로 인물의 이름은 가명을 사용하였다.

이야기 1 _ 나의 행복 나의 인생은 한 순간에 파괴되었다

4년 전 저는 한 친구 집에서 바울을 만났고 저는 즉시 그에게 매력을 느꼈어요. 그 당시 저는 만 열여덟 살이었고, 그는 스무 살이었습니다. 저는 그를 다시 볼 수 있다고 생각하지 않았고 그 역시 군복무를 위해 입대하였지요. 그런데 어느 날 저는 휴가 중 제 집을 찾아온 그를 보고 무척 놀라운 마음으로 받아들였습니다. 그 이후 우리는 결코 헤어지지 않았어요.

군 제대 후 그는 직장을 다시 다녔고 월셋방을 얻어 그와 함께 살았습니다. 제 나이 열아홉 살, 공부도 계속하며 참으로 행복하게 지냈습니다. 한마디로 행복 그 자체였지요.

우리는 결혼하기로 약속했고 곧이어 아기를 갖게 되었습니다. 그때 제 나이는 스물한 살 바울은 스물세 살이였습니다. 동화 같은 삶은 계속되었지요. 그러나 1992년 2월 23일 불행한 일요일이 저희에게 다가왔습니다.

그날 저녁 우리는 친구네 집에서 저녁 식사를 하고 집으로 돌아오던 중이었습니다. 저는 차 안에서 졸고 있었고 그 사이 무슨 일이 일어났는 지를 알지 못했습니다. 제가 마지막으로 기억하는 것은 "저 사람이 무슨 짓을 하는 거야?"라는 바울의 고함소리였지요. 곧 엄청난 충격과 어두움이 덮쳤습니다. 저는 구급차에 실려가는 중에 의식을 되찾았고 충격으로 기진맥진했지만 이렇다 할 부상은 당하지 않았습니다. 저는 바울의 소식이 알고 싶었습니다. 하지만 아무도 저에게 대답해 주지 않았습니다. 잠시 시간이 흐른 후 밤이 되어서야 저는 바울이 사고로 사망한 사실을 알게 되었습니다. 맞은 편에서 돌진해 온 술 취한 난폭 운전자에 의해 죽임을 당한 것입니다.

행복은 슬픔과 허무와 분노로 변했습니다. 이런 일을 말하는 것조차 끔찍합니다. 만약에 그 엉터리 운전자가 죽지 않았더라면 저는 아마도 내 손으로 그를 죽였을 것입니다. 도대체 내가 어떻게 바울 없이 살 수 있단 말입니까? 저는 곧 스물두 번째 생일을 맞게 되지만 그 축하 자리에는 비어 있는 한 자리가 있을 것입니다.

아파트에 남아 있는 유품을 볼 때마다 바울의 존재, 아니 그가 없다는 사실이 상기됩니다. 저는 저녁마다 울면서 시간을 보냅니다. 차라리 죽고 싶습니다. 저와 같은 비극을 이미 겪었던 분이 계시다면, 그 고통을 어떻게 감당하며 살았는지 저에게 글로 써 주시면 감사하겠습니다.

_ 끄로딘느

이야기 2 _ 그는 나의 신뢰를 저버렸다. 어떻게 내가 그를 용서할 수 있는가?

무엇보다 여러분의 잡지에 저의 간증을 표현하도록 기회를 주신 것에 감사드립니다. 저는 용서해야 하는지 아니면 그와 헤어져야 하는지 도저히 해결점을 찾을 수 없습니다. 사회복지 담당 직원의 권고로 저는 참으로 난감한 저의 문제에 대한 답변을 찾고자 한동안 심리치료까지 받았습니다.

어린 시절부터 저는 아버지의 행동을 포함하여 여러 남자들에게 거절을 당해 심리적으로 매우 불안정했었습니다. 제 나이 마흔일곱에 저는 젊은 시절에 사귀었던 한 친구를 다시 만나게 되었습니다. 그는 제 인생에서 처음으로 저에게 구혼한 사람이었지요. 제가 그 친구를 처음 만났을 때 저는 열아홉 살이었고 그는 스물세 살이었습니다. 그는 젊은 해군 병사이었고 그 후 장교가 되었습니다.

그는 저에게 좋은 조언을 해 주었지만 저는 그를 단순히 한 형제처럼 여겼지요. 벌써 십년 전 일이지만 그 당시 저는 남편과 헤어지려고 마음을 먹었습니다. 우리는 둘다 성격이 너무나 강해 부부 싸움을 자주 했었답니다. 저는 그 친구가 1990년 7월 해외 발령 배치가 되기 바로 전날 다시 만났습니다.

우리 각자는 지난 과거의 삶에 실망하였기에 은연중에 우리의 새로운 미래를 함께 구상해 보았습니다. 우리 모두는 일정 기간 이 일을 신중하게 생각하기로 합의했고, 저는 1990년 10월 그 친구와 함께 살기로 마침내 결단했습니다. 매일같이 사랑이 가득 채워진 편지들이 저에게 배달되었습니다. 그리고 우리는 15일간 함께 동거하면서 우리 미래의 결합을 다짐했었습니다. 그는 저에게 천주교 전통을 따라 성수에 담았던 약혼 반지를 제게 주었고 (그는 신자였고 저는 무신론자였습니다.) 약혼을 절대로 깨지 말라고 저에게 부탁까지 했지요.

저 역시 사랑에 힘입어 모든 장애물을 능히 극복할 수 있다는 자신감을 가지고 프랑스로 돌아왔습니다. 저는 다니는 직장에 사직서를 제출하였고, 수년 전부터 문제 많았던 부부관계도 정리하고 이혼을 신청했습니다. 그리고 며칠 밤 동안 짐을 꾸리고 챙겼지요.…

이 모든 절차를 끝내고 저는 제 인생의 남자를 찾아갔습니다. 오직 그 사람만이 나를 사랑하고 존중해 주었기 때문이지요. 저는 행복했고 모든 것을 후회없이 버렸습니다. 정말 새로운 부부의 삶을 꿈꾸었어요.

하지만 충격적인 사건을 경험하게 되었습니다. 그의 가증스러운 여러 가지 거짓말 중에서도 나를 경악하게 것은 나에게 그처럼 완전하게 보였던 그이가 어느 우울한 저녁에 외출해서는 아프리카 창녀와 시간을 보낸 것입니다. 그것도 콘돔 사용도 없이요. 아프리카에 에이즈가 맹위를 떨치고 있다는 것은 누구나 아는 사실인데도 말입니다. 저는 그 당시 우리의 미래를 위해 동분서주하며 뛰어 다니느라 집에 잠시 부재 중이었지요.

그 후 몇 달 동안 저는 그 사람이 벌을 받게 되리라는 강박관념에 사로잡혔습니다. 1991년 4월에 혈액 검사를 하였고 실수의 위험을 줄이기 위해 혈액을 프랑스 의료기관에 보내기까지 하면서 많은 비용을 지출했습니다. 에이즈나 매독은 발견되지 않았습니다. 기적 같은 일이었지요! 하지만 그가 자신의 생명을 위험 속에 방치했다 하더라도 저의 생명까지 위험에 빠뜨릴 권리는 없다는 것입니다. 저는 그런 짓을 한 사실을 결코 용서하지 않을 것입니다.

저는 매우 우울합니다. 그 사람이 진정으로 후회하고 있음을 알고 있지만, 우리 부부 삶에 대한 모든 희망과 기대는 이미 사라져버렸습니다. 지난 30년 동안 사랑한다고 고백한 여인과 함께 인생을 재출발하고 싶다고 고백까지 한 쉰 살이나 된 남자가 어떻게 그런 무책임한 행동을 할 수 있단 말입니까? 제 인생은 지금 또 한 번 파괴되었습니다. 이제는 더 이상 어떤 사람하고도 설사 그가 누구라 할지라도 믿기 어려울 것 같습니다. …

_ 마틸드

1. 성경에서 정의하는 가해에 근거하여, 위의 두 이야기 속에서 가해가 어떤 모습으로 다양하게 존재하는지를 찾아보라.

2. 앞서 찾은 가해들이 각각 어떤 면에서, 가해가 되는지를 성경의 가르침에 비추어 설명해 보라. 이를 증명하기 위해 어떤 성경 구절을 인용할 수 있는가?

3. 이처럼 다양한 각각의 가해에 대해 성경은 어떤 대처 방안을 말하고 있는가?

4. 우리가 하나님께 범하는 가해도 이처럼 다양한 면을 지니고 있다는 사실을 성경을 토대로 설명해 보라. 또 하나님의 구속 역사가 보여 주듯이, 주님이 얼마나 다양한 방식으로 우리들의 죄에 대응하시는지 그 사실을 성경에 기초하여 설명하라.

5. 어떻게 가해가 범해졌는지 분별할 수 있는가? 성경을 통해 그 답을 찾아보라.

II. 분노와 미움 chapter 2,3

2장에 관하여

다음 두 성경 구절을 해석해 보라. 특히 가해를 당했을 때 생기는 분노의 역할 또는 위치에 대해 의견을 나누어 보라. 분노를 취급하는 것이 왜 중요한지를 설명해 보라. 분노를 취급하는 방법에는 어떤 것이 있는지 의견을 나누어 보라. 다른 여러 성경 구절에 의지하여 당신의 입장이 왜 정당한지를 설명해 보라.

26 분을 내어도 죄를 짓지 말며(시 4:5)
27 해가 지도록 분을 품지 말고 마귀에게 틈을 주지 말라 … 31 너희는 모든 악독과 노함과 분냄과 떠드는 것과 비방하는 것을 모든 악의와 함께 버리고(엡 4:26-27, 31).

17 아무에게도 악을 악으로 갚지 말고 모든 사람 앞에서 선한 일을 도모하라. 18 할 수 있거든 너희로서는 모든 사람과 더불어 화목하라. 19 내 사랑하는 자들아 너희가 친히 원수를 갚지 말고 하나님의 진노하심에 맡기라 기록되었으되
'원수 갚는 것이 내게 있으니 내가 갚으리라고'(신 32:35) 주께서 말씀하시니라.
(이것이 너희가 할 일이니)'

네 원수가 주리거든 먹이고 목마르거든 마시게 하라 그러함으로 네가 숯불을 그 머리에 쌓아 놓으리라(잠 25:21-22).

21 악에게 지지 말고 선으로 악을 이기라(롬 12:17-21).

1. 피해자가 분노하는 것을 포기한다면, 어떤 의미에서 이것은 비겁한 처신이고 사회적 책임을 회피하는 것이 될 수 있다. 왜 그런가? 성경을 토대로 당신의 입장을 해명해 보라.

3장에 관하여

1. 왜 신자는 자신을 가해한 자에게 분노하는 것을 절제하고 악독해지지 말아야 하는가?

2. 피해자는 구체적으로 어떻게 자신의 분노를 억제할 수 있는가?

3. 이런 배경에서 다음 주기도문의 기도를 어떻게 이해할 수 있는가? "우리가 우리에게 죄 지은 자를 사하여 준 것같이 우리 죄를 사하여 주시옵고"(마 6:12; 참조, 눅 11:4).

III. 용서 chapter 4

용서에 대한 정의

1. 칼뱅(Calvin)이 용서에 대한 정의로 제시한 아래 내용을 설명해 보라.

"우리가 용서하고 사하여 주는 것은 우리 마음 속에 있는 모든 분노와 미움과 복수심을 스스로 없애고, 우리가 당한 모든 모욕과 피해를 잊으며, 어느 누구에게도 결코 악의를 품지 않는 것이다."[2]

2. 당신 스스로 용서에 대해 정의 해보라. 그리고 성경에 비추어 그 제안이 왜 타당한가를 설명해 보라.

신학자의 논쟁

용서에 관한 연구에서[3] 린다 오이어(Linda Oyer)는 다음과 같이 서술하고 있다.

사람이 하는 용서는 단순히 '당신을 용서합니다'라는 말로 제한되지 않는다. 또 사람이 하는 용서는 죄를 사하고 죄인에게 무죄를 선고하는 유일한 행위나 법률적 선고가 아니다. 오직 하나님만이 법률적인 의미에서 용서하시고 죄를 사하실 수 있다. 사람들 간의 용서는 가해자와 화해하기 위해 피해자가 의도적으로 추진하는 과정이라고 볼 수 있다.

그녀는 이 점을 주석에서 자세히 설명하고 있다.[4]

하나님께서 하신 용서의 본을 사람이 문자 그대로 모방하여 용서하려 한다면 무엇보다 관계 차원에서 혼돈이 야기될 뿐만 아니라, 구원에 대해 하나님 자신의 권한을 사람이 부당하게 가로채는 일이 생길 수도 있지 않을까? 만약 용서가 가해자가 회개한다는 유일한 조건으로 피해자가 던지는 최종적인 응답이며 법률적으로 선고하는 것이라면, 사람의 용서와 하나님의 용서가 서로 어떤 관계에 있는지 자문해 보아야 할 것이다.

가해자가 회개하고 피해자와 하나님께 용서를 구함에도 불구하고, 피해자가 용서하길 거절한다면, 이는 하나님의 용서에 어떤 영향을 미치는 것일까? 반대로 피해자는 용서하지만, 가해자가 회개하지 않고 하나님께 용서를 구하지 않는 경우, 하나님은 피해자가 베푼 용서를 어떻게 받아들이실 것인가? 또 마태복음 18장 18절과 요한복음 20장 23절이 하나님의 용서와 사람의 용서 사이에 존재하는 관계를 말하고 있는 것이 사실이라면, 이는 분명히 공동체 차원에서 주어진 말씀일 것이다.

1. 성경에 근거하여, 린다 오이어가 주장하는 바를 설명을 해 보십시오. 토론을 위해 이 책의 4장을 참조하라.

회개와 용서

1. 피해자가 베푸는 용서는 가해자의 회개와 어떤 관계에 있는가? 성경에 비추어 당신의 입장을 설명해 보라. 사무엘 하차코치안이 용서에

관한 그의 저서에서 기록한 다음 간증을 읽고 의견을 나누어 보라.[5]

어느 날 한 젊은 부인이 목사를 찾아와 이렇게 말한다. "저에겐 자유가 필요합니다. 저를 도와주세요." 목사는 상담을 하면서 그녀에게 말했다. "당신은 누군가를 미워하십니까?" 그녀는 목사를 물끄러미 바라보다가 냉정한 목소리로 대답한다. "저는 남편을 미워합니다." 이를 들은 목사는 말한다. "당신이 자유를 체험하기 원한다면 무엇보다 당신 남편을 용서해야 합니다." "저는 그를 용서하고 싶지 않아요. 그는 저와 세 자녀를 버린 사람입니다. 저는 그를 미워해요."라고 그녀는 답한다. 하지만 목사는 계속 강조하며 말한다. "당신이 용서받길 원한다면 당신도 그를 용서해야 합니다." 그러자 그녀는 흐느끼며 소리쳐 말한다. "저는 그가 한 모든 일을 생각할 때 절대로 그를 용서하고 싶지 않아요!" 목사는 말한다. "당신은 지금 방금 진실을 말했습니다. 당신은 '나는 내 남편을 용서하고 싶지 않아요!' 라고 했지요." 목사는 그녀가 상처를 입었기 때문에 반감을 품을 권리가 있다고 스스로 생각하고 용서하지 않기로 다짐한 사실을 지적하면서 말한다. "당신이 남편을 용서하지 않기로 마음먹은 것처럼, 지금 그를 용서하기로 마음먹을 수도 있습니다. 이것은 당신의 의지에 달려 있습니다." 사실 그녀가 그런 결정을 하는 것은 쉽지 않았다. 하지만 그녀가 남편을 용서하기로 비로소 결단했을 때 놀라운 해방감을 느끼게 되었다.

2. 예수께서 십자가 상에서 이르시되 "아버지여 저들을 사하여 주옵소서 자기들이 하는 것을 알지 못함이니이다." 하시더라(눅 23:34). 이 말씀에 대해 사무엘 하차코치안은 다음과 같이 해석하고 있다. "예수께서는 용서하시기로 결단하셨다."[6] 그런데 예수께서 이 말씀을 하시는 순간 자신을 핍박하는 자들은 회개하지 않았습니다. 당신은 이 성경 구절을

어떻게 해석하겠는가?

3. 왜 성경은 용서가 이루어지기 위해서 회개가 선행되어야 한다고 요구하는가?

용서하는 절차

1. 마태복음 18장에서 설명된 올바른 용서 절차를 살피고 그 절차가 지니는 실질적 특징을 논해 보라.

2. 피해자가 용서하려는 의지가 있음에도 불구하고, 가해자가 회개하길 거절한다면 그에게 무엇을 말할 수 있겠는가? 이 때 피해자는 어떤 태도를 가져야 하는가? 교회는 어떻게 해야 하는가?

3. 가해자가 회개했음에도 불구하고, 피해자가 용서를 거절한다면 피해자에게 무엇을 말할 수 있겠는가? 가해자는 어떤 태도를 가져야 하는가? 교회는 어떻게 행해야 하는가?

4. "마음으로부터"(마 18:35) 용서해야 할 필요성에 대해 당신은 어떻게 이해하고 있는가?

IV. 화해 chapter 5

1. 마태복음 5장 23-26절은 다음 사실을 전하고 있다.

그러므로 예물을 제단에 드리려다가 거기서 네 형제에게 원망들을 만한 일이 있는 것이 생각나거든 예물을 제단 앞에 두고 먼저 가서 형제와 화목하고 그 후에 와서 예물을 드리라.
너를 고발하는 자와 함께 길에 있을 때에 급히 사화하라 그 고발하는 자가 너를 재판관에 내어 주고 재판관이 옥리에게 내어 주어 옥에 가둘까 염려하라 진실로 네게 이르노니 네가 한 푼이라도 남김이 없이 다 갚기 전에는 결코 거기서 나오지 못하리라.

위의 두 가지 상황에서 누가 가해자이며, 누가 피해자인지를 설명해 보라. 이 본문 말씀에 의하면 화해란 무엇인가? 하나님과 사람 사이에 이루어지는 화해와 비교 검토해 보라.

2. 성경에 비추어 볼 때 화해를 이루는 핵심 요인은 무엇인가?

3. 화해 없이도 진정한 용서가 가능하다고 생각하는가? 하나님은 어떤 예를 우리에게 보여 주는가? 성경에 근거하여 당신의 견해를 설명해 보라.

V. 간증

에바 토마는 1986년도에 발행된 그의 저서 *Le viol du silence*(침묵의 성폭행)에서 그녀가 친부에게 당한 근친상간에 대해 이야기하고 있다. 아래 기록된 내용에서 그녀는 책을 쓰기까지 어떤 인생 과정을 살았는지를 그리고 그 이후 어떤 일이 일어났는지를 전하고 있다.

에바 토마의 고난
친아버지에 의해 희생자가 될 때 가장 어려운 것은 먼저 자기 자신을 용서하는 것이다.

정신분석가 앨리스 밀러(Alice Miller)는 "진정한 용서는 화를 내지 않는 것이 아니라 바로 분노를 통해 이루어진다."고 글을 쓰고 있습니다. 저는 열다섯 살에 친아버지에 의해 성폭행을 당했습니다. 30년이 지난 후에 저는 바야흐로 이 사건으로 인해 분노했고 성폭행을 저지른 자가 짊어져야 할 죄책감을 제가 대신 진 것에서 벗어날 수 있었습니다. 그 모든 세월 동안 저는 마치 살아 있는 폭탄처럼 살았습니다. 터질 것 같은 울분이 내면에서 치밀어 올랐고 나를 삼키려 했습니다. 저는 가까스로 할 말을 찾아 소리쳤습니다. "그는 그렇게 할 자격이 없어!" "나의 아버지는 범죄인이야!"라고 제가 마음 속에서 소리쳤을 때 저의 마음은 비로소 안정을 되찾기 시작했습니다.

6년 전 저는 이 사실을 토설하고자 첫번째 책을 발간했었고 지금은 두 번째 책을 쓰고 있습니다. 이런 공개적인 글을 통해서 저는 수치심에서 치유를 받았고, 저도 살 권리가 있다는 자신감을 되찾을 수 있었습니다. 저는 그 이후 나처럼 자신의 아버지로부터 성폭행 피해를 당한 여성들을 경청하고 그들의 미움을 진정시킬 수 있게 되었습니다. 하지만 저는 제가 용서하고 있다고 말하고 싶지 않습니다. 천주교 배경 속에서 자라났기 때문에 저는 용서라는 단어를 경멸합니다. 그리스도인의 용서는 잘못이 마치 없던 것으로 여기기 때문에 위선이라고 생각합니다. 사전[8]을 찾아보면 용서에 대한 동의어로 '긍휼', '무죄 방면', '면죄', '은혜'…등이 있지요. 이런 개념들은 근친상간을 당한 희생자에게 적용하기는 불가능하다고 봅니다. 저는 첫 저서인 *Le viol du silence*(침묵의 성폭행)[7]을 아버지에게 헌정했습니다. 그는 충격을 받을 수 있었습니다. 하지만 저는 아버지가 죽기 전에 그와 딸을 갈라놓게 한 그의 과오를 인정하길 바랐습니다. 그는 완전 범죄를 저질렀기에 전혀 양심의 가책을 느끼지 못하는 듯했습니다. 솔직히 저는 아버지가 죽길 원했습니다, 저는 심지어 그를 죽이고 싶을 때도 있었습니다. 그런 사실들을 글로 적은 것입니다. 책이 출판되고 5년이 지난 후에 그는 결국 나의 글을 읽기 시작했습니다. 우리는 전화로 통화를 했습니다. 그는 "너의 책을 읽었다."라고 말하더군요. 저는 "아버지에게 힘든 것이지요."라고 대답했습니다. 그러자 그는 "너는 참으로 용기가 있었다."라는 말로 이어 갔습니다. 그런데 그 말은 제가 지금까지 달려온 인생의 과정을 인정하는 것이었기에 저에게는 매우 뜻깊은 말이었습니다. 희생자인 저에게는 아버지가 자신의 죄를 인정하는 것이 필요합니다. 이런 선행 조건이 없다면 우리가 어떤 말을 서로 나눌지라도 그것은 진실이 될 수가 없기 때문입니다.

저 자신을 구하기 위해 아버지의 죄를 공개하기로 결심한 저는 결국 아버지를 도울 수 있었습니다. 설사 다른 사람들의 반대가 있었더라도, 딸인 저는 법정에서 아버지를 강압적이나마 그가 저지른 사건과 책임을 바라보도록 인도하였습니다. 그것은 그에게도 도움이 되었을 것입니다. 저는 법적으로 고소하지는 못했습니다. 사실 제가 오랜 세월 나 자신과 투쟁하였고 이제 비로소 해결점을 찾으려고 했지만 이미 시기를 놓쳤기 때문입니다. 공소 시효가 지났습니다. 저는 근친상간에 연루된 집안에 질서를 되찾아주는 제도적인 장치가 필요하다고 생각합니다.

그래서 공소 시효라는 제약조건이 있더라도, 저는 저 나름대로 공의를 밝히는 방법을 찾았습니다. 이는 제 이름을 합법적인 방법으로 개명함으로써 이루어졌습니다. 이름은 부모의 선택이자 소원이 담겨 있습니다. 저는 개명을 통해 그의 소원과 일종의 단절을 취한 것입니다. 즉 공의로운 방법으로 아버지로 하여금 그의 호적에 자신의 범죄 사실 흔적이 남아 있도록 만든 것입니다. 또 개명은 파괴적인 거짓말에서 저를 보호해 주는 법적 승인이기도 합니다.

이 덕분에, 저는 내 안에 있던 미움의 뿌리를 근절할 수 있었고, 악에서, 수치심에서 해방될 수 있었습니다. 저는 결국 내적 평화를 얻었습니다. 저는 이것을 평온함이라고 부르고 싶지만, 이는 결코 용서는 아닙니다.

니콜라 레보비츠 (Nicolas Leibowitz) 기자가 취재함
주간지 〈르 누벨 오브세르바퇴〉 (*Le Nouvel Observateur*), 1433호, 1992년 4월 23–29일, p. 32.

1. 성경에 비추어 이 이야기는 고통과 용서 그리고 화해를 어떤 방식으로 다루고 있는지를 토의해 보라. 가해에 대한 기독교적 접근 방법과 일치한다고 생각되는 점과 그렇지 못한 점을 구별하여 보라.

VI. 특별한 상황 또는 특별한 질문

용서의 위기를 초래할 수 있는 상황은 매우 다양하게 존재한다. 대처하기 어렵고 고통스러운 몇 가지 사례를 들어 보라.

1. 하나님과의 관계에서, 성령을 거역하는 죄는 사함을 얻지 못한다고 성경은 말하고 있다(마 12:32). 사람들 사이에서도 용서할 수 없는 죄가 존재한다고 생각하는가?

2. "나는 원한을 품지 않는다, 하지만 결코 잊지는 않겠다!"라고 말하는 자에게 어떤 대답을 해 줄 수 있겠는가? 용서하는 것은 잊는 것인가? 예레미야 31장 34절 "내가 그들의 악행을 사하고 다시는 그 죄를 기억하지 아니하리라."는 성경 구절을 어떻게 이해하는가?

3. 가해자 또는 피해자가 사망하거나 서로 알지 못해 용서하는 것이 불가능한 경우(유아포기 사건 또는 신상이 파악되지 않는 자에 의해 가해를 당하는 경우) 어떻게 해야 하는가?

4. 자녀에게 용서하는 것을 어떻게 올바르게, 양심의 가책 없이 가르칠 수 있는가?

5. 가해와 용서의 절차는 모든 자에게 -그리스도인이든, 그리스도인이 아니든 간에- 적용할 수 있는가? 가해자가 비신자인 경우 어떻게 용서를 실천할 수 있는가?

6. 이 책의 5장에서 우리가 어떤 죄를 고백해야 하는지에 대해 질문을 던지고 있다. 이 부분을 다시 한 번 읽어 본 후, 출장 중에 일시적으로 외도한 남편 또는 부인의 경우에 대해 의견을 나누어 보라.

VII. 용서와 사회생활(부록)

1. 성경적 관점에서 가해와 용서에 대한 사회적 차원에 대해 이야기해 보라. 창조의 어떤 현실이 이 점을 설명하고 있는가? 정부 당국은 이 분야에서 어떤 역할을 해야 하는가?

2. 구체적으로 어떻게 용서를 사회적으로 실천할 수 있는가?

3. 성경에 비추어 볼 때, 데스몬드 투투(Desmond Tutu)가 위원장으로 재직하던 남아프리카 화해조정국가 위원회에 출석을 요청받은 여인의 자세와 《르몽드지》 토론에서 개제된 '대담' 칼럼에 자크 데리다(Jacques Derrida)가 기고하여 주석을 단 아래 글을 읽고 토의해 보라.

투투(Tutu)의 말에 의하면 어느 날 한 흑인 여성이 위원회에 증언하려고 왔다. 그녀의 남편은 경찰의 고문으로 인해 사망했다. 그녀는 헌법에 의해 공식적으로 인정된 12개 언어 중 한 언어로 말했다. 투투 위원장은 그녀가 하는 말을 기독교적 표현(영어)으로 통번역하였다. "귀 위원회나 정부 기관이 용서를 할 수 없습니다. 오직 저만이 경우에 따라 용서를 할 수 있을 것입니다. 그런데 저는 용서할 준비가 되어 있지 않고 용서하길 원치도 않습니다."

이 여인이 한 말은 놀라운 것이다. 피해자인 그녀는 정부나 공공 기관 등 익명 단체가 용서할 수 없다는 것을 확실하게 상기시키길 원했다. 익명 단체는 용서할 권한도 없고 권력도 없다. 더군다나 그런 용서가 설사 베풀어진다 해도 아무런 의미도 없는 것이다. 국가를 대표하는 자는 재판을 할 수 있지만 그 재판은 용서와 아무런 관련이 없는 것이다. 용서는 심지어 대중 또는 정치 세계와도 상관이 없다. 설사 용서가 '공정' 할지라도, 그것은 다만 공으로서 공정한 것이지, 사법적 공의와는 상관이 없다. 유사한 일을 위한 여러 법원 기관들이 존재하지만 엄밀한 의미에서 법원은 용서하는 곳이 아니다.

이 여인은 아마도 다른 것을 제안하길 원했을 것이다. 누군가 용서할 수 있는 자격이 있다면, 그것은 오직 피해자 자신일 뿐이지 제 삼자인 공공 기관이 대신할 수 없다는 것이다. 물론 이 부인은 피해자임에는 확실하지만, 절대적인 의미에서의 피해자는 바로 죽은 남편일 것이다. 오직 죽은 그만이 합법적으로 용서를 가능하게 할 수 있다. 유가족인 부인은 죽은 남편을 함부로 대신할 준비가 안 된 것이다. 실로 유가족이 당하는 고통은 엄청난 현실이다. 도대체 어느 누가 죽은 희생자의 이름으로 용서할 수 있는 권한을 가지고 있단 말인가?

주

서문

1. Samuel Hatzakorizian, Le pardon, une puissance qui libère(용서, 자유케 하는 능력), Challes-les-Eaux, Compassion, 1980, p. 27. 이 책에는 '스스로 용서하라'라는 제목으로 시작되는 장이 있다. 그 내용은 자신을 용서하라는 것이다. 참조, Lewis B. Smedes, *forgive and forget*, Pocket Books, New York, Simon & Schuster, 1984, p.97. 루이스 B. 스미스, 『용서의 기술』(규장, 2004)
2. Smedes, p.111.

chapter 1

1. Julie Dumas, *Julie, le journal d'un divorce*(쥴리의 이혼 일기장), Méry-sur-Oise, Sator, 1982, p.7.
2. 같은 책, p.120.
3. 칼뱅도 십계명을 각각 4개 조항과 6개 조항으로 이분하고 있다. 참조, Jean Calvin, L' institution de la religion chrétienne, II권, VIII장, 12항, Kerygma/Farel,

1978, p. 136-137. 장 칼뱅 『기독교 강요 2』 (기독교문사, 2006)
4. 참조, John Murray, 'A Lesson in Forgiveness', *Collected Writings of John Murray*, vol. 3, Édimbourg, The Banner of Truth Trust, 1982, p.191.
5. 참조, Friedrich Hauck, *opheilo, opheilè, opheilèma, opheilétès*, TDNT vol. V, p. 561-2, 565. 이 주제와 관련하여 '죄'(*hamartia*)에 대한 개념이 누가복음 11장 4절에서 '빚'(opheilo)의 개념으로 표현된 것을 주목할 필요가 있다.
6. Henri Blocher, *La doctrine du péché et de la rédemption*(죄와 구속론), Didaskakia 총서, Vaux-sur-Seine, Edifac, 2000, p.31.
7. 구약에서는 가해를 지칭하기 위해 '빚'이란 단어를 상징적으로 사용하지 않는다. 하지만 Hauk, *TDNT*, n.13, p.561가 제안한 것처럼 '죄의식'과는 밀접한 관계가 있다(창 26:10; 민 5:7-8; 렘 51:5; 사 24:6; 시 34:22-23; 잠 30:10).
8. 로마서 3장 25-26절을 보다 깊이 살펴보려면 Leon Morris의 책을 보라. *The Apostolic Preaching of the Cross*, Leicester, Inter-Vasity Press, 1955, 1976, p.200-2.
9. Jean-François Collange, *Énigmes de la deuxième épître de Paul aux Corinthiens, Étude exégétique de 2 Corinthiens 2:14-7:4*(바울의 난해한 고린도후서 2:14-7:4절 해석연구), London, Cambridge University Press, 1972, p. 276-278. 여기서 고린도후서 5장 21절에 대해 "그가 죄를 위해 희생이 되게 하셨으니"라고 해석하는 것을 거절한다. 그 이유는 21절상과 21절하의 관계가 매우 밀접하기 때문이다 (p.278). 갈라디아서 3장 13절이 우리의 해석을 확증해 준다. 즉 그리스도께서 우리를 대신하여 법률적으로 죄가 되었는데 이는 우리가 받을 정죄를 대신 받으시기 위한 것이다.
10. Henri Blocher, '사람 간의 용서' 중에서, Table ronde, *Ichthus*, 1983-87, 118, p.7.
11. Dietrich Bonhoeffer, *Le prix de la grâce*(은혜의 값), Neuchâtel, Delachaux et Niestlé, 1967, p. 11이하에서 "싸구려 은혜"를 말하고 있다.
12. Smedes, p.22. 하나님의 말씀에는 책임을 져야 할 또 다른 존재, 즉 사단과 마귀

들에 대해 용서를 베풀라고 말하지 않는다. 그 이유는 스미즈가 제안한 것처럼 (p.109) 그들이 악 그 자체이기 때문이거나, 선악 간의 투쟁 자체를 거부하는 존재이기 때문이 아니다. 다만 우리가 그들과 맺고 있는 특별한 관계와 그들이 회개하길 거부하는 점 그리고 이미 그들은 하나님의 뜻에 의해 확정된 정죄를 받았기 때문이다.

13. 어떤 원본에는 마태복음 18장 15절에 '너에게'라는 표현이 있지만, 성서 비평에 따르면 이 표현은 원래부터 있던 것이 아니다.
14. Smedes, p.81-84.
15. 참조: William Kirwan, *Les fondements bibliques de la relation d'aide*(상담의 성경적 기초), coll. Terre Nouvelle(새 땅 총서), Cléon d'Andran, Excelsis, 1998, p.85, 이 책에서는 하나님의 율법, 교리, 죄 사이에 존재하는 관계를 분석하고 있다.
16. 참조, Smedes, p.23.
17. 이 인용된 부분에서 질문은 Marie de Védrines가, 답변은 Monique de Hadjetlaché가 했다. *Ichthus*, 1983, no.87, p.118.
18. 참조, p. 126-127.
19. 참조, Murray, "A Lesson in Forgiveness", p.191.
20. '근심하게 하다'라는 헬라어 동사는 완료형으로 근심의 지속적인 상태를 분명하게 보여 준다.
21. 혹자는 예수께 버림 받는 자의 감정을 부여하길 주저할 것이다. 하지만 주님은 여러 차례에 걸쳐, 제자들의 지원을 바라는 순수한 인간적 필요를 보여 주셨다. 특히 겟세마네에서 '고민하고 슬퍼하사' 베드로, 요한, 야고보에게 그의 곁에 함께 있을 것을 부탁하기도 했다. 세 공관복음의 연대기에 따르면 예수께서 그들의 배반을 예언한 직후에 그런 부탁을 하신 것으로 나타난다(마 26:31-35; 막 14:26-31; 눅 22:31-34).
22. 하나님은 본체(essence)로는 유일하시나 위(personnes)는 세 분이시다. 이 진리를 계시하는 많은 성경 본문이 있는데 그 중 하나가 마태복음 28장 19절이다. 예수

께서는 "그들을 아버지와 아들과 성령의 이름들(복수)로 세례를 베풀라."고 말씀하지 않으셨다. 만약에 삼위께서 각각 다른 이름을 갖고 계셨다면, 그 이름은 헬라어 복수로 표현되었을 것이다. 그러나 예수께서는 "그들을 아버지와 아들과 성령의 이름(단수)으로 세례를 베풀라."고 말씀하시면서, 성삼위께서는 오직 하나의 이름을 갖고 계심을 보여 주신다. 일찍부터 기독교인들은 성삼위일체 교리가 하나님의 자존성를 보장한다고 알고 있다. 즉 하나님은 다른 자와 교통하기 위해서나 누구를 사랑하기 위해서 다른 누구를 창조할 필요가 없었다. 그 이유는 "그 안에 생명이 있었기"(요 1:4) 때문이다.

23. 참조, B. Mareau-Cleirens, *Psychologies des mères*(모성 심리학) 인용. Élisabeth Bandinter, *L'amour en plus*(사랑을 더하여), Paris, Flammarion, 1980, p.358.
24. H. Wheeler Robinson에 의하면 B.O. BANWELL, "Heart", *New Illustrated Bible Dictionary*, vol. II, Leicester, IVP, 1980, p.625에서 인용. '마음' 이란 단어는 내적인 삶을 지칭하는 의미로 257회, 감정의 의미로 166회, 생각의 뜻으로 204회, 그리고 의지의 개념으로 195회 사용되었다. 히브리서 10장 22절에 의하면 양심은 '마음'에 속한다.
25. Monique de Hadjetlaché, "사람들 간의 용서" 중에서, p.3.
26. Kirwan, p.230-231.
27. 같은 책. p.232.
28. K. Horney, *Nos conflits intérieurs*(우리의 내적 갈등), Paris, L'Arche, 1955, Kirwan의 저서에서, p.200.
29. Monique de Hadjetlaché, p.4.
30. 우리는 여기서 세계관을 자세하게 분석할 수는 없다. 이 분야 연구를 위해서는 다음 도서를 참조하라. B. Walsh와 R. Middleton, *La vision chrétienne du monde*(기독교 세계관), coll. Alliance, Méry-sur-Oise, Sator, 1988.
31. 같은 책, p.31.
32. 같은 책, p.33.
33. 남태평양에 위치한 프랑스 식민지령 중 하나(역주).

34. 바울은 2회에 걸쳐 '실족하게 하다'(scandaliser)라는 동사를 고린도전서 8장 13절에서 사용하고 있다. 그는 로마서에서도 동일한 성격의 배경 속에서 '거리낌', '거치게 함'(scandale)이라는 단어를 사용하고 있다(롬 14:13, 21; 16:17).
35. 마태복음 5장 29절에 대한 TOB성경 신약 주석과 *Bible d'étude Semeur 2000*(씨 뿌리는 자 학습성경, 2000)의 로마서 14장 13절 주석을 참조하라. 스캔들은 '좋은' 일 또는 '나쁜' 일이 될 수 있다. 하나님, 예수, 십자가는 스캔들이었고 계속 스캔들로 남아 있다(사 8:14-15; 마 11:6; 13:57; 고전 1:23). 이는 우상숭배, 유혹, 죄가 스캔들인 것과 같다(겔 44:12; 마 5:29-30; 18:6-9).
36. 참조, 예수의 이름으로 귀신들을 쫓아내는 자에 대한 제자들의 태도(막 9:38-40).
37. 참조, Jean Calvin, *Commentaires sur le Nouveau Testament*, t.6, *Épîtres aux Galates, Éphésiens, Philippiens et Colossien*(신약 즈석서, 6권, 갈라디아서, 에베소서, 빌립보서, 골로새서), Aix-en-Provence/Marne-la-Vallée, Kerygma/Farel, 1978, p.373.
38. '서로 용납하라'는 헬라어 단어를 바울은 '적극적' 의미에서 사용한다. 즉 그는 피차 자원하는 의미로 사용하고 있다.

chapter 2

1. Lewis B. Smedes, p.38-39.
2. 요한에게 대조법 '사랑하다/미워하다'는 그의 서신에서 뿐만 아니라 그의 복음에서도 중요한 역할을 한다. 서신에서 요한은 그리스도 안에서 형제에 대한 미움을 고발한다(2:9, 11; 3:15; 4:20). 바울은 '미워하다'라는 단어를 디도서와 로마서 7장 15절과 9장 13절(말 1장 2-3절에서 인용) 그리고 에베소서 5장 29절에서 사용하고 있다.
3. 참조, 예를 들면, 야곱에 대한 에서의 미움과 분노는 서로 밀접한 관계가 있다(창

27:41, 44, 45). Smedes가 p.39-40에서 주장하는 바와 달리, 우리는 미움에는 부정적인 것이 있는 반면, 분노에는 긍정적인 것이 있다고 볼 수 없다.(참조, *Infra* 나중 대목에).

4. Alphonse Daudet, *Lettres de mon Moulin*, '*La Diligence de Beaucaire*', 알퐁스 도데, 『풍차방앗간에서 온 편지-보케르의 승합마차』(느낌있는 책, 2003).
5. 잠언은 미움이 다양한 형태로 표출 됨을 분명히 말하고 있다. 미움은 분열과 다툼을 조장하며(10:12), '분위기를 탁하게 하며'(15:17), 중상과 거짓말을 하게 한다(10:18). 다시 말하면, 미움은 부끄러운 감정이며 가능하면 오랫동안 억제해야 할 감정이다. 이를 극복하지 못하면 회중 앞에 '드러나게' 된다(26:26; 10:18).
6. 참조, Derek Kidner, *Genesis*, Londres, Inter-Vasity Press, 1974-76, p.180-181. 『창세기 주석』(기독교문서선교회, 1994).
7. 참조, "아버지 저들을 사하여 주옵소서 자기들이 하는 것을 알지 못함이나이다"(눅 23:34). 존 스토트는 "*Matthieu 5-7, le Sermon sur la Montagne*(마태복음 5-7장, 산상수훈)", coll. Paroles pour vivre, Lausanne, Presses Bibliques Universitaires, 1987, p.108에서 이 기도가 "반과거 시제를 사용했다는 사실은 이 중보기도가 지속되었다는 것을 암시한다."고 분석했다.
8. 참조, 예, F. Alexander, *Principes de Psychanalyse*(심리 분석의 원칙), H. Stern & D. Anzieu에 의한 영어판 번역, Petite Bibliothèque Payot 123, Paris, Payot, 1968, p.197-198.
9. Fritz Zorn, *Mars*, Gilberte Lambrichs에 의한 독어판 번역, Paris, Éditions Gallimard, 1979, p. 29.
10. 같은 책, p. 207.
11. 참조, '가인의 경우'가 전형적인 예로 '미움이 어떤 과정을 거쳐 가는지를 잘 보여 준다. 즉 시기심에서 생겨나서, 남을 죽이려는 생각을 품게 되며 결국 살인죄로 이끈다.' *Vocabulaire de Théologie biblique*(성경신학용어집), Xavier Léon-Dufour 감수, Paris, Édition du Cerf, 1970, col. 526. 요한일서 3장 11-12절에서 그 용어를 사용하고 있다.

12. 참조, 시편 58:7-12; 137:7-9; 140:7-12 등. 이 시편들은 악에 대한 일반적 입장을 다루는 것뿐만 아니라 특별히 개인적으로 당한 가해에 대한 반응을 표현하고 있다. '예레미야의 고백'은 비슷한 종류의 반응을 간증한다(렘 18:18-23).
13. 참조, 시편 106:1; 107:1; 118:1-4; 136.
14. 참조, Francis Foulkes, *Ephesians*(에베소서), Tyndale New Testament Commentaries, London, The Tyndale Press, 1963, 1971, p.133. 전통적인 번역 "너희가 분을 내더라도…"는 헬라어 오르지제츠(*orgizesthe*)의 강도 있는 명령법 형태를 약화시키고 있다.
15. 우리는 '미워하다'의 히브리어 동사 사네(*sâné*)와 '미움'의 히브리어 명사 시네아(*siné'âh*) 사용에 국한하고자 한다. '미워하다' 동사가 '사랑하지 않다'의 뜻으로 쓰여진 경우(말 1:3; 창 29:31; 신 21:15)를 제외한 모든 참조 성경 구절이 이에 해당된다. 바울은 로마서 9장 13절에서 말라기 1장 3절을 인용하고 있다.
16. 신명기 12:31; 16:22; 예레미야 44:4; 호세아 9:15.
17. 이사야 1:14; 아모스 5:21.
18. 이사야 61:8; 스가랴 8:17; 시편 5:5-6, 11:5, 45:8; 잠언 6:16.
19. 예레미야 12:8; 호세아 9:15; 아모스 6:8; 시편 5:5; 참조, 신명기 1:27; 9:28.
20. 가장 일반적으로 사용되는 단어는 분노의 불길 속에 타는 사람을 묘사하는 '그의 코가 불붙었다.'라는 표현에서 파생된다. 이처럼 '코'란 단어는 하나님의 분노를 지칭하는 데 사용된다.
21. Leon Morris, *The Apostolic Preaching of the Cross*, Leicester, Inter-Varsity Press, 1976, p.149-150.
22. 참조, Johannes Fichtner, *orgé*, *TDNT* V, p.399-400.
23. '경건하지 않음'과 '불의'에 대한 구별은 다음 도서를 참조하라. Charles Hodge, *A Commentary on Romans*, Édimbourg, The Banner of Truth Trust, 1835, 1983, p.35.
24. 하나님의 진노를 지칭하는 용어 투모스(*thumos*)는 요한계시록(14:10, 19; 15:1, 7; 16:1, 19; 19:5)을 제외하고는 오직 로마서 2장 8절에서만 쓰인다. 요한계시

록이 예언서인 만큼, 이 용어가 요한계시록에서 자주 사용된 점은 하나님의 '분노'의 과격한 면을 보여 준다.

25. 출애굽기 33:23; 신명기 6:21; 8:3을 참고하라.
26. Henri Blocher, *Prolégomènes, Introduction à la Théologie*(서론, 신학입문), Fac Étdues, Vaux-sur-Seine, Faculté Libre de Théologie Evangélique, 1976, p.46에서 이를 자세하게 설명하고 있다. 즉 "유사성(analogie) 개념은 일의성(univocité) – 한 동일한 단어가 동일한 뜻을 가지는 것으로, 예를 들면 불독 개(un **chien** bouledogue)와 다리가 짧은 개(un **chien** basset)가 있다. – 과 동음이의성 (équivocité) "한 단어가 서로 뜻이 전혀 다른 두 가지 의미를 갖는 것으로, 불독 개 (un chien bouledogue)와 총 방아쇠 (un **chien** de fusil)를 예로 들 수 있다." 사이를 중개하는 역할을 한다.

역주-강조된 글자 표시는 번역자에 의한 것이다. 부언하면, 불어로 'chien'은 개를 지칭하는 단어이지만 'un chien de fusil'란 표현에 'chien' 단어가 있지만 '개'의 의미와는 전혀 무관한 방아쇠의 의미를 지니며, 이로써 동음이의성을 보여 주는 예가 된다.

27. Morris, p.150
28. 참조, 바울은 갈라디아서 5장 19절과 22절에서 '육체의 일'(복수형으로 질서 없이 이곳저곳 무질서하게 나타나는 것을 암시한다)과 '성령의 열매'(단수형으로 사랑 안에 집중되어 있는 것을 암시한다)를 대조시키고 있다.
29. 구약에서는 이런 표현이 9회나 사용되고 있다(민 14:18; 느 9:17; 시 86:15; 103:8; 145:8; 렘 15:15; 욜 2:13; 욘 4:2; 나 1:3).
30. 헬라어 동사는 현재형으로 하나님의 이 계시가 지속 됨을 말해 준다.
31. 참조, 신명기 6:16; 29:19; 에스겔 5:13; 16:42.
32. 여호와의 질투에 관련된 대부분의 성경 구절은 우상숭배를 겨냥한 것이다(예, 신 32:16, 21; 왕상 14:22; 시 78:58; 겔 8:3, 5 등). 신약에서는 고린도후서 11장 1-4절에서 이 주제를 다시 다루고 있다. *Bible d'étude Semeur 2000*에서 출애굽기 20장 5절과 고린도후서 11장 2절의 주석을 참조하라.

33. Simone de Beauvoir, *La femme rompue*, Folio, Paris, Gallimard, 1967, p.251. 시몬느 드 보부아르, 『위기의 여자』(문예출판사, 1998).
34. Henri Blocher, *"Le pardon entre les hommes, Table ronde"*(사람들 간의 용서, 원탁회의), *Ichthus*, 1983-87, 118, p.9.
35. 이 고민은 '근심이 많은 마음 속'(시 94:19)을 말하고 있다. Derek Kidner, *Les Psaumes*, vol 2, Colin Porteous에 의한 영문서 번역, Méry-sur-Oise, Sator, 1984, p. 224.
36. 참조, 욥기 19:27; 시편 73:21; 예레미야 11:20.
37. H. Blocher, *Ichthus*, 118, p.9.
38. 참조, 예, Derek Kinder, *Psaumes*, vol.1, Colin Porteous에 의한 영문판 번역, Méry-sur-Oise, Sator, 1983, p. 27-32.
39. Stott, p.106.
40. 신약에서 유일한 저주 기도인 요한계시록 6장 9-11절은 이미 죽은 그리스도인이 마지막 심판을 기다리면서 드린 것임을 주목할 필요가 있다.
41. Stott, p.106.

chapter 3

1. Friedrich Nietzsche, *Par-delà bien et mal*(선악의 이면), Cornélius Heim에 의한 독어판 번역, Coll. Idées 325, Paris, Gallimard, 1971, p.106.
2. George Bernard Shaw, Smedes, p.160에서 인용.
3. 참조, Pierre Chaunu, *Le refus de la vie*(삶의 거부), Paris, Calmann-Lévy, 1975, p.127-159.
4. Friedrich Nietzsche, *L'Antéchrist*(적그리스도), Jean-Claude Hémery에 의해 독어판 번역, Coll. Idées 386, Paris, Gallimard, 1973, p.52.
5. 예를 들어, "오직 사랑으로 서로 종노릇하라"(갈 5:13)와 "그러므로 복종하지 아

니할 수 없으니 진노 때문에 할 것이 아니라 양심을 따라 할 것이라."(롬 13:5) 라는 성경 구절은 이를 잘 설명해 준다.

6. 참조, 에베소서 5장 22절과 6장 9절의 표현 '주님에 의하면'(selon le Seigneur) 또는 '주께 하듯'(comme au Seigneur), 베드로전서 2장 13절의 '주를 위하여' (ácause du Seigneur), 그리고 베드로가 성도들을 향해 반복적으로 권면하는 '선을 행하라' 라는 구절(2:12, 14, 15, 20; 3:6, 11, 13, 16, 17)을 참조하라. John H. Yoder, *Jésus et le politique*(정치인 예수), Daniel Alexander와 Maurice Gardiol에 의한 미국판 번역, Lausanne, Presses Biblqiues Universitaires, 1984, p.151-175.

7. F. Nietzsche, *La généalogie de la morale*, Folio Essais 16, Paris, Gallimard, 1985, p.35-39; cf. p.48. 니체, 『도덕의 계보학』(지만지고전천줄, 2008).

8. 이 역사 분석은 반란한 노예들이 주인들을 제압한 유대인 사건과 함께 시작된다. 노예들은 주인들을 그들의 도덕 수준으로 강제 복종시킨다. cf. Par-delá bien et mal(선악의 이면), p.119 이하. 이런 분석은 신앙 면에서뿐만 아니라 역사 차원에서도 반론의 여지가 있다.

9. *L'Antéchrist*(적그리스도), p.122. 예: "사람들은 '거룩한' 역사로 마땅히 불려져야 할 것을 '저주의 역사'로 부를 것이다. 그리고 '하나님', '메시아', '구속자', '거룩한 자' 라는 단어를 욕설로 사용할 뿐만 아니라, 범죄자를 지칭하는 데에도 사용할 것이다"(p.121-122).

10. 십인 역 헬라어 성경(LXX)에 따르면, 히브리어 성경(TM)에는 다음과 같은 내용이 첨부되어 있다. 다윗은 "심히 노하니라. 그러나 그를 벌하지 않았는데 이는 맏아들인 그를 사랑한 까닭이다."

11. 다윗의 복수에 대하여 여러 가지 해석이 존재한다. 가장 타당해 보이는 것은, 다윗이 아들의 왕좌를 견고하게 만들려는 '정치적 현실주의'에 입각한 설명이다. 하지만 다윗이 솔로몬에게 한 조언은 차라리 '개인적인' 동기가 우선이었다는 점을 배제할 수 없다.

12. 참조, 예를 들면, 민수기 14:8; 신명기 4:31; 느헤미야 9:17, 31; 시편 86:15; 103:8; 111:4; 116:5; 요엘 2:13; 요나 4:2, 나훔 1:3 등에서 감탄으로 나온 하나

님의 이름을 기록하고 있다. 비교, 예: 시편 145:8.
13. 요한복음 1장 17절의 '은혜와 진리'는 출애굽기 34장 6절의 '인자와 진실'과 일치한다. 히브리어 '에메트'(*émeth*)는 '진리, 신실함'을 의미한다.
14. 참조, Thierry Huser, "Le Pardon"(용서), *Le Point de Rencontre 16*, 겨울 1980, Paris, 침례교회, 72 rue de Sèvres; 75007 Paris, p.2. 이 논술의 여러 부분을 참조해서 이 부분을 썼다.
15. Henri Blocher에 의하면 Richard Stauffer가 이런 표현을 처음으로 사용하였다. Henri Blocher, *Luther et la Bible*(루터와 성경), Fac Réflexion, Vaux-sur-Seine, 복음주의 자유신학교, 1985, p. 12.
16. 하나님께서 작정한(décrétive) 뜻에 따라 오직 일정한 사람들만이 구원을 얻게 된다(참조, 롬 8:29; 9:14-23; 엡 1:45). 그렇다면 주님께서 모든 자들을 구원하길 원하신다는 뜻은 어떻게 설명할 수 있는가? 하나님이 모든 사람이 구원받기 원하시는 것은 그의 작정적 뜻이 아니며, 다만 사람을 구원하길 원하시는 우선적 뜻이다. 이는 사람들을 향한 그의 선하심이 다양한 복음의 증거를 통해 계시된다. 하나님은 모든 자들이 그의 은혜에 답하기를 원하신다. 하나님 자신이 그들에게 허용한 은혜에 직접 '연루되어 있음을 의미한다.' cf. John Murray, "The Free Office of the Gospel", *Collected Wringtings of John Murray*, vol. 4, Studies in Theology, Édimbourg, The Banner of Truth Trust, 1982, p. 113-132.
17. 참조, T. Huser, p.2는 다음과 같이 설명한다. "용서/정죄의 비대칭적인 관계에 관해서 로마서 5장 12-21절의 논리를 참조하라. 특히 15절의 표현에 주의하라. 하나님이 죄가 정죄함으로 끝나는 것을 경계하셨다면, 우리는 그리스도의 은혜로 말미암아 그를 믿는 자들이 의롭게 되는 것을 더욱 더(너무나 당연한 이치로) 확신할 수 있다.
18. 참조, Gérard Siegwalt는 "언약의 율법 또는 섬기는 율법"과 "율법의 언약 또는 노예로 만드는 율법"을 구별하고 있다. *La Loi, chemin de salut*(율법, 구원의 길), Bibliothèque Théologique, Neuchâtel, Delachaux et Niestlé, 1971.
19. 거룩함에 대한 개념은 다음 도서를 참고하라. Claude-Bernard COSTECALDE,

Aux Origines du Sacré biblique(성서 종교 기원에 관해), Paris, Letouzey et Ané, 1986.

20. 이 두 시편은 알파벳 순서로 되어 있다(각 줄의 첫 글자는 알파벳 순서를 따라 시작된다).이 두 시편은 "여호와를 찬양하라"('할렐루야')로 시작한다. 시편 110편 10절은 "여호와를 경외함"으로 끝나는데, 이는 시편 112편 1절, 111편 3절하, 112편 3절하와 동일하다. "여호와를 경외하는 자"의 '마음'은 "흔들리지 아니한다." 그 이유는 "그의 법도는 다 확실하며, 흔들리지 아니하시는"(111:7-8) 여호와를 "의뢰하기"(112:7-8) 때문이다.

21. 일부 헬라어 본(LXX)과 Ibn Ezra는 112편 4절에 다음 같은 내용을 첨부하고 있다. "여호와 하나님은 자비롭고 긍휼이 많으시며 의로우시다." 이렇게 수정하면 사람에게 하나님의 속성을 부여하는 것을 피하게 한다. 하지만 이는 히브리어 성경과 일치하지 않으며, 시편 저자의 의도와도 일치하지 않는다고 우리는 생각한다.

22. "네 이웃을 사랑하고 네 원수를 미워하라"(마 5:43). 참조: 예, John Stott, *Matthieu 5-7, le Sermon sur la Montagne*(마태복음 5-7장, 산상수훈), 영문판 번역(Daniel Buèche), Paroles pour Vivre, Lausannes, Presses Bibliques Universitaires, 1987, p.104 이하.

23. 참조, J. I. Packer, *Connaître Dieu*(하나님을 알라), Mulhouse, Grâce et Vérité, 1984, 19장.

24. Stott, p.107.

25. 이 인물(다니엘)은 에스겔과 동시대 인물인 선지자 다니엘과는 동명이인이다. 이를 위해 다음 도서를 참조하라. Brian Tidman, *Le livre d'Ezéchiel*(에스겔 1권, commentaire évangélique de la Bible(CEB), Vaux-sur-Seine, Édifac, 1984, p.196-198.

26. Lewis Smedes에 의해 소개된 사례, p.47-48.

27. 이 두 성경 구절을 비교하면, '원수'는 '너를 미워하는 자'이며, 이는 산상수훈에서 말하는 경우와 일치한다.

28. 참조, Jean Calvin, *Commentaire sur le Nouveau Testament*(신약 주석), IV권, *Epître aux Romains*(로마서), Aix-en-Provence/Marne-la-Vallée, Kerygma/Farel, 1978, p.304.
29. Samuel Hatzakortzian, *Le pardon, une puissance qui libère*(용서, 자유케 하는 능력), Challes-les-Eaux, Éditions Compassion, 1980, p.12-13.
30. 참조, n.1, p.70.
31. 참조, 아모스 2장 6-11절에서 하나님은 이스라엘을 출애굽 시키시고 사십 년간 광야에서 그들을 인도했지만 이스라엘이 감사치 않은 것을 책망하신다(10절).
32. Joachim Jeremias, *Théologie du Nouveau Testament I. La prédication de Jésus*(신약신학 1. 예수 설교학), J. Alzin와 A. Liefooghe에 의한 독어판 번역, Lection Divina 76, Paris, Éditions du Cerf, 1980, p. 242.,
33. 같은 책, p.251.
34. 참조, "그러나 너희가 용서하지 아니하면, 너희 하늘 아버지께서도 너희 잘못을 용서하지 아니하리라"(막 11:26). 이 구절이 여러 사본에서 생략되어 있다.
35. Varin d'Ainvelle 신부(Ponthaud), *Précieux Recueil*(소중한 문집), Sursum Corda, Nice, Don Bosco, 1950, p.27-28.
36. 철학에서, 메커니즘(mécanisme)은 인과응보의 관계 모델에 의해 대부분의 현상을 인식하는 물질주의적 개념이다. -역주
37. Thierry Huser, p.4.
38. Frédéric Godet, *Commentaire sur l'Évangile de Saint Luc*(누가복음 주석), Neuchâtel, Édition de l'imprimerie Nouvelle, L.-A. Monnier, 1969, p.77. Godet 에 의하면 (p.78), 누가복음 11장 4절과 마태복음 6장 12절 간의 '유일한 차이'는 누가는 동기로서 (역시…이기 때문에) 주장하는 반면, 마태는 비교 (역시…같이)로서 전개하는 데 있다.
39. Jeremias, p.242.
40. Henri Blocher, *La doctrine du péché et de la rédemption*(죄와 구속론), coll. Didaskalia, Vaux-sur-Seine, Édifac, 2000. p.325-326. 참조, p. 321-333 그리

스도인의 '최후의 인내'에 관한 자세한 연구를 위해서 참조하라.
41. 참조, Corrie Ten Boom, *Victoire à Ravensbrück*(라벤스브뤼크에서의 승리), 제네바, L' Eau Vive, 그리고 영화 〈Dieu en enfer〉(지옥에 계신 하나님).
42. Corrie Ten Boom, *Le pardon*(용서), Échos de la Joie, 1988, p.13-16.
43. Huser, p.4.
44. Jeremias, p.251-2. 이 점에 대해 R.T. France는 동일한 입장을 취하고 있다. R.T. France *L'Évangile selon Matthieu*(마태복음) 1권, Méru-sur-Oise/Fontenay-sous-Bois, Sator/Farel, 1987, p. 121-2.
45. R.T. France, p.122.
46. TOB성경 마태복음 6장 12절 주석과 씨 뿌리는 자 학습성경(*Bible d'étude Semeur 2000*)의 마태복음 6장12절 주석도 참조하라..
47. '디다케'는 원래 헬라어로 가르침, 훈시라는 뜻이다. 초대 교회 신자들의 윤리생활과 전례와 제반 규정에 관한 문헌이며, 이 문헌의 원래 제목은 "열두 사도들을 거쳐 백성들에게 베푸신 주님의 가르침"이라는 긴 제목이 붙어 있었으나 줄여서 '디다케'라고 부른다. 이 문헌은 서기 100년경 시리아 지방 어느 한 지역교회의 그리스도인들이 편집한 최초의 공동체 규범서이며, 우리는 이를 통해 초대 교회 공동체의 생생한 모습을 엿볼 수 있다.-역주
48. *La Didachè* VIII 2. '디다케'는 주기도문을 개인적으로 사용하면서 '하루에 세 번씩' 기도하도록 권장한다(VIII.3). 이런 권면은 세례와 금식(VII.1에서 VIII.1)과 성찬(IX.1-5)에 관한 지침 사이에 삽입되어 있다. 그러므로 주기도문은 교회 모임 때에 기도문으로도 사용된 것으로 추정된다.
49. '*Leitourgia*', 헬라어로 그 뜻은 '봉사, 예배'를 의미한다(예, 빌 2:17, 30; 히 9:21).

chapter 4

1. John Murray, "A Lesson in Forgiveness", *Collected Writintgs of John Murray*, vol.3, Life, Sermons, Reviews, Édimbourg, The Banner of Truth Trust, 1982, p.192.
2. 사실 구약에서 용서를 지칭하는 데는 세 단어가 주로 사용된다. *salach, kipper* '덮다 또는 지우다, 속죄하다' 그리고 *nasa* '없애다, 제거하다' 인데, 이 단어에서 '죄를 지우다, 용서하다' 라는 표현이 파생된다. 처음 두 단어는 전적으로 하나님에게만 적용된다. 이 두 동사는 속죄를 주제로 하는 표현에 가끔 사용된다. 참조, Leon Morris, "Forgiveness", *The Illustrated Bible Dictionary*, vol. 1, Leicester, Inter-Vasity Press, 1980, p. 521.
3. 바울은 '용서하다'는 의미를 가진 '아피에미' (*aphièmi*) 동사를 단 한번 사용하고 있는데, 바로 로마서 4장 7절에서 구약을 인용할 때이다. 그리고 '용서'의 명사형인 '아페시스' (*aphésis*)는 에베소서 1장 7절과 골로새서 1장 14절에서만 발견할 수 있다. 반대로 바울의 서신에서 '의롭게 하다'의 의미를 가진 '디카이오오' (*dikaioô*)는 27회, 명사형 '의롭게 함'의 '디카이오시스' (*dikaiosis*)는 2회 사용되었다.
4. Jean Calvin, *L'Institution de la religion chrétienne III*, 20, 45, Aix-en-provence / Marne-la-Vall?e, Kerygma/Farel, 1978, p.383.『기독교 강요 3』, (기독교문사, 2006).
5. Lewis Smedes, p. 45-49. 이 책에서는 용서를 '자동적인 치유' (l' auto-guérison)라고 명명된 장에서 다루고 있다.
6. Morris, *IBD*, p.521. 이는 요셉의 형제(창 50:17), 바로(출 10:17), 사울(삼상 15:25) 그리고 아비가엘(삼상 25:28)의 용서를 구할 때 사용된 동사이다.
7. 하나님의 용서를 지칭하는 경우로, 구약에서는 '수르' (*sour*) 즉 "사이를 벌리다, 멀리하다"라는 뜻을 가진 동사를 사용하며, 신약에서는 '아이로' (*airô*), 즉 '제거하다' 라는 동사를 사용하고 있다(사 27:9; "그의 죄 없이 함을 받을 결과", 요

1:29).
8. 참조, 사무엘하 24:10; 아모스 7:8; 스가랴 3:4.
9. 참조, Rudolph Bultman, "*aphièmi*", *TDNT* vol.1, Grand Rapids, Éerdmans Publishing Company, 1964, 1977-78, p. 510.
10. 마태복음 6:12, 14-15; 18:(12), 21, 27, 32; 마가복음 11:25, 26; 누가복음 11:4; 17:3-4; 요한복음 20:23.
11. 참조, Gottlob Schrenx, "*katadikazô*", *TDNT*, vol.3, p. 622.
12. Samuel Hatzahortzian, *Le pardon, une puissance qui libère*(용서, 자유케 하는 능력), Challes-les-Eaux, Éditions Compassion, 1980, p. 62-63.
13. "예수께서 하신 용서를 먼저 가해자가 용서를 구하기 전에 또는 심지어 용서의 필요성을 인식하기 전에 용서하는 것"으로 단언한다면 이는 성경적 견해가 아니다. Hatzahortzian, p.62-63은 이와 관련하여, 예수님은 십자가 상에서 소리내어 "아버지 저들을 사하여 주옵소서 자기들이 하는 것을 알지 못함이니이다." (눅 23:34)라고 말씀하신 것은 하나님을 향한 기도이지 사람을 향해 용서를 선언하는 것이 아님을 주의해야 한다. 예수님은 이를 통해, 사랑의 궁극적 표현을 하신 것이며, 유일한 심판자이신 아버지께 그의 억울함을 맡기신 것이다. 우리가 믿음으로 회개할 때 비로소 예수님의 이 기도가 우리를 위한 용서의 응답이 되는 것이다.
14. *Éditorail Ichthus*, p. 1, BiBle d'étude Semeur 2000, 누가복음 17장 3절 주석 비교.
15. John Stott, *Matthieu 5-7, le Sermon sur la Montagne*(마태복음 5-7장, 산상수훈), Lausanne, Presses Bibliques Universitaires, 1987, p. 43-44.
16. *Éditorial Ichthus*, p. 1.
17. 같은 책.
18. 참조, Henri Blocher, "L'accord des Évangiles et la résurrection"(복음의 일치와 부활), *Ichthus*, 12, 1971년 4월, p.27-30.
19. Frédéric Godet, *Commentaire sur l'Évangile de Saint Jean*(요한복음 주석), vol.

2, Neuchâtel, Éditions de l'Imprimerie Nouvelle L.-A, Monmier, 1970, p. 532.
20. H. Blocher, '복음의 일치와 부활', p.29.
21. 같은 책.
22. 참조, 속죄로 번역되는 히브리어 동사 kipper의 첫 번째 뜻으로 '지우다'의 의미가 있다.
23. Robert Dubarry, "La procédure chrétienne"(기독교 방식), Pour faire connaissance (알기 위하여), vo.1, 1952, p. 102. 이 책은 기독교문화센터(Centre de culture chrétienne, 9 rue des Charpentiers, 68100 Mulhouse)에서 열람할 수 있다.
24. 같은 책.
25. Henri Blocher, "Le Pardon entre les Hommes"(사람들간의 용서), Table ronde, Ichthus, 118, 1983년 10-11월, p. 6.
26. 이 사례는 다음을 참조한 것이다. Jay E. Adams, Competent to Counsel, Grand Rapids, Baker Book House, 1970, p. 245.
27. 참조, Friedrich BÜCHSEL, "élenchô", Ethelbert Stauffer, "épitimaô", TDNT vol.II, p. 473-475, 623-626.
28. E. F. Scott, The Pastoral Epistles, The Moffat New Testament Commentary, 1936, 인용 도서: Donald Guthrie, The Pastoral Epistles, Leicester, Inter-Vasity Press, 1957, 1976, p. 166.
29. Dubarry, p. 102.
30. 성경해석자들은 요한이 여기서 아가파오(agapaô)와 필레오(philéô)를 단순히 동의어로 쓰고 있는지, 아니면 뉘앙스를 달리하여 다른 의미로 사용했는지에 대해 논쟁한다. 여러 성경구절에서 이 두 동사들은 동의어로 쓰여지고 있다. 요한은 "예수께서 사랑하시는 제자"에게 말할 때 아가파오(agapaô, 19:26; 21:7, 20) 동사와 필레오(philéô, 20:2) 동사를 혼용하여 사용한다. 또 하나님이 우리를 사랑하실 때(3:16; 16:27) 하나님이 자기 아들을 사랑하실 때(3:35; 10:17; 5:20), 또 예수께서 마르다와 나사로를 사랑하실 때(11:3, 5, 36), 그리고 우리가 예수님을 사랑할 때에도(14:15; 16:27) 요한은 이 두 동사를 혼용하여 사용하고 있다. 하지

만 요한복음 21장 15-23절에서 이 두 동사를 동시에 사용한 것은 특별한 경우라고 말할 수 있다. 앞서 설명한 바와 같이, 우리는 예수께서 아마도 점진적인 표현을 위해 의도적으로 이 두 동사를 사용하신 것으로 간주한다. 그런고로, 고전 헬라어 사용법에 따라, 우리는 본문에서 아가파오(*agapaô*)와 필레오(*philéô*) 사이에 존재하는 미묘한 의미의 차이를 구별하는 것이 필요하다고 생각한다.

31. 참조, 47절 "그의 많은 죄가 사하여졌도다 이는 그의 사랑함이 많음이라"(47절). 이 성경 구절은 예루살렘 성경(Bible de Jérusalem)의 주석이 설명하는 것처럼, 사랑이 용서의 '원인'이 되기보다는 증거가 됨을 보여 준다. 고테(F. Godet)는 이를 다음과 같이 해석한다. "내가 너에게 선언하노니 그의 많은 죄가 사하여졌도다. 이로써 그의 사랑함이 많다고 네가 결론짓는 것이 타당하다."
    Commentaires sur l'Evangile de Saint Luc(누가복음 주석서), 1권, Neuchâtel, Éditions de l'Imprimerie Nouvelle, L.-A. Monnier, 1969, p.498. 누가복음 다음 본문을 보면 이 해석이 옳다는 것을 증명해 준다. "사함을 받은 일이 적은 자는 적게 사랑하느니라"(47절 하).
32. 참조, 5장.
33. 참조, 창세기 8:1; 19:29; 30:22; 출애굽기 2:24; 32:13; 사무엘상 1:11, 19; 시편 25:6-7; 105:8; 137:7; O. Michel *mimnéskomai*, TDNT, IV, p.675-678.
34. 헬라 단어 에클레시아(*ekklésia*)는 17절에서 사용되고 있으며, 아마도 이는 '회중'이라는 뜻을 지닌 히브리어 단어 카할(*qahal*)-혹은 소드(*sôd*), 에다흐(*edah*)는 쿰란 공동체를 지칭한다-을 번역한 것으로 보인다. 참조, 마 16:18.
35. "분을 품거나 투덜거리거나 반항심 또는 성급함 또는 불경건한 언행으로 형제에게 절대 말을 하지 말지어다. 또 사악한 마음으로 형제를 미워하지 말지어다. 그 이유는, 바로 그날에 그 형제를 징계하면 어느 누구도 그의 허물을 책임질 수 없기 때문이다. 그리고 증인 앞에서 책망할 것이 없다면 공동체 회원 앞에서 피차 고소하는 일이 없어야 할 것이다." 1QS V25- VI.1, La Bible, *Écrits intertestamentaire*에서 인용. (André Dupont-Sommer, Marc Philonenko 감독, Paris, Gallimard, 1987, p. 25. ,

36. TOB N.T. n, 마태복음 18:15. 1 QS Ⅶ.12-13, 15-17, 상동, p.29-30. "심각하게 병든 자가 아닌 이상 이웃에게 알몸으로 가는 자는 6개월 벌을 받을 것이다. 회원이 모이는 장소에 침을 뱉는 자는 삼십 일간 벌을 받을 것이다. 이웃을 중상하는 자는 회원 정결의식에서 일 년간 제외된다. 공동체 회원을 중상하는 자는 그들로부터 추방되며, 그는 더 이상 돌아오면 안 될 것이다." "그들을 한 사람 한 사람, 그들의 지혜와 업적에 따라, 낮은 자에서 높은 자에 이르기까지, 모든 자가 서로 복종하며 공동체에 가입하여야 한다. … 회원 모임을 위한 규칙은 다음과 같다. 각자에게는 자기 위치가 있다! 제사장들은 첫 줄에 앉으며, 장로는 두 번째 줄에, 다른 모든 백성은 그 뒤에 앉는다. 모든 자는 각자 자기 자리에 앉아야 한다!" 1QS V.23, VI.8-9, 상동, p. 24, 26. 이는 마태복음 18장 1-5절과는 다른 정신을 나타낸다.
37. Dubarry, p. 104.
38. 참조: William Lenters, *L'illusion de la liberté*(자유의 허상) Alliance총집, Méry-sur-Oise, Sator, 1988, p. 104.
39. 같은 책, p.106.
40. 열쇠에 관한 성경해석이든, 한쌍의 단어 '메다/풀다, 맡기다/붙들다' 등에 관한 성경해석이든 간에 그 의미를 지나치게 확대 해석하는 것은 정당화될 수 없다. 예수께서는 전형적인 팔레스타인 정서에 따라 이런 표현을 하신 것이고, 그 당시 랍비들이 사용하던 언어를 재현한 것이지, 고해성사 성례와는 관련이 전혀 없는 것이다. 다시 말하면 쿰란 공동체처럼(마 18:15이하, 1 QS 5:26이하) 규율을 잘 준수하여 행하면 주님이 제자들에게 하늘나라의 상급을 보장하는 것이라고 해석하거나, 교회의 기초를 세우는 데 있어서 그리고 믿음을 영원히 전수하는 데 있어서 사도들의 선지자적, 교리적 역할을 정의하신 것이라고 해석하는 것은 근거가 없다는 것이다(마 16:19; 요 20:23, 마 28:19 이하, 눅 24:48이하, 행 1:8)", Henri Blocher, *La doctrine du péché et de la rédemption*(죄와 구속의 교리), Didaskalia총집, Vaux-sur-seine, Édifac, 2000, p.271-272.

chapter 5

1. Henri Blocher, "Le pardon entre les hommes"(사람들 간의 용서), Table ronde, *Ichthus* 118, 1983 10-11월, p.7.
2. 이 표현은 다음을 참고했다. 참조, Léon Roy, "Réconciliation"(화해), *Vocabulaire de Théologie Biblique*(성경신학 용어집), Xavier Leon-Dufour, Paris, Cerf출판사, 1971, col. 1076.
3. Charles-Daniel Maaire, "Communauté chrétienne et Exaucement de Prière" (그리스도 공동체와 기도의 응답), *Ichthus*, 133, 1985-86, n. 2, p. 5. 여기에 다음 도서에 실린 예를 인용하고 있다. P. Bonnwrd, *L'Evangile selon Matthieu*(마태복음), Neuchâtel, Delachaux et Niestlé, 1970, p. 275. 우리는 여기에 기록된 내용에 대해 Ch-D. Maire의 글에서 발췌한다.
4. 로마서 16:2, 고리도후서 7:11, 데살로니가전서 4:6.
5. 야고보서 3:16, 사도행전 5:4 참조.
6. 고린도전서 6장 1절의 프로그마(*progma*)라는 단어가 동일하게 사용된 신약의 다른 성경 구절로는 누가복음 1장 1절(내력), 히브리서 6장 8절(두 가지 '사실' 은 하나님의 약속과 맹세이다.), 10:1(구 언약의 제사가 목표로 하는 '형상'), 1:1(바라는 '것' 의 실상).
7. 억압된 감정을 표출시킴으로써 치료 효과를 얻는 정신치료의 방법.-역주
8. 바울이 고린도 성도에게 보낸 서신의 연대적 순서를 보기 위해 다음 도서를 참고하라. 참조, A. Kuen, *Introduction au Nouveau Testament, les lettres de Paul*(신약 서론, 바울 서신), Saint Légier, Swiss, Emmaüs출판사, 1982, p. 133이하.
9. 바울이 화해를 지칭하기 위해 사용한 단어, *katallagé, katallassein, apkatallassein* 중 *allassein* 동사가 이를 증명한다; 참조: F. BÜCHSEL, "allassô…", *TDNT*, I, p. 251이하.
10. 참조: Leon Morris, "Reconciliation", *The Illustrated Bible Dictionary*, vol. 3, Leicester, Inter-Varsity Press, 1980, p. 1321.

11. 고린도후서 2장 14절에서 6장 10절까지 사용된 단어 '우리'는 새 언약의 종, 즉 사도를 의미하며, 이는 구 언약의 종이 모세인 것과 같다(3장 7절 이하). 이는 다른 신자를 가리키는 단어 '너희'(5:12)와 확연하게 구별된다. 바울이 다른 그리스도인을 포함하여 '우리'라고 말할 때에는 '우리가 다'(3:18; 5:10)라는 특별한 표현을 쓰고 있다. 참조, Jean-François Collange, *Énigmes de la deuxième épître de Paul aux Corinthiens*(바울의 고린도후서의 수수께끼), Cambridge, University Press, 1972, p. 25-26. 오직 사도만이 그리스도의 (모든 권한을 부여받은) 전권 '대사'였다(엡 6:20). 이는 그들이 "성도에게 단번에 주신 믿음의 도"(유 3)을 정했기 때문이다. 그리스도인은 전도자이든, 목사이든 간에, 유일하고 무오한 사도적 권위를 반영하는 이 말씀에 복종하여야 한다.
12. Henri Blocher, *La doctrine du péché et de la rédemption*(죄와 구속에 관한 교리), coll. Didaskalia, Vaux-sur-Seine, Édifac, 2000, p. 133-134. Bible d'étude Semeur 2000, 롬 5:10 주석.
13. 참조, Leon Morris, *The Apostolic Preaching of the Cross*, Leicester, Inter-Varsity Press, 1976, 7장.
14. TOB 성경의 누가복음 19장 8절 주석임. 유대법에서 요구하는 조건에 대해선 출애굽기 22장 3, 6절; 레위기 5장 21-24절; 민수기 5장 6-7절(그리고 출 21:37; 삼하 12:6; 잠 6:31)을 참조하라.
15. "내가 그들의 악행을 사하고 다시는 그 죄를 기억하지 아니하리라"(렘 31:34). 성경구절을 TOB성경은 "다시는 그 죄를 말하지 아니하리라."고 번역하고 있다.
16. Henri Blocher, "Le pardon entre les hommes"(사람들 간의 용서), Table ronde, *Ichthus*, 118, 1983년 10-11월, p. 9.
17. 불어 원본에는 "뜨거운 물에 덴 고양이 찬물보고도 놀란다!"(Chat échaudé craint l'eau froide!)로 표현되어 있지만, 유사한 뜻을 지닌 우리말 속담으로 대신하였다.-역주
18. Monique De Hajetlaché, "Le pardon entre les hommes" (사람들 간의 용서), *Ichthus*, 118, 1983년 10-11월 p. 10.

19. Smedes, p.54-55.
20. 참조, 1장, p. 32-33, 창 27.
21. 야곱의 이름 Yaaqov은 "발뒤꿈치" aqév 단어와 비슷하다. 동사 aqav "발뒤꿈치를 붙잡다"는 비유적으로 '빼앗다, 찬탈하다'(창 27:36, 호 12:4)라는 의미를 가진다.
22. 그의 완강한 고집은 예의를 갖추면서도 초청을 거절하는데 보여 준 태도에서 볼 수 있다(참조: 창 33:13-15).
23. Jean-Paul Dunand, "Imiter Dieu qui pardonne"(용서하시는 하나님을 닮기), *Ichthus*, 118, 1983년 10-11월, p.20.

chapter 6

1. 참조, 4장.
2. J. Jeremias, *Théologie du Nouveau Testament*(신약 신학), vol. 1, La Prédication de Jésus(예수님의 설교); Lection Divina 76, Paris, Éditions du Cerf, 1980, p.242.
3. R.T. France, *L'Evangile selon Matthieu*(마태복음), Méry-sur-Oise/Fontenay-sous-Bois, Sator/Farel, 1987, p. 106.
4. 참조, 4장, p.95-96.
5. 참조, 1장, p.32-33.
6. 참조, Charles Hodge, *1 and 2 Corinthians*, The Geneva Series of Commentaries, Édimbourg, The Banner of Truth Trust, 1983, p.105-106.

부록

1. 참조, 마태복음 19장 4절에서 예수께서는 '태초'부터 이런 제도가 있었음을 강조한다.
2. 참조, 고린도전서 11장 3-16절에서 바울은 하나님과 그리스도와의 관계를 먼저 언급한 후 이를 기초로 남자와 여자와의 관계에 대해 언급하고 있다.
3. 하나님 안에 존재하는 '사회'는, '태초'부터 구체적으로 사람을 창조하실 때 하나님과 성령 간의 교통을 의미하는 창세기 1장 26절의 '우리'에 의해 아마도 설명될 수 있을 것이다. Henri Blocher, *Révélation des origines*, Lausannes, Presses Bibliques Universitaires, p.70을 참조하라. 이는 D. J. A. CLINES의 연구, "The image of God", *Tyndale Bulletin*, 19, 1968, p. 68이하에 근거를 둔다.
4. 레위기 18장 6-18절.
5. 신명기 24장 1-4절.
6. 출애굽기 21장 7-11절; 신명기 21장 10-14절.
7. 신명기 25장 1-10절(유대교에 따라 형수와 결혼하는 제도, 역자 주).
8. 민수기 27장 1-11절; 36장 6-9절; 신명기 21장 15-17절.
9. 레위기 25장; 신명기 15장; 23:16-17절; 24장 19-22절.
10. 신명기 16장 18-20절; 17장 8-20절; 19장; 21장 1-9절; 25장 1-3절.
11. 신명기 20장.
12. 민수기 18장 신명기 18장 1-8절; 26장 12-13절.
13. 참조, Christopher Wright, *Vous serez mon people* (너희는 내 백성이 될지어다), coll. Alliance, Méry-sur-Oise, Sator; 1989, 6-8장.
14. 예, 시편 10; 37; 53; 82; 72 등.
15. 참조, 에스겔 47장 1-12절에서 에덴과 미래의 예루살렘과의 관계를 찾아볼 수 있다. 요한계시록 2장 7절; 22장 1-2, 14절을 참조하라.
16. 참조, Richard Mouw, *La culture et le monde à venir*(문화와 미래의 세상), coll. Alliance, Méry-sur-Oise, Sator, 1988, p.109.

17. 참조, 요한계시록 21장 12-14절.
18. 요한복음 2:13; 6:4; 마태복음 26:14, 유사구절; 요한복음 11:55; 12:1; 13:1(참조, 눅 2:41).
19. 요한복음 7:2.
20. 요한복음 5:1. 우리는 Frédéric Godet의 입장을 따른다. *Commentaire sur l'Évangile de Saint Jean*(요한복음 주석서).1권, Neuchâtel, Editions de l'Imprimerie Nouvelle L.-A. Monnier, 1970, p.344-346. 사람들은 흔히 유월절 또는 유대인의 2대 명절인 오순절 또는 초막절 중의 하나라고 제안한다.
21. 예수님의 이런 가르침은 그 후 에세네파의 가르침과 유사하다고 말할 수 있지만 논쟁의 여지가 있다. Francis Schmidt, La pensée du Temple. De Jérusalem à Qoumrân(성전의 사조: 예루살렘에서 쿰란까지), La Librairie du XXe siècle, Paris, Le Seuil, 1994, p. 150-151을 참조하라.
22. 에세네파 그들도 새언약 공동체에 '자원자'를 영입하였다.
23. 이 세 성경 구절에 로마서 13:1-7, 디모데전서 6:1-2, 디도서 2:2, 3, 11을 첨부할 수 있다. 이 규범에 관한 연구를 하려면 다음 도서를 참고하라. 참조, Samuel Bénétreau, *La première épître de Pierre*(베드로전서), excursus III, L'éthique sociale de la première épître de Pierre"(베드로전서에 의한 사회적 윤리), vaux-sur-Seine, Édifac, 1984, p. 177-188.
24. 참조, "인간의 모든 창조를… 순종하되"(벧전 2:13의 문자적 해석), 이는 "인간을 위해 하나님이 창조하신 제도"(BC, TOB)로 이해하기도 하며, "모든 인간 피조물에게"(BS, Bénétreau, p. 150)로 이해되기도 한다.
25. 데살로니가전서 2:5-6, 4:11-12; 데살로니가후서 3:6-12; 고린도전서 9:1-14; 디모데전서 5:17-18. 이 가운데 고린도전서 9장 1-14절과 디모데전서 5장 17-18절은 그 가르침을 구약의 율법(신 25:4)의 한 원칙에 기초를 두고 있으며, 디모데전서 5장 18절은 예수님의 명료한 가르침(눅 10:7)을 인용하고 있다.
26. 참조, 빌레몬서, 요한계시록 18:12-13 "그 상품은… 종들과 사람들의 영혼들이라."

27. 이에 대한 다양한 측면을 숙고하려면 다음 도서를 참조하라. Bénétreau, excursus(24절 주석) 그리고 John Yoder, *Jésus et le politique*(예수와 정치인). 영문원본 번역, Lausanne, Presses Bibliques Universitaires, 1984, p. 151-175. 우리는 이 도서에서 윤리적 차원에서 본 십자가의 진보성을 찾을 수 있다.
28. 참조, TOB성경 구약 주석을 참조하라.
29. 갈라디아서 2:19-21에 대한 Pierre Bonnard의 주석을 참조하라. *Lépître de saint Paul aux Galates*(갈라디아서), coll. Commentaire du Nouveau Testament IX(신약총집 9), Neuchâtel, Delachaux 7 Niestlé, 1953. 1972, p. 55-58.
30. 참조, 창세기 2장 24절의 '한 몸.'
31. 참조, 바울이 교회에 적용한 그리스도 몸의 비유(롬 12:4-5; 고전 12:12-30; 엡 1:22-23; 4:15-16).
32. Mouw, p.51. 불의한 '왕'의 책임에 대한 요한계시록 기록(계 17:8-18; 18:1-3, 9-10; 19:17-20)을 참조하라.
33. A. Grosser, "Partition de l'Allemagne"(독일의 분할), *Encyclopedia Universalia*(백과사전), vol. 1. 1980, p. 736, col. 3.
34. 저자와 합의하여 본문 내용의 일부를 수정 번역하였다.-역주
35. 조항 5, 9(10), 16, 17.
36. 루터교와 메노나이트교 간의 대화(1981-1984)은 월간지 *les Cahiers de Christ Seul*(오직 그리스도), no. 16, 1984년 7월호에 실렸고 Marc Lienhard와 Pierre Winmer가 감수하였다.
37. 이 문장과 다음 문장은 이 책의 새 개정판에 추가되었다.
38. 국제신학위원회(Commission Théologique Internationale), "Mémoire et réconciliation: l'Église et les fautes du passé"(기억과 화해: 교회와 과거 잘못), *La Documentation Catholique*, n° 2222, XCVII, 6, 2000년 3월 19일, p. 273, col. 2.
39. P. 19.
40. "Mémoire et réconciliation: l'Église et les fautes du passé"(기억과 화해: 교회와 과거 잘못), p. 275, col. 1.

41. 이 '진노'는 12장 19절에 언급된 하나님의 '진노'를 의미한다.
42. 참조: Christian Bourguet, "Entre amnistie et imprésciptible"(특사와 시효 중단 사이에서), *Le pardon*(용서), 감수 Olivier Abel, Série Morales, Paris; Editions Autrement, 1991, p. 42-58.
43. 같은 책, p. 47.
44. 이는 마태복음 18장 19절에서 사용된 단어와 동일한 단어로서 두 명의 신자 사이에 '자리 잡고' 있는 죄를 지적한다(4장).
45. Jacques Buchhold, "1 Corinthiens. Une Église en crise: étude d'un cas"(고린도전서. 위기에 빠진 교회: 사례연구), *Fac Réflexion 35*, 1996, Vaux-sur-Seine, Faculté Libre de Théologie Évangélique, p.4이하.
46. 참조, 5장.
47. 현대 서양 사회는 오히려 이와는 반대 경향을 보이고 있다. 다음 서적을 참고하라. Vern Poythress, *The Shadow of Christ in the Law of Moses*, Brentwood, Tennessee, USA, Wolgemuth & Hyatt Publishers, 1991, 11장, 14장, p. 155-163, 223-233.
48. 청소년 경범죄나 일상생활에서 일어나는 간단한 민사 소송, 경찰에 의해 부과되는 벌과금 형별 등을 합의와 조정의 방식에 입각하여 약식 재판하는 권한을 가진 재판관. 이 제도는 1790년에 시행되었고 1958년 폐지되면서 지방법원(tribunaux d'instance) 및 조정자(médiateurs) 제도로 대치되었다가 최근에 또 다시 친이웃 재판제도(les juridictions de proximité)로 다시 변형되어 실시되고 있다. - 역주
49. 이런 접근 방법을 성경적인 입장에서 그리고 미국 법조계의 배경 속에서 취급한 내용을 더 자세히 알려면 다음 도서를 참조하라. Daniel W. Van Ness, *Crime and its Victims*, Downers Grove, Illinois, Inter-Varsity Press, 1986, 특히 12장, p.157-175.

성경공부 가이드

1. 불어 성경에 의거하여 이해를 돕기 위해 삽입함.-역주
2. Jean Calvin, *L'Institution de la religion chrétienne* III, 20, 45, Aix-en-provence / Marne-la-Vallée, Kerygma/Farel, 1978, p.383. 『기독교 강요 3』(기독교문사, 2006).
3. L. Oyer, "Le pardon:une anticipation eshatologique"(용서:종말론적인 기대), *Eschatologie et vie quotidienne*(종말론과 일상생활), Neal Blough 감수, Perspectives anabaptistes 시리즈, Cléon d'Andran, Excelsis, 2001, p.84.
4. Ibid, p.84, 주석 1.
5. S. Hatzakortian, *Le pardon:une puissance qui libére*(용서, 자유케하는 능력), Challes-les-Eaux, Éditions Compassion, 1980, p. 78-79.
6. 같은 책 p.79.
7. Éva Thomas, *Le viol du silence*(침묵의 성폭행), Paris, Aubier-Montaigne, 1986, 재판, J'ai Lu n°. 2527, Paris, 2000.
8. 대표적인 불어 사전.-역주